13.–

Taschenbücher aus dem
Gesamtwerk von Rudolf Steiner

Rudolf Steiner

Der Orient im Lichte des Okzidents

Die Kinder des Luzifer und die Brüder Christi

Ein Vortragszyklus in München
vom 23. bis 31. August 1909

Rudolf Steiner Verlag
Dornach/Schweiz

Nach einer vom Vortragenden durchgesehenen Nachschrift
herausgegeben von der Rudolf Steiner-Nachlaßverwaltung

Erste Buchausgabe Berlin 1910

Ungekürzte Ausgabe nach dem gleichnamigen Band
der Rudolf Steiner Gesamtausgabe
(Bibliographie-Nr. 113, ISBN 3-7274-1130-9)
4. Auflage Dornach 1960

Taschenbuchausgabe
1.–7. Tsd. Dornach 1977

Bestell-Nr. tb 624

Printed in Switzerland by Zbinden Druck und Verlag AG, Basel
ISBN 3-7274-6240-X

INHALT

VORBEMERKUNG VON RUDOLF STEINER

zur Veröffentlichung des Zyklus in der Monatszeitschrift
«Die Drei»

Diese Vorträge habe ich im August 1909 in München gehalten. Sie schlossen sich an die Vorführung des Dramas «Die Kinder des Luzifer» von Edouard Schuré an. Insbesondere der erste Vortrag ist in seiner Haltung bestimmt von diesem Zusammenhange. Wer die von mir vertretene anthroposophische Geisteswissenschaft ins Auge faßt, kann wissen, daß meine Ausdrucksart etwas anders ist, wenn sie ganz allein aus den Grundimpulsen dieser Geisteswissenschaft heraus nach Formung sucht. Doch braucht wirkliche Geist-Erkenntnis nicht einseitig dogmatisch zu werden. Sie kann die Fäden nach den verschiedensten verwandten Anschauungen hin ziehen. Sie kann, was sie sagen will, von den verschiedensten Gesichtspunkten her sagen und glaubt gerade dadurch fruchtbar wirken zu können. Dogmatiker aller Schattierungen mögen darin Widersprüche finden. Sie zeigen damit nur, daß *ihre* Gedanken dem *Leben* recht ferne stehen. In diesem könnten *sie* eben das finden, was sie Widersprüche nennen. Geisteswissenschaft kann ihnen zuliebe nicht, um *ihre* Widersprüche zu vermeiden, lebensfremd werden.

ERSTER VORTRAG

München, 23. August 1909

Wer die Menschengeschichte ein wenig kennt, wird ja auch, ohne daß man gerade viel Esoterik zu Hilfe nimmt, wissen, daß das Wort und die Idee «Geschichte» vieles einschließt, insbesondere dann, wenn man versucht, die Idee der Geschichte nicht bloß als etwas zu nehmen, was betrachtet sein will, sondern was wie alle Dinge des geistigen Lebens eben *erlebt* sein will. Das Leben aber fordert auf allen Gebieten *Lernen;* und das Lernen wiederum fordert auf allen Gebieten *Geduld.* Man könnte – und das mag sich insbesondere auf unser Beispiel beziehen – das Wort Geduld durch ein anderes übersetzen; man könnte es übersetzen durch das andere «Wartenkönnen». Es ist nun versucht worden, die Lebensregel, die in den soeben ausgesprochenen Worten liegt, gerade auf das anzuwenden, was wir gestern vollbringen durften.

Wir treten mit unserer deutschen geisteswissenschaftlichen Strömung in die Vollendung des siebenten Jahres unserer Arbeit. Vor sieben Jahren habe ich in Berlin einen Vortrag vor einem Kreise von Menschen gehalten, welche eine ganze Reihe anderer Vorträge von mir gehört hatten. Er war gewissermaßen dazumal als eine Zugabe zu einem anderen Vortragszyklus verabreicht worden. Das ist also jetzt mehr, etwas wenig mehr als sieben Jahre her. Es handelte sich dazumal darum, eine Überleitung der Empfindungen und geistigen Interessen, die aus einem, wenn auch geisteswissenschaftlichen, doch anders genannten Wirken hervorgingen, eine Überleitung zu finden in die geisteswissenschaftliche Strömung hinein. Und es gab dazumal die innere Möglichkeit, eine gute Überleitung zu finden. Der Vortrag, von dem ich da spreche, betitelte sich: «Die Kinder des Luzifer». Dazumal war ein Publikum anwesend, das allgemein die Gesichtspunkte in literarischer Beziehung hinnahm; es war auch der Ausgangspunkt genommen worden von dem Werke, dessen Aufführung wir gestern erleben durften, von Schurés Drama «Die Kinder des Luzifer». Dazumal also fingen wir an, sozusagen zu reden über die «Kinder des Luzifer», und im

«Geheimen»* – und zwar in dem Sinne ist das Wort «im Geheimen» hier gemeint, wie man vom geheimen Wesen spricht in der Geisteswissenschaft – im Geheimen war dazumal auch schon der Gedanke im Hintergrunde, daß es einmal gelingen könne, gerade dieses Werk des modernen Geisteslebens in bühnenmäßiger Form vor die Augen einer Anzahl von Zuschauern treten zu lassen. Es lag der Gedanke zugrunde, daß das Geistesleben eine große Einheit und Harmonie ist und daß es dem Menschen obliegt, innerhalb des Geisteslebens einer gegebenen Zeit die schönsten Blüten zu erkennen und zu beachten. Es lag der Gedanke zugrunde, daß das moderne Geistesleben in einer gewissen Beziehung ein Chaos sei. Aber wie aus dem Chaos heraus im Grunde genommen doch die Welt erwachsen ist, so wird auch eine Art Kosmos des Geisteslebens für die Zukunft nur dadurch erblühen können, daß wir uns die Mühe geben, aus dem Chaos des modernen Geisteslebens heraus die besten Blüten zu nehmen. Es lag der Gedanke zugrunde, daß es falsch wäre, etwas anderes als gerade ein modernes, aus dem vollen Geistesleben der Gegenwart heraus geschöpftes Kunstwerk von diesem Gesichtspunkte aus zu behandeln. Man könnte natürlich im Laufe der Jahrhunderte oder sagen wir selbst Jahrtausende manches andere Kunstwerk finden, modernisieren und heute vor ein Publikum bringen; aber jede Zeitenseele hat ihre Eigentümlichkeit; und dasjenige, was die Zeitenseele selbst zu schaffen in der Lage ist, das muß, wenn es nur das Rechte ist, auch mit der größten Wärme und mit der besten Intimität wiederum zu dieser Zeitenseele sprechen. Wenn das Geistesleben seine schönsten Blüten tragen soll, so wird es zu seiner Mission gehören, den Menschen nicht nur Dogmen beizubringen, nicht nur Lehren zu verkündigen, sondern in einer gewissen Beziehung die Augen zu öffnen.

* Die Anwendung des Wortes «geheim» hat der Anthroposophie manchen Vorwurf zugezogen. Hier hat man *einen* der Fälle, wo in ganz begreiflicher Art dies Wort gebraucht wird. Es geschieht auch in anderen. *Niemals* aber in dem Sinn einer solch unsinnigen «Geheimtuerei», wie manche Gegner den Leuten glauben machen wollen. Es konnte ja sogar geschehen, daß, als ich ein Buch «Geheimwissenschaft» betitelte, gesagt wurde: es könne keine geheime Wissenschaft geben. Das ist natürlich ebenso selbstverständlich, wie es keine natürliche, wohl aber eine Naturwissenschaft geben kann. Wenn ich eine «Geheimwissenschaft» veröffentliche, so werde ich doch nicht wollen, daß, was sie sagt, geheim bleibe.

Es ist im allgemeinen nicht schwierig etwas anzuerkennen, was durch Jahrhunderte oder auch vielleicht nur durch Jahrzehnte bereits sich Geltung verschafft hat, aber das hier zur Geltung gebrachte Geistesleben soll etwas sein, was die ursprünglichsten, elementarsten Kräfte in der Menschenseele wachruft; und zu den elementarsten Kräften in der Menschenseele gehört die Anfeuerung des offenen Blickes für alles dasjenige, was um uns herum durch die Sonne des Geisteslebens erweckt wird an Blüten und Früchten unserer gegenwärtigen Geisteskultur. Eine Augenaufschließerin möchte unsere Bewegung sein.

Wenn man aber die Idee und den Begriff der Geschichte lebendig erfaßt, so gehört, wie schon angedeutet, noch etwas anderes dazu: Geduld oder sagen wir Wartenkönnen. Die Überstürzung, die Ungeduld, sie hindert so manches, was als Frucht reifen soll im Leben; und es wäre geradezu töricht gewesen, vor sieben Jahren an mehr zu denken als an ein leises Hinweisen auf dasjenige, was sich später realisieren sollte. Was alles verhinderte, dazumal etwa sogleich an die Ausführung des vorschwebenden Planes einer bühnenmäßigen Verkörperung dieses Geisteswerkes zu gehen! Es ist nur nötig eine einzige Tatsache anzuführen und Sie werden verstehen, was verhinderte dazumal an die Ausführung zu gehen. Derjenige, welcher ins Geistesleben hineinsieht, weiß, daß es darin gewisse große Gesetze gibt. Das war auch einer derjenigen großen Sätze, die gestern im Drama selbst Ihnen erklungen haben: Das Geistesleben hat seine Gesetze, die nicht übertreten werden dürfen, die beachtet werden müssen. – Und eines der größten Gesetze des Geisteslebens, dessen Nichtbeachtungen besonders bei einer solchen Bewegung, wie die unsrige es ist, immer schwer sich rächen wird, ist dasjenige, was uns vorgezeichnet wird da, wo uns die höheren geistigen Wesenheiten im Naturwirken selbst die Art ihrer Arbeit veranschaulichen.

Sehen Sie sich einmal die Art dieses Naturwirkens an; beachten Sie die Natur in ihrem Schaffen; und Sie werden sehen, in der Natur ist immer die Möglichkeit vorhanden, daß aus dem Geschaffenen unzählige Mißerfolge hervorgehen. Sehen Sie sich das Meer an mit seinen unzähligen Keimen, die in dasselbe versenkt werden, und beachten Sie, wie viele von diesen Keimen als Lebewesen hervorsprießen. Fragen Sie sich, ob die schaffenden Wesenheiten der Natur sich jemals die Frage aufwerfen: Sollen wir trauern über die Mißerfolge, die wir haben, wenn wir soundsoviele Ansätze nehmen und sehen, daß die Früchte des Schaffens unter der Hand ersterben? Einzig und allein durch die Betrachtung dieses großen Gesetzes im Geistesleben gelingt auch in diesem dasjenige, was gelingen *soll*, wie es in der Natur gelingt, daß das Leben sprießt und sproßt, weil sich die Geister, die der Natur zugrunde liegen, niemals betrüben über ihre Mißerfolge. Einzig und allein aus diesem Grunde gelingt das Werk, das in der Natur, das heißt in dem Produkte des höheren Geisteslebens auszuführen ist. Der Erfolg als solcher ist kein Maßstab für das Rechte und Wahre. Das muß ein geisteswissenschaftliches Gesetz sein. Dieses Gesetz mußte innerhalb unserer Bewegung beachtet werden.

Es soll dies wahrhaftig nicht etwas anderes als eine Art Rückblick auf die Tatsachen sein, und zugleich dieser Rückblick in Zusammenhang gebracht werden mit einigen innerlich mit unserem ganzen Vortragszyklus zusammenhängenden Ideen, Gesetzen und Tatsachen. Es sind seit dem Vortrage, den ich erwähnt habe, wie ich Ihnen gesagt habe, ungefähr sieben Jahre verflossen, und wir konnten zu unserer größten Befriedigung gestern sehen die Aufführung der «Kinder des Luzifer» vor einem vollen Hause. Es sind über sechshundert Freunde versammelt gewesen, um sich gestern «Die Kinder des Luzifer» anzuhören. Wieviele waren unter diesen Zuhörern, die sich jenen Vortrag, den ersten Keim zur Arbeit, angehört haben? Eine einzige Dame war darunter unter den gestrigen Zuhörern, die sich jenen Vortrag dazumal angehört hatte und die vorher noch nicht in unseren Reihen war. Der Vortrag war für die damaligen Verhältnisse auch nicht schlecht besucht. All die anderen Menschen haben sich unserer Bewegung nicht angeschlossen. Aber das ist das große Gesetz des Wirkens in der geistigen Welt, daß die verlorengegangenen Keime sich umwandeln und Auferstehungen erleben. Und an unserem Beispiele dürfen wir dieses Gesetz bestätigt finden. Sie sehen, daß es nicht unrichtig ist, das Wort und die Idee des Geschehens in Zusammenhang zu bringen mit den Worten Geduld und Wartenkönnen. Warten können, bis diejenigen Verhältnisse eintreten, welche es möglich machen, aus dem Schoße der Zeit heraus dasjenige zu holen, was wir haben reifen lassen. Alle menschliche Arbeit vermag nichts, ohne daß gleichzeitig die Geduld und das Wartenkönnen neben ihr einherschreiten, ohne daß Reifen, Reifwerden eine gewisse Rolle spielen.

Es ist damit aber doch im kleinen ein Beweis gegeben, daß gewisse Dinge notwendig sind, wenn im Kulturleben etwas reifen soll. Es wäre natürlich eine vollständig verhängnisvolle Idee gewesen, in irgendeiner gewöhnlichen Theateraufführung «Die Kinder des Luzifer» zu bringen. Denn was gehört dazu, um das Ganze zur Einheit zu machen? Die Hauptsache, das dürfen wir nicht vergessen, sind nicht diejenigen, die darstellen, nicht diejenigen, die die Dinge machen; die Hauptsache ist auch nicht die Arbeit, die getan wird, sind weder die Vorbereitungen noch die Fertigstellungen. Wenn das Werk entsprungen ist aus des Dichters Seele, dann ist die erste Tat getan. Was dann geschieht als Vermittlerweg, das gehört zu demjenigen, wovon ich eben jetzt sagte: die Darstellung und die Arbeit der Darstellung und alles übrige, die sind nicht die Hauptsache; die sind völlig Nebensache in einer gewissen Beziehung. Die Hauptsache sind die Zuhörer und Zuschauer. Und die Hauptsache ist, daß durch die Seelen und durch die Herzen der Zuschauer *ein* gemeinschaftliches Leben geht; ein Leben, das diese Herzen fähig macht, jene geheimnisvollen Strömungen, die von dem Werke ausgehen, nicht nur zu empfinden, sondern in Gemeinschaft, in innerer Harmonie zu empfinden. Wir reden innerhalb unserer Bewegung, als von unserem ersten Grundsatze, von der Begründung eines Kernes von Menschheit, in dem Menschenliebe und Brüderlichkeit lebt. O diese Menschenliebe und Brüderlichkeit, sie ist eine zarte, wenn auch sehr wichtige Pflanze. Und sie blüht nur, wo Seelen in Harmonie miteinander zusammenklingen; das heißt, wo gemeinschaftliches Geistesleben in gemeinsamer Art durch die Seelen zittert. Das war gestern vorhanden. Unsere Bewegung soll ein Instrument sein, unsere Seelen in dieser Weise zu härten, zu befestigen und zugleich aufzuschließen, so daß wir gemeinsam in Harmonie einströmen lassen können ein Geistiges, das einströmen soll. Ein gemeinsamer Hauch soll durch die Seelen gehen können. Dann wird die Frucht der Brüderlichkeit, die Frucht der geistigen Harmonie unter den Menschen reifen können.

Und nun vergleichen Sie mit demjenigen, was gestern vor Sie hingetreten ist, eine andere Theateraufführung, und fragen Sie sich, ob es möglich ist in dem Chaos unseres Geisteslebens, daß eine gemeinsame Empfindung herunterströmt von der Bühne und Widerhall, Echo findet in den Herzen der Menschen. Das ist erst das eigentliche Kunstwerk, das sich in unseren Herzen abspielt. Wenn das Kunstwerk entsprungen ist der Seele des Dichters, dann geht es eben seinen Weg; und worauf es ankommt, ist erst voll erfüllt, wenn es widerklingt in soundsovielen Herzen und Seelen; und da erst kommt dann die zweite der Hauptsachen, um die es sich dabei handelt.

Nur aus dem Grunde, um ein wenig darauf hinzuweisen, wie unsere Bewegung ein Instrument werden kann in der Menschheitskultur, sind diese Worte gesagt worden. Die Menschen werden sich in unserer Zeit niemals zusammenfinden zu einer Gesellschaft von Harmonie und Liebe und Eintracht, wenn Harmonie und Liebe und Eintracht Worte bleiben. Es gibt nur eines, was den Boden abgeben kann, in dem reifen muß unser erster Grundsatz der allgemeinen Brüderlichkeit und der allgemeinen Liebe: und das ist die gemeinschaftliche *Arbeit.* Das, was damit gesagt wird, es kann ja immer nur realisiert werden an einzelnen Beispielen. Wenn aber diese einzelnen Beispiele weiterwirken, wenn sie beachtet werden, dann werden sie hinausdringen nicht nur in unser Geistesleben, sondern in unser ganzes gegenwärtiges Leben und werden es erfüllen. Es wird wahrhaft menschlicher Geist einziehen in die menschliche Arbeit und damit in den menschlichen Fortschritt. Und Geisteswissenschaft wird erweisen, daß sie das Praktischste ist, was es im Leben als ein Ferment geben kann. Sie kann, wenn man ihr nur Gelegenheit dazu gibt, einen jeglichen Zweig unseres Lebens in der praktischsten Weise durchdringen und beleben. Unsere Gegenwart ist im allgemeinen dazu reif in dem Sinne, daß sie auf jedem ihrer Gebiete die Notwendigkeit des geisteswissenschaftlichen Eingreifens erweist. Überall sehen wir, daß die Gegenwart fordert von uns: Geistes-Erkenntnis soll einströmen in unser Leben. Das Verständnis der Menschheit, das schleicht aber erst langsam hinter dem menschlichen Bedürfnisse nach. Unsere Arbeit mag daher noch lange eine Pionierarbeit sein, eine Arbeit für die Zukunft. Aber sie kann warten, sie wird sich nicht aufdrängen, sie hat viel Geduld. Sie wird da eingreifen, wo man sie verlangt, wo man sie haben will. Sie muß freilich in Geduld erst ihre Arbeit tun, damit man nicht später einmal etwas verlangt in der Welt, was noch gar nicht da ist. Oh, es werden in gar nicht ferner Zukunft viele Gebiete des menschlichen Lebens sein, auf denen man lechzen wird nach dieser Arbeit. Auch solche Gebiete des menschlichen Lebens wird es geben, die heute diese Arbeit verachten als die wüsteste Träumerei, als die schlimmste Phantastik. Man wird nach ihr verlangen, verlangen an Orten, von denen man es sich heute gar nicht versieht, an denen man sie heute wie ein Traumgebilde zur Tür hinaus verweist. Aber sie wird vorläufig in Geduld ihre Arbeit tun. Sie ist auch nicht bis zu dem Grade unpraktisch, daß sie mißversteht unsere Gegenwart. Sie will praktisch sein, Praxis üben da, wo es sich wirklich darum handelt, im einzelnen mit jedem Finger zuzugreifen. Wer könnte nicht sehen, daß uns die Welt des gegenwärtigen Geistes- und Kulturlebens noch vielfach die Tür verschließt, daß sie uns nicht haben will, daß sie sagt, wenn wir mit unserer Praxis kommen: Bleibt, wo ihr seid, ihr Träumer, ihr träumt von allerlei übersinnlichen Welten, von einem Geiste, den es gar nicht gibt. Eure Praxis können wir nicht brauchen! – Wer könnte befangen genug sein, das nicht ganz klar zu sehen? Ist es da nicht natürlich, daß man zunächst den Versuch macht, praktisch zu sein da, wo die Welt des Scheines wirkt, auf dem Boden, der die Welt bloß bedeutet? Wenn man sich nur klar darüber ist, daß man in der richtigen Weise in der Welt des Scheines ein Bild gibt der wirklichen Welt, so mag durch diese Welt des Scheines, des schönen Scheines, des künstlerischen Scheines, jene Welt, durch welche Götter sicher zu uns sprechen, so mag durch diese Welt die erste Anregung gegeben werden. Weil in der Kunst, wenn sie im echten Sinne aufgefaßt wird, wahrhaftig Götter zu uns sprechen, werden wir durch die Kunst am sichersten das Tor finden, um mit unserer Praxis in die sogenannten praktischen Zweige des Lebens allmählich hineinzudringen. Arbeit ist der Boden, auf dem ersprießen kann unser erster Grundsatz: brüderliches Zusammenleben, brüderliches Zusammenwirken. Wird im angedeuteten Sinne gearbeitet, so läßt sich ausprüfen im schönsten Sinne des Wortes, ob es unter Menschen möglich ist, Eintracht, Harmonie und Brüderlichkeit zu kultivieren. Dem, was dann wie in einem Bilde vor das Auge tritt wie in der gestrigen Aufführung, geht mancherlei voran; und wenn es fertig ist, so macht sich der Beschauer manchmal nicht das richtige Bild davon, was dem vorangeht. Dasjenige, was in unserem Falle vorangegangen ist, darf mit Fug und Recht ein Arbeiten im Sinne des ersten geisteswissenschaftlichen Grundsatzes der Eintracht und Brüderlichkeit, ein Zusammenarbeiten und Zusammenwirken genannt werden.

Dasjenige, was uns bei der vorbereitenden Arbeit vorschwebte, das war Freiheit der Menschenseele in der Einheit des Wirkens, in der Harmonie des Wirkens. Vielleicht läßt sich nicht alles gleich auf einen Schlag erreichen; aber dasjenige, was uns vorschwebte, das war, daß wir eine Einheit zustandebringen könnten, ohne daß irgend jemand nötig hatte, sich in eine Maschinerie hineinzubegeben, innerhalb welcher das Kommandowort ertönt und dann dieses und jenes gemacht wird und dergleichen. Wenigstens schwebte es uns als Idee vor, und es ist gewiß in vielen Punkten erreicht worden, daß ein jeder der Mitarbeitenden das Gefühl hatte, daß er *seine* Sache vertritt. Und damit bin ich an dem Punkte, wo, weil es doch sozusagen zum wahren geistigen Leben gehört, ein paar besondere Worte ausgesprochen werden sollen. Nicht so sehr aus dem Grunde, um über dieses eine Beispiel freier geistiger Arbeit zu sprechen, sondern um eben darüber zu sprechen *als* ein Beispiel für das, was Grundsatz, was Richtschnur und Idee eines geistigen Zusammenlebens sein können. Es hat sich für uns gezeigt, daß es möglich ist, die Kräfte innerhalb der Menschenseelen zu entbinden, die entbunden werden können, wenn eine spirituelle Idee durch die Herzen, durch die Seelen geht, und wenn die Seelen so weit reif sind, daß ein jeder der Mitwirkenden sich an seinem Platze fühlt. Mit tiefster Befriedigung darf es gesagt werden, daß diejenigen Mitglieder unserer Bewegung, welche zusammengewirkt haben, um die gestrige Aufführung zustande zu bringen, nicht nur mit Hingebung – ich sage es mit vollem Bewußtsein –, sondern vor allen Dingen mit innerstem Verständnis für die Sache gearbeitet haben; und so konnte es denn kommen, nicht nur die Darsteller der einzelnen Gestalten des Dramas zusammenzufügen zum Ganzen, das Ihnen gestern entgegengetreten ist, sondern auch imstande zu sein, durch die nicht nur hingebungsvolle, sondern verständnisvolle Arbeit unserer malenden künstlerischen Mitglieder ein Ganzes zu schaffen. Es wäre unmöglich, im einzelnen Ihnen alles anzuführen, was notwendig war an Arbeit dieses oder jenes Mitgliedes. Wenn aber von dem ersten bis zum letzten Kostüm etwas Ganzes werden soll, etwas werden soll, was nun nicht nur sozusagen immer ausdrückt das einzelne, das durch den einzelnen Darsteller zur Geltung kommt, sondern was ein Gesamtbild gibt, dann ist es notwendig, daß auch diesen Teil der Arbeit eine gemeinsame Idee beseelt, und ich darf mit Befriedigung sagen, daß dieses unser verehrtes Mitglied, das die ungeheuer schwierige Arbeit übernommen hat, im Sinne der Gesamtaufführung unsere Kostüme herzustellen, daß dieses unser Mitglied gearbeitet hat mit dem allertiefsten Verständnisse. Es war – und ich sage das mit vollem Bewußtsein – darinnen eine außerordentliche Genialität in der Art, wie das einzelne in die Gesamtheit hineingestellt worden ist. So daß, wenn ich dabei ein persönliches Gefühl ausdrücken darf, mich gestern im tiefsten Innern wirklich eine weite Dankbarkeit beseelte gegenüber all denen, die in so verständnisvoller Arbeit, jeder an seinem Platze, mitgewirkt hatten, eine Dankbarkeit, die sich gegenüber jedem einzelnen gerne auch heute ausdrücken möchte, eine Dankbarkeit, die auch noch eine andere Seite hat, jene Seite, die dieses Dankgefühl wiederum hinaufströmen läßt zu dem allgemeinen Urquell unseres spirituellen Lebens, aus dem doch alles dasjenige, was wir Menschen vermögen, in Wahrheit entspringt. Und nur, weil dieses spirituelle Leben tätig war, konnten wir diesen schwachen Versuch machen, ein solches Kunstwerk auf die Bühne zu bringen.

Aber man konnte dabei auch Erfahrungen und Erlebnisse sammeln. Derjenige, der auf manchen Gebieten dabei gearbeitet hat, der durfte sich erfreuen daran, wie das spirituelle Leben in einer gewissen Beziehung eine sieghafte Kraft hat. Das gibt Vertrauen, das gibt festen Glauben an die Zukunft unserer Bewegung. Wir dürfen vielleicht den Glauben für das Große, den Glauben für das Umfassende unserer Bewegung aus dem Aperçu über das einzelne schöpfen. Es war zum Beispiel im höchsten Grade befriedigend zu sehen, wie in den letzten zehn Tagen die spirituelle Kraft des Kunstwerkes, das wir aufführten, nicht nur wirkte auf die Mitwirkenden, die dabei beteiligt waren, wie es wirkte auf die Arbeiter, die im Theater mit Hammer und Zange arbeiteten, wie die gerne und willig mitarbeiteten bis zum letzten Theaterarbeiter hinunter. Das ist etwas, was auch zum Kunstwerke gehört, wenn der Blick sich erweitert von einem eng umgrenzten Rahmen dahin, wo das Kunstwerk wiederum wirken soll durch sein spirituelles Leben und seine spirituelle Kraft wie eine Sonne auf das gesamte Kulturleben. Das gibt Kraft und gibt Mut. Das gibt uns aber auch einen Hinblick und einen Hinweis auf die soziale Sendung der Geisteswissenschaft. Ja, diese hat eine soziale Sendung, sie hat eine Mission für die gesamte Menschheitskultur und die gesamte Menschheitswohlfahrt. Oh, es sind viele Seelen in unserer Zeit, die den Glauben haben, nur durch materielle Mittel und durch materielle Maßnahmen könnten Menschenwohlfahrt und Menschenheil in unser zerklüftetes Leben wieder kommen, und die den Glauben und das Vertrauen verloren haben zu der siegreichen Kraft der Spiritualität. Die Praxis aber lehrt, daß der Geist die Kraft hat, geheime Freuden, geheime hingebungsvolle Lust in der Menschenseele zu entbinden; sie lehrt uns, daß, wenn wir immer mehr und mehr imstande sein werden, das Brot des geistigen Lebens unserer Gegenwart zu reichen, die Menschenseelen da sein werden, die sehnsuchtsvoll dieses Brot verzehren wollen. Spiritualität hat eine sieghafte Kraft.

Ein solches Aperçu, das durch zehn Tage gemacht werden kann, ein solches Aperçu kann doch schon lehrreich sein. Es kann uns den Glauben geben zu dem, was wir wollen als Bekenner der Geisteswissenschaft; und es kann uns den Mut geben, ohne Unterlaß weiterzuarbeiten an dem Werke, das uns vorschwebt. Es darf der Geisteswissenschafter diesen offenen Blick für das Leben haben, auf daß er von dem Leben lerne. Denn nur dadurch, daß wir auf jeden Schritt unseres Lebens als Lernende zurückblicken, können wir Fortschritte machen. So wie wir sieben Jahre warten konnten auf dieses Ideal, so werden wir auf anderes, auf vieles, was durch unsere Bewegung geschehen soll, warten können bis es herangereift ist im Schoße der Zeit. Wir werden im *Glauben* warten können. Denn wir haben, wenn wir Geisteswissenschaft im Sinne der Gegenwart richtig verstehen, den Zentralpunkt dessen, was man den

Glauben im höchsten Sinne nennt; wir haben diesen Zentralpunkt immer vor unser Antlitz hingestellt; wir haben den einen festen Punkt immer vor unser Auge hingestellt, der uns gestern entgegengetreten ist durch das Symbolum des Kreuzes.

Wir wissen, was das Kreuz für die menschliche Seele bedeutet. Und wir haben uns im Laufe der Jahre bemüht, dasjenige was uns zufließt, als eine Gabe aus den spirituellen Welten zu betrachten. Wir haben uns bemüht, diese geisteswissenschaftliche Inhaltlichkeit zu einem Instrumente zu machen, um diesen Mittelpunkt des Menschheitsfortschrittes immer besser und besser zu verstehen, um den Christus und das Kreuz zu begreifen. Wenn wir erkennen die Wirklichkeit des Christus-Prinzipes, dann verstehen wir, daß dieses Christus-Prinzip eine Kraft ist, eine lebendige Kraft, die seit dem Beginn unserer Zeitrechnung mit dem Menschenleben auf der Erde verbunden ist, als sich in dem Leibe des Jesus von Nazareth dieses Christus-Prinzip mit *einem* Menschen verbunden hat. Seitdem ist es bei uns Menschen, wirkt unter uns und wir können teilhaftig werden seines Wirkens, wenn wir uns bemühen, alle diejenigen Mittel, die uns zur Verfügung stehen, anzuwenden, um dieses Christus-Prinzip zu begreifen; so zu begreifen, daß wir es zum Leben unserer eigenen Seele machen. Dann aber, wenn wir dieses Christus-Prinzip so verstehen, daß wir wissen, es ist in der Menschheit, es ist *da*, wir können hin zu ihm, wir können Lebenswasser aus dieser Quelle schöpfen, dann haben wir jenen Glauben, der warten kann, warten auf alles, was im Schoße der Zeit reifen soll, was reifen wird, wenn wir Geduld haben. Reifen wird für uns aus dem Schoße des Vergänglichen, wenn wir innerhalb dieses Vergänglichen das Christus-Prinzip erfassen, das Unvergängliche, das Ewige, das Unsterbliche. Aus dem Zeitenschoße wird das Überzeitliche für uns Menschen geboren. Wenn wir auf diesem festen Stützpunkte stehen, dann haben wir ausgehend von ihm nicht einen blinden, dann haben wir einen von Wahrheit und von Erkenntnis durchdrungenen Glauben und sagen uns: Es *wird*, was werden soll; und nichts hindert uns, unsere besten Kräfte einzusetzen für das, wovon wir glauben, daß es werden soll. Der Glaube auf der einen Seite, er ist das, was die echte Frucht des Kreuzes ist; er ist das, was uns immer zuruft: Blicke auf deine Mißerfolge, sie sind scheinbarer Tod deines Schaffens! Blicke von deinen Mißerfolgen auf das Kreuz und erinnere dich, daß am Kreuze war der Quell ewigen Lebens, der den Zeitentod besiegt nicht nur für sich, sondern für alle Menschen. Und aus zwei Vorstellungen entsprießt uns größter Lebensmut. Wir müssen sie nur in der richtigen Weise fassen. Oh, es ist zuweilen von gutmeinenden Menschen gegen die hier gemeinte Geisteswissenschaft eingewendet worden, daß mancher, der zu ihr kommt, weil er dieses oder jenes aufnimmt scheinbar auf bloße Autorität hin, sich schwach mache, daß er Kraft verliere. Der aber, der eine solche Behauptung tut, verwechselt das Scheinbare mit dem Wahren. Die hier gemeinte Geisteswissenschaft schwächt nicht die Menschen, sie ist eine Kraft, in der die Stärke lebt. Was kann die Frische, das Sprießende und Sprossende einer freien großen Natur und Naturluft dazu, wenn ein geschwächter Organismus in diese frische, frohe Luft kommt und sie nicht vertragen kann? Wird er noch mehr geschwächt, ist es Schuld der frischen, frohen Lebensluft? Soll *sie* anders sein oder soll vielmehr der Mensch sich dazu reif machen, die frische, frohe Lebensluft zu vertragen? Geist-Erkenntnis will sein eine gesunde Luft des Geistes. Kein Wunder, daß zuweilen aus der krankhaften Luft unseres Geisteslebens, wie es in der Gegenwart ist, ein geschwächter Organismus sich kraftlos und schwach fühlt im Beginne seiner geisteswissenschaftlichen Laufbahn. Geduld und Mut, die uns aus dem wirklich verstandenen Christus-Prinzip sprießen, sie sind die echten wahren Früchte des einen Teiles des hier gemeinten Geisteslebens. Aber eines gehört noch dazu. Mut, Ausdauer, Glauben allein genügen doch nicht; eines gehört dazu und wird immer mehr und mehr, je weiter wir der Zukunft entgegenschreiten, dazu gehören.

Das ist: wir müssen die Möglichkeit haben, wenn wir eine Idee als die richtige erkannt haben, durch nichts uns beirren lassen an der Richtigkeit dieser Idee. Wir können uns tausendmal sagen, sie läßt sich jetzt nicht realisieren, wir müssen in Geduld und Ausdauer warten, bis die Verwirklichung möglich ist. Wenn wir glauben, daß es im Fortgange des Menschenlebens die Christus-Kraft ist, die alles reifen läßt aus dem Schoße der Zeiten im rechten Augenblicke, so müssen wir dessen ungeachtet ein Urteil über die Richtigkeit, über die unbezweifelbare Richtigkeit unseres geistigen Inhaltes haben. Können wir auf den Erfolg warten, so werden wir immer weniger genötigt sein, bloß zu warten, wenn es sich darum handelt, das Richtige, das Wahre, das Weise auch als Wahres, Weises, als Richtiges einzusehen. Nur das Kreuz ist es, das dem richtigen Verständnis Lebensmut und Lebensglauben gibt; der Stern aber ist es, der Stern, den einstmals Luzifer, der Lichtträger, innehatte, der aber diesem verlorengegangen und an das Christus-Prinzip übergegangen ist, der Stern, der uns in jedem Augenblicke erleuchten kann, wenn wir uns ihm hingeben, über die Richtigkeit, über das Unbezweifelbare unseres geistigen Inhaltes. Das ist der andere Kraftpunkt, auf dem wir fest stehen müssen. Wir müssen uns eine Erkenntnis aneignen können, die in die Tiefen des Lebens geht, die hinter die äußeren, materiellen Erscheinungen geht, die da hineinleuchtet, wo Licht ist, auch dann, wenn es für das menschliche Auge, wenn es für den menschlichen Verstand, wenn es für die äußere Wahrnehmung finster wird. Es war notwendig für die menschliche Entwickelung, daß das Christus-Ereignis eintrat im Laufe des Menschheitsfortschrittes, und wir werden in den nächsten Tagen darauf hinzuweisen haben, wie notwendig es war. Es war notwendig, was in so tiefsinniger Weise im Johannes-Evangelium angedeutet ist, es war notwendig, daß diese Finsternis eine Zeitlang über die Menschheit kam. Hineingeleuchtet hat in diese Finsternis das, was wir das Christus-Prinzip, den Christus nennen. Es ist in Wirklichkeit so, wie es im Johannes-Evangelium beschrieben ist. Aber alles Leben schreitet vor, alles Leben geht weiter. Eine wunderbare, herrliche Sage der Menschheit spricht davon, daß dem Luzifer, als er vom Himmel auf die Erde herunterstürzte, ein Edelstein aus seiner Krone fiel. Aus diesem Edelstein – so sagt uns die Sage – wurde jenes Gefäß, in welchem der Christus Jesus mit seinen Jüngern das Abendmahl genommen hat; jenes Gefäß, in dem aufgefangen worden ist das Blut Christi, das vom Kreuze floß; jenes Gefäß, das von Engeln in die westliche Welt gebracht worden ist und in der westlichen Welt von denen aufgenommen wird, welche zum wahren Verständnis des Christus-Prinzips vordringen wollen. Es wurde aus dem Stein, der entfiel der Krone Luzifers, der heilige Gral.

Was ist der heilige Gral? Sie alle wissen, daß der Mensch, so wie er heute ist, viergliedrig ist, den physischen, ätherischen, astralischen Leib und das Ich hat, daß dieses Ich im Verlaufe des menschlichen Fortschrittes entgegenschreiten muß einer immer mehr und mehr es erfüllenden Vollkommenheit, daß es immer höher und höher steigen muß. Luzifer, dem im Orient herrschenden, gefallenen, ihm entfiel der Edelstein aus der Krone; jener Edelstein ist in gewisser Beziehung nichts anderes als *die volle Kraft* des menschlichen Ichs. Dieses menschliche Ich muß erst in der Finsternis vorbereitet werden, um in einer neuen würdigen Art den Stern Luzifers innerhalb des Christus-Lichtes erglänzen zu sehen. Dieses Ich mußte sich hinauferziehen an dem Christus-Prinzipe, heranreifen zu dem Edelstein, der nun nicht mehr dem Luzifer gehört, der seiner Krone entfallen ist; das heißt, es mußte heranreifen durch Weisheit, um wieder die Fähigkeit zu haben, das Licht, das uns nicht von außen zufließt, das uns dann scheint, wenn wir selbst das Nötige dazu tun können, zu ertragen. So ist geisteswissenschaftliche Arbeit die Arbeit am menschlichen Ich, um es zum Gefäß zu machen, das wiederum fähig ist, das Licht zu empfangen, das da ist, wo heute für die äußeren Augen, für den äußeren menschlichen Verstand Finsternis und Nacht ist. Eine alte Sage sagt, daß die Nacht die ursprüngliche Herrscherin war. Diese Nacht ist aber wieder da; sie ist in allem, was heute von Finsternis erfüllt ist. Erfüllen wir uns aber selbst mit jenem Lichte, das uns aufgehen kann, wenn wir begreifen den Stern, den der Lichtträger, der andere Geist, Luzifer verloren hat; dann wird uns jene Nacht zum Tage. Die Augen hören auf zu schauen, wenn das äußere Licht die Gegenstände nicht beleuchtet; der Verstand versagt, wenn es sich darum handelt, hinter die äußere Natur der Dinge zu dringen; der Stern, der uns wird, wenn die zugleich klare und gutgesinnte Forschung spricht, der erleuchtet uns das, was nur scheinbar Nacht ist, macht es uns zum Tage. Das aber ist es auch, was uns alle ertötenden und lähmenden Zweifel nimmt. Dann kommt für uns der Augenblick, wo wir Lebensmut und Glaubenskraft haben, um in Geduld zu warten; wo wir aber auch jene Sicherheit haben, die uns wird, wenn durchleuchtet ist die Welt unseres Geistes von jenem Lichte, das uns sagt: Es gibt keine Berechtigung des Zweifels im Absoluten. Können wir auf der einen Seite warten, haben wir die Kraft, unsere Intentionen reifen zu lassen, und haben wir auf der anderen Seite die absolute innere Sicherheit vom Bestande des Ewigen, des Unvergänglichen, von dem Bestande des die Verstandesfinsternis durchleuchtenden Lichtes, dann haben wir die beiden Kräfte, die uns vorwärtsbringen, dann haben wir begriffen, daß es Mission ist für die Zukunft, zwei Welten zu vereinen, dann verstehen wir, was es heißt: vor unserer Seele und vor unserem Geiste stehen die Zeichen zweier Welten, in Liebe sich vereinend. Dann begreifen wir Christi Kreuz und den im Christus-Licht erglänzenden Stern Luzifers.

Das darf als etwas angeführt werden, was in einer gewissen Beziehung die Mission des geisteswissenschaftlichen Lebens für die Zukunft ist: auf der einen Seite uns zu geben Sicherheit und Kraft, zu stehen auf einem festen Grunde spirituellen Lebens, empfänglich zu werden für die neugeborene Leuchte des ehemaligen Lichtträgers, und auf der anderen Seite uns zu stützen auf den anderen Stützpunkt des festen Glaubens und der festen Zuversicht, daß das, was geschehen soll durch die Kräfte, die in der Welt liegen, geschehen wird. Nur durch diese zwiefache Sicherheit werden wir wirken können, was wir wirken sollen in der Welt; nur durch diese zwiefache Sicherheit wird es uns gelingen, Geist-Erkenntnis ins Leben überzuführen.

Daher müssen wir uns klar darüber sein, daß wir nicht nur die Aufgabe haben, den Stern zu begreifen wie er geleuchtet hat durch das Menschenwerden, bis dem Luzifer aus der Krone entfallen ist der Edelstein, sondern wir müssen begreifen, daß wir das aufnehmen müssen, was aus diesem Edelsteine geworden ist, den heiligen Gral, daß wir verstehen müssen das *Kreuz* im Stern; daß wir verstehen müssen das, was als lichtvolle Weisheit geleuchtet hat in Urweltzeiten, was wir im tiefsten verehren als Weisheit der vorchristlichen Zeiten, zu denen wir wahrhaftig in voller Hingebung aufblicken, und daß wir dem hinzufügen müssen das, was die Welt hat werden können durch die Mission des Kreuzes. Nicht das Geringste soll uns entfallen von der vorchristlichen Weisheit, nicht das Geringste soll uns entfallen von dem Lichte des Orientes. Wir blicken zum Phosphoros, zum Lichtträger; ja, wir erkennen diesen ehemaligen Lichtträger als die Wesenheit, die uns erst verständlich machen kann die ganze tiefe innere Bedeutung des Christus; aber wir sehen neben Phosphoros Christophoros, den Christusträger, und versuchen die geisteswissenschaftliche Mission zu verstehen, daß sie nur erfüllt werden kann, wenn wirklich die Zeichen dieser beiden Welten «in Liebe sich vereinen». Verstehen wir diese Mission so, dann wird uns der Stern der Leiter sein zur Sicherheit eines lichtvollen geistigen Lebens, dann wird uns der Christus der Leiter sein zu der inneren Wärme unserer Seele im Glauben und Vertrauen, daß da geschehen wird, was man nennen kann: Geburt des Ewigen aus dem Zeitlichen. Erinnern wir uns stets des Prinzipes: daß wenn, was wir wollen, das Rechte ist, uns nichts beirren kann darinnen, zu warten, bis uns die Früchte reifen. Stehen wir fest in dem Aufblicke zum Stern, den Luzifer verloren hat, auf der einen Seite, zum Kreuze des Christus auf der anderen Seite, dann werden wir innerlich und lebendig die Mission der Geist-Erkenntnis durchdringen, dann werden wir immer mehr und mehr in uns befestigen die Sicherheit, daß das Licht, das aus dieser Geist-Erkenntnis leuchtet, ein wahres Sternenlicht ist. Dann aber auch werden wir immer mehr und mehr den Glauben und das Vertrauen haben, daß reifen werden die Früchte dieser Erkenntnis; dann wird uns nichts zaghaft machen; dann werden wir in Geduld und Ausdauer alle Mißerfolge hinnehmen können. Wir werden, zurückblickend auf ein Kleines, was wir zunächst erreicht haben, uns sagen: Wir werden nach und nach einen kleinen Keim durch unsere Bewegung in der Menschheit schaffen, so daß das Licht des Orients sein Widerleuchten finden kann, sein mächtiges, verständnisvolles Widerleuchten in dem Christus-Prinzipe des Abendlandes. Dann werden wir auch erkennen, daß es ein Licht des Okzidents gibt, das scheint, um das, was aus dem Orient stammt, noch lichtvoller zu machen als es durch seine eigene Kraft ist. Lichtvoll wird eine Sache durch die Lichtquelle, von der sie beleuchtet wird. Daher sage niemand, daß irgendeine Verfälschung orientalischer Weisheit eintritt, wenn das Licht des Okzidents auf diese orientalische Weisheit scheint. Es wird scheinen das, was schön, groß und erhaben ist. Es wird am schönsten, größten und erhabensten scheinen, wenn es mit dem edelsten Lichte erleuchtet wird. Wenn uns diese Idee, die wir ahnend in unsere Seele aufnehmen, erfüllt, dann werden wir an Kleinem gefühls- und empfindungsmäßig Größeres lernen können; dann werden wir daran lernen, uns zu sagen: Wir stehen fest in unseren

Wahrheiten, und wir warten geduldig auf die Realisierung dieser Wahrheiten; wir haben die Kraft, nicht zu wanken in dem, was aus dem Lichte auf der einen Seite kommt; wir haben aber auch die Kraft, zu warten, und wenn es noch so lange dauern sollte, bis das, was wir als Keim legen wollen in der Zeiten Schoß, die Früchte reifen lassen wird.

Wir konnten warten, bis wir an die uns so am Herzen liegende Aufgabe herantreten konnten, «Die Kinder des Luzifer» verkörpert vor menschliche Augen hinzustellen. Die Geisteswissenschaft hat nach allen Richtungen, auf allen Gebieten des Lebens ihre großen Aufgaben. Sind wir heute schon sicher durch jenes Licht, das diese Aufgaben in sich schließt, wenn wir den einen Stützpunkt fest unter uns haben, so sind wir auf der anderen Seite auch sicher im Glauben und Vertrauen, daß die kleinsten und die größten Aufgaben, wenn wir uns ihnen hingeben, erfüllt werden müssen.

Und so bauen wir auf das Licht, das von der Geist-Erkenntnis ausgeht; und so bauen wir auf die Wärme, die von ihr ausgeht, und die uns erfüllt, die uns mit Glauben und Zuversicht in unserer Mission erfüllen kann. Und wirken im rechten Sinne und wahrer Art weiter unter den beiden Zeichen des Sterns und des Kreuzes, den «Zeichen zweier Welten in Liebe sich vereinend», wirken von Zeitpunkt zu Zeitpunkt, wirken in festem Glauben daran, daß, wenn wir im Laufe der Zeiten unsere Aufgabe richtig erfassen, wir wirken für das, wofür der Mensch wirken soll, für die Ewigkeit. Denn für menschliches Wirken ist die Ewigkeit die Geburt desjenigen, das in den Zeiten reift.

ZWEITER VORTRAG

München, 24. August 1909

Es wird sich in diesem Zyklus von Vorträgen besonders darum handeln, die Weisheit der orientalischen Welt, das heißt die uralten Weistümer der Menschheit überhaupt, so zu betrachten, daß auf sie jenes Licht fällt, das angezündet werden kann an der Erkenntnis des Christus-Impulses und an der Erkenntnis all dessen, was sich im Laufe der Jahrhunderte in der westlichen Welt als Weisheit aus diesem Christus-Impulse heraus nach und nach entwickelt hat. Wenn Geisteswissenschaft etwas Lebendiges sein soll, so kann sie nicht darin bestehen, daß bereits in der Menschheit vorhandene Anschauungen und Meinungen über die höheren Welten aus der Geschichte genommen und dann gelehrt werden; sondern es muß sich darum handeln, daß alles dasjenige, was wir in der Gegenwart erfahren können über das Wesen der höheren Welten, der Gegenstand unserer Betrachtung werde*. Menschen, welche in der Lage sind, den Blick hinaufzuwenden in die geistigen Welten und in diesen so zu schauen, wie sonst der Mensch mit sinnlichen Augen in der äußeren Welt schaut, wie er mit seinem Verstande die äußere Welt begreift, die hat es ja nicht nur in den alten Zeiten gegeben, die gibt es zu allen Zeiten der Menschheitsentwickelung, die gibt es auch heute; und zu keiner Zeit ist die Menschheit darauf angewiesen, bloß geschichtlich überlieferte Wahrheiten zu lehren und zu betrachten; ebensowenig ist die Menschheit darauf angewiesen, diese Lehren über die höheren Welten von irgendeinem besonderen physischen Orte her zu empfangen. Überall in der Welt kann der Quell höherer Weisheit und höherer Erkenntnis fließen. Ebensowenig als es vernünftig wäre, wenn wir in unseren Schulen etwa heute eine Mathe-

* Man sieht, daß von mir die Geisteswissenschaft *niemals* als eine Entlehnung geschichtlich überlieferter Anschauungen genommen, sondern als eine unmittelbar *gegenwärtig* zu erringende Erkenntnis dargestellt worden ist. Daß die Terminologie älterer Zeiten zuweilen gebraucht wird, hat seinen Grund darin, weil die neuere Zeit, der geisteswissenschaftliches Erkennen fernliegt, eine solche Terminologie nicht hat und man noch immer leichter durch die alte als durch eine frei erfundene verstanden wird.

matik oder eine Geographie lehren würden, die wir alten Schriften, welche in der Vorzeit verfaßt sind, entnehmen würden, ebensowenig ist es vernünftig, in bezug auf die großen Weistümer der übersinnlichen Welten das bloß Geschichtliche, das bloß Historische, das Vorzeitliche zu betrachten. Es wird deshalb unsere Aufgabe sein, in diesem Vortragszyklus an die Dinge der höheren Welten, an die Wesenheiten der übersinnlichen Reiche selbst heranzutreten, Bekanntes und weniger Bekanntes und ganz Unbekanntes vor unsere Seele treten zu lassen von demjenigen, wie es da aussieht in den höheren Welten und dann uns zu fragen: Was haben die Menschen in älteren Zeiten, die Menschen der Vorzeit über diese Dinge zu sagen gehabt? Mit anderen Worten: westliche Weisheit wollen wir vor unsere Seele treten lassen und dann die Frage uns stellen: Wie stimmt dasjenige, was wir als westliche Weisheit erkennen können, mit demjenigen zusammen, was uns als östliche Weisheit bekannt werden kann? Dasjenige, um was es sich handelt, ist, daß Weistümer der übersinnlichen Welten von jedem Menschen, wenn sie ihm erzählt werden, durch die Vernunft eingesehen werden können. Das ist von mir oft betont worden: zum Einsehen, zum Begreifen der Tatsachen der höheren Welten gehört nur unbefangene Vernünftigkeit. Wenn diese unbefangene Vernünftigkeit auch in der Gegenwart eine sehr seltene Fähigkeit ist, sie ist vorhanden; und derjenige, der sie üben will, kann alles das einsehen, was erzählt wird über die Forschungsergebnisse der sogenannten hellseherischen Wissenschaft. Gewonnen werden, erforscht werden können allerdings diese Tatsachen der höheren Welten nur durch die sogenannte hellseherische Forschung, nur durch das Hinaufsteigen in diese höheren Welten durch Menschen, die sich dazu vorbereiten. Da in diesen höheren Welten Wesenheiten wohnen, welche man im Verhältnis zu uns Menschen geistige nennen kann, so ist die Erforschung der höheren Welten nach *einer* Richtung ein Umgang des Hellsehenden oder des Eingeweihten mit diesen geistigen Wesenheiten. Erforscht werden also kann dasjenige, was in den höheren Welten ist, nur dann, wenn der hellseherische Mensch* die Stufen hinaufsteigt, die ihn bis zum Verkehr mit einer geistigen Welt bringen.

* Mit «hellseherisch» ist hier, wie man sieht, nicht der gewöhnlich sogenannte traumhaft-pathologische Zustand gemeint, sondern eine in voller Besonnenheit zu

Vieles über diese Dinge ist ja für Sie alle in diesem oder jenem Vortragszyklus schon gesagt worden; das Wesentliche wollen wir uns heute einmal vor die Seele führen. Dasjenige, was zuerst notwendig ist für den hellseherisch werdenden Menschen, um hinaufzudringen in die höheren Welten, das ist nichts Geringeres, als die Fähigkeit, zu schauen, zu erkennen, zu erleben ohne die Hilfe der äußeren Sinne, also ohne die Hilfe derjenigen Werkzeuge, welche in unserem Leib als Augen, als Ohren und so weiter hineingebaut sind, aber auch ohne dasjenige Werkzeug, welches im besonderen unserem Intellekt, unserem Verstande dient. Ebensowenig wie man die übersinnlichen Welten erschauen kann mit den physischen Augen, wie man in ihnen hören kann mit den physischen Ohren, ebensowenig kann man von ihnen etwas erkennen durch den Verstand, insofern er gebunden ist an das Instrument des physischen Gehirns. Frei werden also muß der Mensch von jener Tätigkeit, die er ausübt, während er sich bedient seiner physischen Sinne und seines physischen Gehirns.

Nun wissen Sie alle schon, daß es im normalen Menschenleben einen Zustand gibt, in dem der Mensch außerhalb der Instrumente seines physischen Leibes ist; es ist der Zustand des Schlafens. Wir wissen da, daß von den vier Gliedern der Menschennatur, vom physischen Leib, Ätherleib, astralischen Leib und dem Ich die zwei letzten Glieder, das Ich und der astralische Leib, sich eine gewisse Selbständigkeit erringen*. Während des Tagwachens sind innig miteinander verbunden: physischer Leib, Ätherleib, astralischer Leib und Ich. Während des Schlafens sind diese vier Glieder so getrennt, daß auf der einen Seite im Bette liegengeblieben ist der physische Leib mit dem Ätherleib, auf der anderen Seite aber frei in einer anderen Welt leben der astralische Leib und das Ich. So ist also der Mensch im normalen Verlaufe seines Lebens innerhalb vierundzwanzig Stunden jedesmal in einem Zustande, wo er die

erreichende Erkenntnis, in der die Seele in einer Verfassung ist, welche ganz derjenigen des mathematischen Vorstellens entspricht. Sie ist gerade das Gegenteil des Traumhaft-Pathologischen.

* Diese Ausdrücke werden hier *nur* so gebraucht, wie sie in meinen Büchern erklärt werden. Sie können natürlich nicht von einem Gesichtspunkte aus kritisiert werden, der mit ihnen ganz andere Vorstellungen (etwa die einer Trivial-Mystik) verbindet, wie das so häufig geschieht.

Instrumente, die in seinen physischen Leib hineingebaut sind, nicht an sich hat; aber er muß in einer gewissen Weise diese Befreiung vom physischen Leibe bezahlen mit der Bewußtseinsfinsternis; er sieht während des Schlafzustandes nichts in der Welt um sich herum, in welcher er dann ist.

Nun können diejenigen Organe, die der Mensch dann braucht, wenn er in die geistige Welt schauen will, in welcher er während der Nacht mit seinem Ich und astralischen Leibe ist, natürlich nur in den astralischen Leib hineingebaut werden, beziehungsweise in das Ich. Und es ist der Unterschied zwischen dem sogenannten normalen Menschen von heute und dem hellseherischen Forscher kein anderer als der, daß abends, wenn das Ich und der astralische Leib sich aus dem physischen Leib und Ätherleib herausheben, beim normalen Menschen der astrale Leib und das Ich in gewisser Beziehung ungegliedert sind, ohne Organe zum Schauen; beim hellseherischen Forscher sind in diesem astralischen Leib, beziehungsweise in dem Ich, ebensolche Organe wenn auch anderer Art ausgebildet, wie es für den physischen Leib die Augen und Ohren sind. Es ist daher die erste Aufgabe, die sich derjenige stellen muß, welcher hellseherischer Forscher werden will, diese, daß er alles dasjenige tut, was in seinen vorerst ungegliederten astralischen Leib, beziehungsweise in sein Ich, geistige Augen, geistige Ohren und so weiter hineinbaut.

Das ist aber noch nicht das einzige, was notwendig ist. Nehmen wir einmal an, jemand hätte es dahin gebracht, durch diejenigen Mittel, die wir nachher auch kurz erwähnen wollen, seinen astralischen Leib und sein Ich mit geistigen Augen und geistigen Ohren und so weiter auszustatten, er würde dann einen anderen astralischen Leib haben als der normale Mensch; er würde einen gegliederten, einen organisierten Astralleib haben. Er würde aber noch nichts sehen können in der geistigen Welt; wenigstens würde er gewisse Stufen des Sehens nicht erreichen können. Dazu ist noch etwas anderes notwendig. Wenn unter heutigen Verhältnissen der Mensch zur Hellsichtigkeit, zur bewußten Hellsichtigkeit wirklich hinaufsteigen will, so ist es notwendig, daß nicht nur die geistigen Augen und die geistigen Ohren ausgebildet sind in seinem astralischen Leib, sondern daß auch alles dasjenige, was also plastisch ausgebildet ist in diesem astralischen Leib, sich abdrückt in dem ätherischen Leib, wie sich ein Petschaft abdrückt im Siegellack. Die eigentliche bewußte Hellsichtigkeit, sie beginnt dann, wenn die Organe, also die geistigen Augen, die geistigen Ohren und so weiter, die im astralischen Leibe ausgebildet werden, sich eindrücken dem ätherischen Leib.

So muß also der ätherische Leib dem astralischen Leibe und dem Ich helfen, wenn Hellsichtigkeit entstehen soll, das heißt es müssen zusammenarbeiten all die Glieder der Menschennatur die man hat, das Ich, der astralische Leib, der Ätherleib, mit einziger Ausnahme des physischen Leibes, dem aber trotzdem nach Erleben der übersinnlichen Welt die Aufgabe obliegt, diese Erkenntnis in vollen Einklang zu bringen mit der durch ihn erworbenen sinnlich-vernünftigen Erkenntnis.

Nun gibt es für den Ätherleib ein größeres Hindernis mitzuarbeiten als für den astralischen Leib. Der astralische Leib und das Ich sind ja im Laufe von vierundzwanzig Stunden beim Menschen immer einmal – man möchte sagen in der glücklichen Lage, frei zu sein von dem physischen Leib. So lange sie vom Morgen, wo der Mensch aufwacht, bis zum Abend, wo der Mensch einschläft, im physischen Leib stecken, so lange sind der astralische Leib und das Ich gebunden an die Kräfte dieses physischen Leibes; und diese Kräfte hindern den astralischen Leib und das Ich, ihre eigenen Organe auszubilden. Der astralische Leib und das Ich sind feine geistig-seelische Wesenheiten; sie folgen sozusagen durch ihre eigene Elastizität den Kräften des physischen Leibes und nehmen seine Form an. Daher haben sie für den normalen Menschen auch in der Nacht noch diese Kräfte des physischen Leibes in sich als Nachwirkungen; und man kann nur, wie wir hören werden, durch besondere Maßregeln freimachen den astralischen Leib und das Ich von der Nachwirkung des physischen Leibes, so daß dieser astralische Leib seine eigene Form, das heißt seine geistigen Augen, seine geistigen Ohren und so weiter ausbilden kann. Aber man ist wenigstens in der glücklichen Lage, im Laufe von vierundzwanzig Stunden den astralischen Leib frei zu haben; man hat die Möglichkeit also, ohne weiteres auf diesen astralischen Leib so zu wirken, daß er dann nicht in der Nacht der Elastizität des physischen Leibes weiter folgt, sondern daß er seiner eigenen Elastizität folgt.

Die vorbereitenden Übungen, die der hellseherische Forscher vornimmt, bestehen im wesentlichen darin, daß er während des Tagwachens solche geistigen Verrichtungen macht, die so auf seinen astralischen Leib und auf sein Ich wirken, daß sie dann, wenn sie beim Einschlafen herausgehen aus dem physischen Leib und dem Ätherleib, unter der Nachwirkung stehen dessen, was der Mensch zur besonderen Vorbereitung für die hellseherische Forschung getan hat.

Nehmen wir also die zwei Fälle an: den gewöhnlichen Menschen wie er im normalen Leben steht, der vom Morgen bis zum Abend sich den Eindrücken der Außenwelt hingibt, sich demjenigen hingibt, was auf äußere Sinne und Verstand wirkt. Er schläft am Abend ein, sein astralischer Leib geht heraus aus dem physischen Leib. Dieser astralische Leib ist dann ganz hingegeben demjenigen, was während des Tages erlebt worden ist; er folgt der Elastizität des physischen Leibes, nicht seiner eigenen. Etwas anderes ist es aber, wenn der Mensch durch Meditation, Konzentration und durch andere Übungen, welche zum Behufe der höheren Erkenntnis gemacht werden, während seines Tageslebens starke Wirkungen auf seine Seele, das heißt auf seinen astralen Leib und Ich erlebt, wenn er also gewisse Zeiten hat, die er sich aussondert vom gewöhnlichen Tagesleben, in denen er etwas ganz anderes tut als im gewöhnlichen Tagesleben; wenn er sich in besonderen Zeiten nicht hingibt demjenigen, was ihm die äußere Welt für die Sinne, für den Verstand sagen kann, sondern wenn er sich hingibt demjenigen, was eine Kunde und ein Ergebnis der geistigen Welten ist. Wenn er also in Meditation, Konzentration und anderen Übungen einen, wenn auch noch so kurzen Teil des tagwachen Lebens hinbringt, dann wirkt das auf seine Seele so, daß der astralische Leib in der Nacht, wenn er aus dem physischen Leibe heraustritt, die Wirkungen dieser Meditation, Konzentration und so weiter erfährt und dadurch anderen Elastizitäten folgt als jenen des physischen Leibes. Die Methoden zur Erlangung der hellseherischen Forschung bestehen daher darin, daß die Lehrer dieser Forschung all das Wissen anwenden, das ausprobiert worden ist seit Jahrtausenden des Menschenlebens an Übungen, an Meditationen und Konzentrationen, die während des Tageslebens vorgenommen werden müssen, damit sie dann ihre Nachwirkungen im Nachtleben haben so, daß der astralische Leib sich umorganisiert.

Das ist die große Verantwortung, die derjenige übernimmt, der überhaupt solche Übungen seinen Mitmenschen verabreicht. Solche Übungen sind nicht aus dem Blauen herausgeholt, solche Übungen sind das Ergebnis exakter geistiger Arbeit. Dasjenige, was diese Übungen vorschreiben, von dem weiß man, daß es auf die Seele so wirkt, daß wenn diese Seele abends beim Einschlafen heraustritt aus dem physischen Leib, sie in der richtigen Art sich ihre geistigen Augen, ihre geistigen Ohren, ihr geistiges Denken ausbildet. Wenn etwas Falsches gemacht wird, falsche Übungen gemacht werden, dann wirkt das natürlich auch; dann bleiben nicht etwa die Wirkungen aus, aber dann werden widersinnige – wenn wir einen Ausdruck der sinnlichen Welt gebrauchen wollen –, widernatürliche Formen hineingebaut in den astralischen Leib. Was heißt das: widernatürliche Formen werden hineingebaut in den astralischen Leib? Es werden Formen hineingebaut, die dem großen Weltenganzen widersprechen. Es wäre dann gerade so auf diesem Gebiete, wie wenn in unseren physischen Leib Organe hineingebaut wären, die nicht in der richtigen Weise die äußeren Töne hören, das äußere Licht sehen können, die nicht stimmen würden zu der äußeren Welt. Durch unrichtige Meditation und Konzentration würde also der Mensch in bezug auf seinen astralischen Leib und in bezug auf sein Ich in Widerspruch versetzt zur Welt, und er müßte dann, statt daß er Organe erhält, durch welche hineinleuchten kann allmählich diese geistige Welt, zerschellen durch die Einflüsse der geistigen Welt, er müßte diese Einflüsse der geistigen Welt nicht als etwas ihn Förderndes, als etwas ihn Bereicherndes erleben, sondern als etwas sein Denken Hemmendes.

Ich bitte Sie, weil wir diesen Begriff in den nächsten Tagen sehr notwendig haben werden, darauf zu achten, daß wir hier an einem Punkte stehen, wo uns klar werden kann, daß etwas, das in der Außenwelt draußen ist – und wir reden jetzt von der geistigen Außenwelt –, im höchsten Maße fördernd sein kann für den Menschen und wiederum im höchsten Maße hemmend sein kann für ihn, je nachdem er seine eigene Wesenheit diesem Äußeren entgegenbringt. Denken wir uns einmal, ein Mensch mit einem nicht richtig ausgebildeten astralischen Leibe setzt sich der geistigen Umwelt aus. Diese wirkt auf ihn. Während, wenn er die richtigen Organe ausgebildet hätte, diese geistige Umwelt in ihn einfließen würde, ihn bereichern würde mit den Weltgeheimnissen, wird diese selbe Außenwelt ihn seelisch verkümmern, wenn er seine Organe schlecht ausgebildet hat. Es ist dieselbe Außenwelt, die einmal den Menschen in die höchsten Höhen hinaufträgt, das andere Mal ihn hemmt, dieselbe Außenwelt, von der der Mensch einmal sagen wird, sie ist eine göttliche, förderliche Welt, wenn er selber in sich das Richtige trägt; und von der er sagen wird, sie ist eine Welt der Hindernisse, wenn er selbst in sich ein nicht richtig ausgebildetes Inneres hat. In diesen Worten liegt viel von dem Schlüssel zum Verständnis des Guten, Fruchtbaren, und des Bösen, des Zerstörenden in der Welt. Und Sie können daraus einsehen, daß die Wirkung, die irgendwelche Wesenheiten der Umwelt auf uns haben, nicht maßgebend ist für das Wesen dieser Welt selber. Wie wir uns der Außenwelt gegenüberstellen, so wird das eine Mal dieselbe Wesenheit förderlich oder hemmend sein, dieselbe Wesenheit Gott oder Teufel sein können für unsere seelische Organisation. Das bitte ich durchaus zu berücksichtigen; denn wir werden es für mancherlei in den nächsten Tagen brauchen.

Wir haben uns damit vor die Seele gestellt, wie die Vorbereitung zur hellseherischen Forschung ist in bezug auf den astralischen Leib und das Ich. Und wir haben hervorheben müssen, daß wir Menschen in einer gewissen Beziehung in einer glücklichen Lage sind, weil wir wenigstens zu einer gewissen Zeit während vierundzwanzig Stunden den feinen astralischen Leib und das Ich außer dem physischen Leib und dem Ätherleib haben. Den Ätherleib aber haben wir auch in der Nacht nicht außer dem physischen Leib; er bleibt da mit dem physischen Leib verbunden. Wir wissen ja aus den mancherlei Vorträgen, die nun seit Jahren hier gehalten werden, daß nur im Tode jener Augenblick eintritt, wo der physische Menschenleib für sich bleibt und der Ätherleib mit dem astralischen Leibe und dem Ich sich aus dem physischen Leibe heraushebt. Wir brauchen heute nicht zu erwähnen, welchen Weg diese drei Glieder der Menschennatur nachher zwischen dem Tode und einer neuen Geburt durchmachen; wir wollen uns nur klar vor die Seele stellen, daß mit dem Tode der Augenblick gegeben ist, wo der Mensch frei ist von dem physischen Leibe und von alledem, was in diesen physischen Leib hineingebaut ist, frei ist also von den physischen Sinnesorganen, frei ist von dem Gehirn, dem Instrument des physisch wirkenden Verstandes. Da sind beisammen in der ihnen gemäßen Art Ich und astralischer Leib und ätherischer Leib; da können sie zusammenwirken. Daher tritt auch in bezug auf das vorhergehende Leben von dem Moment des Todes an, wenn auch zunächst nur für kurze Zeit ein wirkliches Hellsehen ein. Es ist das öfter erwähnt worden in diesen Vorträgen. Zu einem solchen Zusammenwirken, wie das nur im Momente des Todes normalerweise der Fall sein kann, zu einem solchen Zusammenwirken muß die Möglichkeit dem Ich, dem astralischen Leibe und dem Ätherleibe gegeben werden, um vollständige Hellsichtigkeit herbeizuführen. Der Ätherleib muß also aus jenem Zustand befreit werden können, in den er hineingebannt ist während des normalen Lebens; er muß ebenso in der Lage sein, seine Elastizität zu gebrauchen, unabhängig zu werden von der Elastizität des physischen Leibes, wie das der astralische Leib in der Nacht ist. Dazu sind in gewisser Beziehung höhere, intensivere, anstrengendere Übungen notwendig. Auf alles das kann ja in den nächsten Tagen mit einigem noch hingedeutet werden in den entsprechenden Zusammenhängen; heute aber wollen wir uns klarmachen, *daß* dies notwendig ist. Es genügt noch nicht, wenn der Mensch jene vorbereitenden Übungen gemacht hat, die nachwirken in seinen astralischen Leib hinein, um die geistigen Augen und Ohren auszubilden, sondern es sind auch Übungen notwendig, die dem Ätherleibe Selbständigkeit und Freiheit geben von dem physischen Leibe. Heute aber wollen wir uns in einer gewissen Beziehung das Resultat vor Augen führen, das dann eintreten muß. Sie können dies im Grunde genommen schon entnehmen aus demjenigen, was gesagt worden ist.

Wir können sagen, normalerweise ist nur im Augenblick des Todes die Möglichkeit gegeben, daß frei vom physischen Leib Ich und astraler Leib und Ätherleib zusammenwirken. Für die hellseherische Forschung muß also etwas eintreten, das sich vergleichen läßt einzig und allein mit demjenigen, was sonst für den Menschen im Augenblicke des Todes eintritt, das heißt der Mensch muß, wenn er in bewußtem Sinne hellseherisch werden will, zu einer Entwickelungsstufe in seinem Leben kommen, wo er von seinem physischen Leib und dem Gebrauche der Glieder des physischen Leibes ebenso unabhängig ist, wie er unabhängig von ihnen ist im Momente des Todes.

Wir fragen uns: durch was kann denn – wir wollen die Frage heute in abstracto beantworten, in den nächsten Tagen wird es in concreto geschehen – der Mensch eine solche Unabhängigkeit erlangen von dem physischen Leibe, durch was kann er sich in einen Zustand versetzen, der dem Momente des physischen Sterbens in bezug auf die Erkenntnis ähnlich wird? Einzig und allein dadurch kann er sich in einen solchen Zustand versetzen, daß er gewisse Empfindungen und Empfindungsnuancen ausbildet, welche die Seele so ergreifen, daß in einer gewissen Beziehung diese Empfindungen und Empfindungsnuancen durch ihre Kraft den ätherischen Leib packen und ihn herausheben aus dem physischen Leibe. Es müssen also so starke Empfindungsimpulse, Gedankenimpulse und Willensimpulse in der Seele wirken, daß eine innerliche Kraft da ist, welche den Ätherleib frei macht vom physischen Leibe für gewisse Augenblicke. Nicht aber durch äußere physische Maßnahmen kann so etwas in unserem Zeitraume der Menschheitsentwickelung herbeigeführt werden. Derjenige, der glauben würde, daß man solche Dinge durch physische Maßnahmen herbeiführen kann, der würde sich eben einer gewaltigen Täuschung hingeben. Er würde in die geistigen Welten hinein wollen und dennoch bei den Hantierungen, bei den Tatsachen der physischen Welt bleiben wollen, das heißt er wäre noch nicht gekommen bis zu einem wirklichen Glauben an die Kraft der geistigen Welten. Es müssen lediglich innere Vorgänge sein, Vorgänge des starken, des energischen Seelenlebens, die diesen Zustand herbeiführen*. Und wenn wir im Abstrakten bleiben, so können wir heute vorläufig sagen: das Wesentlichste zur Herbeiführung eines solchen Zustandes besteht darin, daß der Mensch eine Umwandlung, gleichsam eine Umstülpung seiner Interessensphäre erlebt. Für das ge-

* Es muß bei diesen Schilderungen überall darauf geachtet werden, daß mit ihnen nur seelische Vorgänge gemeint sind, die mit einem Übergehen in Pathologisch-Organisches so wenig zu tun haben wie die mathematischen Formulierungen, und die trotzdem nicht bloß formaler Natur sind wie die letzteren, sondern denen eine *geistige* Realität entspricht. Zur gewöhnlichen Hellseherei verhalten *sie* sich wie das Positive zu dem Negativen.

wöhnliche Leben ist der Mensch ausgestattet mit gewissen Interessen. Sie wissen, daß diese Interessen vom Morgen bis zum Abend spielen. Der Mensch – und er hat damit ganz recht, denn er muß in dieser Welt leben – interessiert sich für dasjenige, was auf seine Augen, seine Ohren, auf seinen physischen Verstand, auf seine physischen Empfindungen und so weiter wirkt; er interessiert sich für dasjenige, was in der Außenwelt ihm entgegentritt; er hat für das eine mehr, für das andere weniger Interesse; er widmet dem einen mehr, dem anderen weniger Aufmerksamkeit; das ist so natürlich. Und in diesen auf- und abwogenden Interessen, die ihn fesseln mit gewissen Anziehungskräften an den Teppich der Außenwelt, lebt der Mensch, lebt ja wahrhaftig ganz allein die weitaus größte Mehrzahl der gegenwärtigen Menschen.

Es gibt nur eine Möglichkeit, daß der Mensch unbeschadet der Frische und Lebendigkeit dieser äußeren Interessen doch Momente im Leben herbeiführt, in denen diese äußeren Interessen gar nicht wirken; in denen ihm, wenn man radikal die Sache ausdrücken will, die ganze äußere Sinneswelt absolut gleichgültig wird; in denen er alle Interessenkräfte, die ihn an dieses oder jenes in der sinnlichen Welt fesseln, abtötet. Falsch wäre es, wenn der Mensch sich nicht aufsparen würde diese Abtötung der Interessen für die Außenwelt für gewisse Feiertagsaugenblicke des Lebens, sondern diese Abtötung auf das ganze Leben ausdehnen würde. Ein solcher Mensch würde unfähig werden, mitzuarbeiten an der Außenwelt; wir sind aber berufen, in unserem Leben an der Außenwelt und an ihrer Arbeit mitzuwirken. Wir müssen es uns daher für Feiertagsaugenblicke aufbewahren und aufsparen, alle äußeren Interessen für die Umwelt in uns ersterben zu lassen, und wir müssen uns sozusagen diese zwiefache Natur erobern, daß wir auf der einen Seite in der Lage sind, lebendig und frisch an allem teilzunehmen, was da draußen an Freude und Schmerz, an Lust und Unlust, an blühendem, sprossendem und an ersterbendem Leben sich abwickelt, und daß wir *dazu* die andern Interessen fügen. Die Frische und Ursprünglichkeit des Interesses für die Außenwelt müssen wir uns für unser Erdenleben wach erhalten; wir dürfen nicht Fremdlinge werden auf der Erde, denn dadurch würden wir nur aus dem Egoismus heraus handeln und würden unsere Kräfte rauben dem Schauplatz, dem sie gewidmet sein sollen innerhalb unserer gegenwärtigen Entwickelung. Aber wir müssen auf der anderen Seite, damit wir hinaufsteigen können in die höheren Welten, uns die andere Seite der Natur ausbilden, die darin besteht, daß wir in Feiertagsaugenblicken des Lebens die Interessen für die Außenwelt ertöten, ersterben lassen. Und wenn wir Geduld und Ausdauer, wenn wir Energie und Kraft haben, solange als es unser Karma fordert, uns zu üben in diesem Abtöten der Interessen für die Umwelt, wenn wir uns genügend darin üben, so wird zuletzt durch diese Abtötung des Interesses an der Außenwelt eine starke, energische Kraft in unserem Innern frei. Was wir auf solche Art in der Außenwelt ertöten, lebt im höheren Maße in der Innenwelt auf. Wir erfahren eine ganz neue Art des Lebens, wir machen jenen Moment durch, wo wir uns sagen können: das ist ja nur ein Teil des gesamten Lebens, was wir sehen können durch die Augen und hören durch die Ohren. Es gibt ein völlig anderes Leben, ein Leben in der geistigen Welt; eine Auferstehung in der geistigen Welt, ein Hinausschreiten über dasjenige, was man sonst das Leben nennt, ein Hinausschreiten, so daß nicht der Tod eintritt, sondern ein höheres Leben resultiert.

Wenn dann diese rein geistige Kraft in unserem Innern stark genug geworden ist, dann können wir die Momente nach und nach erleben, wo wir Herrscher und Herr werden über unseren Ätherleib, wo dieser Ätherleib nicht diejenige Form annimmt, die ihm die Spannkräfte von Lunge und Leber aufnötigen, sondern jene Form, die wir ihm aufnötigen von oben herunter durch unseren astralischen Leib. Dann prägen wir unserem Ätherleib die Form ein, die wir zuerst durch Meditation und Konzentration und so weiter dem Astralleib eingeprägt haben; dann drücken wir die plastische Form des astralischen Leibes im Ätherleib ab, und wir steigen auf von der Vorbereitung zur Erleuchtung, zu der nächsten Stufe der hellseherischen Forschung. Die erste Stufe, durch welche wir unseren astralen Leib umwandeln so, daß er Organe erhält, sie nennt man auch die Reinigung oder Läuterung aus dem Grunde, weil dieser astralische Leib gereinigt wird von den Kräften der Außenwelt, und inneren Kräften sich fügt. Diejenige Stufe aber, auf welcher es diesem astralischen Leib gelingt, *seine* Form einzuprägen dem Ätherleib, diese Stufe ist damit verknüpft, daß es um uns herum geistig hell wird, daß die geistige Welt um uns herum offenbar wird, daß die Erleuchtung eintritt.

Dasjenige, was ich Ihnen eben beschrieben habe, ist verknüpft mit gewissen Erfahrungen, die der Mensch durchmacht, und die typisch sind, die bei jedem dieselben sind, und die jeder, der den Weg durchmacht, erfährt in dem Momente, wo er dazu reif ist, und wo er die nötige Aufmerksamkeit auf gewisse über dem Sinnlichen hinausliegende Dinge und Vorgänge wendet. Die erste Erfahrung, die eintritt durch die Organisation des astralischen Leibes, die also eintritt als Wirkung von Meditation, Konzentration und so weiter, könnte man ausdrücken als ein Gefühls-, als ein Empfindungserlebnis, als ein Erlebnis, das man, wenn man es beschreiben will, am besten benennen könnte wie eine in sich verlaufende *vollbewußte* Spaltung unserer ganzen Persönlichkeit*. Man sagt sich in diesem Augenblicke, wo man das erlebt: Jetzt bist du eigentlich etwas geworden wie zwei Persönlichkeiten; du gleichst gleichsam einem Schwerte, das in seiner Scheide steckt. Vorher hast du dich vergleichen können mit einem Schwerte, das nicht in seiner Scheide steckt, sondern das mit seiner Scheide in eins gearbeitet ist, aus einem Stück besteht; du hast dich gefühlt als eine Einheit mit deinem physischen Leibe zusammen; jetzt aber ist es so, wie wenn du zwar in deinem physischen Leib drinnensteckest wie das Schwert in der Scheide, aber doch ein Wesen seiest, das sich als etwas fühlt außer der Scheide des physischen Leibes, in der es steckt. – Man fühlt sich zwar in seinem physischen Leibe, aber nicht mit ihm verwachsen, nicht aus einem Stück mit ihm bestehend. Dieses innerliche Freiwerden, dieses innerlich sich Fühlen als zweite Persönlichkeit, die aus der ersten herausgeschritten ist, das ist das große Erlebnis auf dem Wege zur hellseherischen Anschauung der Welt. Es muß also betont werden, daß dieses erste Erlebnis ein Empfindungs-, ein Gefühlserlebnis ist. Man muß fühlen dieses

* Man muß, was hier als «Spaltung der Persönlichkeit» gekennzeichnet wird, streng unterscheiden von dem, was von solchen Denkern, die damit Pathologisches – oder Traumhaftes – im Auge haben, mit diesem Ausdrucke oder auch mit «Doppel-Ich» gemeint ist. Die hier charakterisierte Spaltung wird in voller Besonnenheit *nur* im Seelischen vollzogen, wird so völlig durchschaut, daß ein klarbewußtes Drinnenstehen in dem gewöhnlichen Ich in gar keiner Weise beeinträchtigt wird. *Dieses* «Ich» verliert dabei nichts von seiner inneren Festigkeit und Geschlossenheit.

in seiner alten Persönlichkeit-Darinnenstecken und doch wiederum frei und beweglich sich in ihr fühlen. Natürlich ist das nur ein Vergleich, vom Schwerte und seiner Scheide. Denn das Schwert fühlt sich doch nach allen Seiten beengt durch die Wände seiner Scheide; der Mensch aber, der diese Empfindung hat, hat ein hohes Gefühl innerlicher Beweglichkeit, gleichsam wie wenn er an allen Punkten die Grenzen seines physischen Leibes durchbrechen könnte, heraus könnte, Ausfälle machen könnte durch die Haut seines physischen Leibes, geistige Fühlhörner ausstrecken könnte in eine Welt hinein, die ihm zwar noch dunkel ist, die ihm aber fühlbar wird und im Finstern – man möchte sagen – tastbar, erkennbar wird. Das ist das erste große Erlebnis, das der Mensch hat.

Das zweite besteht darin, daß nun die zweite Persönlichkeit, die in der ersten darinnen steckt, nach und nach die Fähigkeit erlangt, wirklich aus dieser ersten Persönlichkeit seelisch-geistig herauszutreten. Dieses Erlebnis, das drückt sich schon dadurch aus, daß der Mensch nunmehr die Erfahrung, wenn auch zuweilen oft für kurze Zeit, macht, als ob er sich selbst sehen würde, als ob er sich gleichsam wie seinen eigenen Doppelgänger vor sich hätte. Diese zweite Erfahrung allerdings hat eine viel größere Tragweite als die erste. Denn mit dieser zweiten Erfahrung ist etwas verknüpft, was – man möchte sagen – nur sehr schwer zu ertragen ist für den Menschen. Man muß bedenken, im normalen Leben steckt der Mensch in seinem physischen Leibe darinnen. Dasjenige, was darinnen steckt, ist Astralleib und Ich, und dasjenige, was so als Astralleib und als Ich im physischen Leib darinnen steckt, das paßt sich den Kräften des physischen Leibes an; es schmiegt sich sozusagen hinein. Es nimmt an die Form der Leber, die Form des Herzens, die Form des physischen Gehirns und so weiter. Und so ist es auch mit dem Ätherleib, solange er im physischen Leibe darinnen steckt. Er nimmt an die Form des physischen Gehirns, die Form des Herzens und so weiter. Man bedenke, was mit den Ausdrücken Gehirn, Herz und so weiter gesagt ist, was das für wunderbare, in sich vollendete Werkzeuge und Organe sind, was für wunderbare, in sich vollendete Schöpfungen. Man frage sich einmal, was alle menschliche Kunst, was alles menschliche Schaffen bedeutet gegenüber jenem Schaffen, gegenüber jener Kunst und Technik, die notwendig sind, um solch ein Wunderwerkzeug wie das Herz, das Gehirn und so weiter aufzubauen. Was vermag der Mensch auf dem gegenwärtigen Standpunkt seiner Entwickelung an Kunst, an Technik gegenüber jener Götterkunst und Göttertechnik, die unseren physischen Leib auferbaut haben, und die uns daher auch in Schutz nehmen, solange wir drinnenstecken im physischen Leib. Wir sind also mit dem physischen Leibe im Tagesleben Götterschöpfung hingegeben. Unser Ätherleib, unser Astralleib sind hineingepaßt in Formen, welche die Götter geschaffen haben. Werden wir nun frei und selbständig, dann liegt die Sache anders. Dann machen wir uns zu gleicher Zeit frei von dem Wunderwerkzeuge der Götterschöpfung. Wir verlassen also nicht etwa den physischen Leib als etwas, worauf wir als auf ein Unvollkommenes herabschauen dürfen, sondern als den Tempel, den die Götter für uns gebaut haben, in dem wir sonst wohnen während unseres tagwachen Lebens. Wie sind wir dann?

Nehmen wir einmal an, wir könnten diesen physischen Leib in irgendeinem Momente ohne weitere Vorbereitung verlassen; irgendein Zauberkünstler würde uns dazu verhelfen, diesen physischen Leib zu verlassen, so daß er allein bleibt, daß der Ätherleib mitgeht mit dem astralischen Leibe, daß wir also in gewisser Beziehung durch ein Erlebnis hindurchgehen, das sich vergleichen läßt dem Momente des Todes. Nehmen wir an, wir könnten das ohne die Vorbereitung, von der wir gesprochen: was sind wir dann, wenn wir da draußen sind, wenn wir uns selbst gegenüberstehen? Da sind wir dasjenige, was wir im Laufe der Weltenentwickelung von Leben zu Leben geworden sind. Solange wir vom Morgen bis zum Abend im physischen Leibe stecken, korrigiert die göttliche Schöpfung des Tempels unseres physischen Leibes dasjenige, was wir uns selbst anorganisiert haben von Verkörperung zu Verkörperung im Laufe unseres Erdenlebens; jetzt aber, wo wir heraustreten, haben unser astralischer Leib und unser Ätherleib dasjenige, was sie sich erworben haben von Leben zu Leben ohne Korrektur; jetzt sehen sie so aus, wie sie aussehen müssen nach dem, was sie selbst aus sich gemacht haben. Wenn der Mensch in einem solch unvorbereiteten Zustand heraustritt aus seinem physischen Leibe, dann ist er nicht etwa ein Wesen von einer höheren, edleren, reineren Form als diejenige war, die er gehabt hat im physischen Leib, sondern ein Wesen mit all den Unvollkommenheiten, die er sich auf sein Karma geladen hat. Das alles bleibt unsichtbar, solange der Leibestempel unseren Ätherleib und astralischen Leib und unser Ich aufnimmt. Es wird sichtbar in dem Augenblick, wo wir mit den höheren Gliedern unserer Wesenheit heraustreten aus dem physischen Leibe. Da stehen, wenn wir nun zu gleicher Zeit hellsichtig werden, vor unserem Auge all die Neigungen und Leidenschaften, die wir noch haben aus dem, was wir in früheren Erdenleben gewesen sind. Man nehme einmal an, daß man im Laufe der künftigen Erdenzeit noch viele durchmachen werde; da wird man dieses oder jenes tun, dieses oder jenes vollbringen. Zu mancherlei von demjenigen, was man vollbringen wird, liegen schon die Neigungen, die Triebe und Leidenschaften jetzt vor; man hat sie herausgebildet durch Verkörperungen in der früheren Zeit. Alles, was der Mensch fähig ist, an diesen oder jenen Dingen in der Welt zu vollbringen, alles das, dessen er sich schuldig gemacht hat gegen diesen oder jenen Menschen – was er gegen diesen oder jenen Menschen in der Zukunft abzutragen hat –, alles das ist in diesem Astralleib und Ätherleib verkörpert, wenn er heraustritt aus dem physischen Leib. Wir treten uns selber gleichsam seelisch-geistig nackt entgegen, wenn wir beim Heraustreten zugleich hellsichtig sind; das heißt wir stehen uns so vor dem geistigen Auge, daß wir jetzt wissen, um wieviel wir schlechter sind, als das sein würde, wenn wir jene Vollkommenheit erreicht hätten, welche die Götter hatten, damit sie schaffen konnten den Wunderbau unseres physischen Leibes. Wir sehen in diesem Augenblick, wie tief wir unter jener Vollkommenheit stehen, die uns vorschweben muß als unser künftiges Entwickelungsideal. Wir wissen in diesem Augenblick, wie tief wir unter die Welt der Vollkommenheit heruntergestiegen sind.

Das ist das Erlebnis, das verbunden ist mit der Erleuchtung; das ist das Erlebnis, das man die Begegnung mit dem Hüter der Schwelle nennt. Dasjenige, was wirklich ist, das wird dadurch nicht mehr und nicht weniger wirklich, daß wir es sehen oder nicht sehen. *Die* Gestalt, die wir da sehen in diesem Augenblick, der eben geschildert worden ist,

ist sonst auch da, ist sonst durchaus auch in uns steckend; aber weil wir noch nicht aus uns herausgetreten sind, weil wir uns nicht gegenüberstehen, sondern weil wir drinnen stecken, sehen wir sie nicht. Im gewöhnlichen Leben ist dasjenige, was wir in dem Augenblicke, wo wir hellseherisch aus uns heraustreten, sehen, der Hüter der Schwelle. Er behütet uns vor jenem Erlebnis, das wir erst ertragen lernen müssen. Wir müssen erst jene starke Kraft in uns haben, die uns befähigt, uns zu sagen: Es liegt eine Welt der Zukunft vor uns, und wir sehen ohne Schrecken und Grauen auf dasjenige, was wir geworden sind, denn wir wissen ganz gewiß, daß wir alles das wiederum ausgleichen können. – Die Fähigkeit, die wir haben müssen, um diesen Moment zu erleben, ohne daß wir von ihm niedergedrückt werden, diese Fähigkeit müssen wir uns während der Vorbereitung zur hellseherischen Forschung aneignen. Diese Vorbereitung besteht darin – wiederum sagen wir es heute im Abstrakten, wir werden auf das Konkrete noch einzugehen haben –, daß wir insbesondere die aktiven, die positiven Eigenschaften unserer Seele stark und energisch machen, daß wir unseren Mut, unser Freiheitsgefühl, unsere Liebe, unsere Energie des Denkens, unsere Energie des klarsichtigen Intellekts so steigern, als wir sie nur steigern können, so daß wir nicht als schwache, sondern als starke Menschen heraustreten aus unserem physischen Leibe. Wenn aber von demjenigen, was man im gewöhnlichen Leben als Angst und Furcht kennt, zu viel im Menschen vorhanden ist, so wird er nicht ohne Bedrückung dieses Erlebnis überstehen können.

So also sieht man, daß es gewisse Bedingungen gibt, um hineinzuschauen in die geistigen Welten, die in einer gewissen Beziehung ja das Höchste, was zu denken ist für das Leben der gegenwärtigen Menschheitsentwickelung, in Aussicht stellen, und die gleichzeitig notwendig machen, daß der Mensch eine vollständige Umformung und Umstülpung seines Wesens für die Feieraugenblicke sich erringt. Die größte Wohltat in unserer heutigen Zeit wird demjenigen, welcher, bevor er zu diesem Erlebnis vorschreitet, sich beschreiben läßt, was diejenigen, die erlebt haben in den höheren Welten, geschaut haben; was dann, wenn es erzählt wird, zu begreifen, zu verstehen ist, ohne daß man selbst in diese Welten hineinsieht. Geforscht werden kann nur, wenn man selbst hineinsieht. Dadurch aber, daß man sich immer mehr und mehr anstrengt mit dem Verstand das zu begreifen, was der hellseherische Forscher sagt, gelangt man immer mehr und mehr dazu, sich zu sagen: Wenn ich alles das betrachte, was das Leben bringt, muß ich sagen, das Ergebnis übersinnlicher Forschung ist doch ganz vernünftig. Wenn man sich bemüht, in dieser Weise zuerst einen Überblick sich zu verschaffen, wenn man zuerst Begreifender werden will und dann Hellseher, dann hat man in bezug auf die heutige Menschheitsstufe das Richtige getan. Erst muß man Geisteswissenschaft gründlich kennenlernen. Tut man das, dann geben die großen, die umfassenden, die stärkenden und mutspornenden und erfrischenden Ideen und Gedanken dieser Wissenschaft der Seele nicht nur etwa Theorie, sie geben der Seele Empfindungs-, Willens- und Denkeigenschaften, so daß sie sich stählt. Dann, wenn die Seele solches durchgemacht hat, wird der Moment der Begegnung mit dem Hüter der Schwelle zu etwas anderem, als was er sonst geworden wäre. In ganz anderer Weise werden Angst und Besorgniszustände überwunden, wenn man vorher durch das Erfassen der Erzählungen der höheren Welten hindurchgegangen ist, als wenn dies nicht geschehen ist.

Dann aber, wenn der Mensch dieses Erlebnis gehabt hat, daß er sich selbst gegenübergetreten ist, daß er also dem Hüter der Schwelle begegnet ist, dann beginnt für ihn die Welt eine ganz andere zu werden; dann erfahren in einer gewissen Beziehung alle Dinge der Welt eine neue Gestalt. Und es ist das Urteil berechtigt, das etwa so sagt: Bisher habe ich gekannt, was Feuer ist; aber das war nur eine Täuschung; denn was ich bisher Feuer genannt habe, das verhält sich zu seiner Wirklichkeit, zu dem, was ich jetzt als Feuer kenne, etwa so, wie wenn ich die Eindrücke, welche die Räder eines Wagens machen auf der Straße, für die einzige Wirklichkeit halten und nicht mir sagen wollte: da muß ein Wagen darüber gefahren sein, in dem ein Mensch gesessen hat. Von diesen Furchen sage ich aus, daß sie die Zeichen, der äußere Ausdruck sind für den Wagen, der darüber gefahren ist und in dem ein Mensch gesessen hat. Wenn er vorübergefahren ist, sehe ich nichts von ihm; er aber ist der Grund der Furchen, er ist das Wesentliche. Und derjenige, der da glauben würde, die Furchen, welche die Räder hinterlassen haben, seien etwas in sich Abgeschlossenes, etwas Wesentliches, der würde den äußeren Eindruck für die Sache selbst halten. – So ist das, was wir im äußeren Leben als das aufleuchtende Feuer sehen, im Verhältnis zu seiner Wirklichkeit, zu der geistigen Wesenheit, die dahintersteht, wie die Furchen in der Straße zu dem Menschen, der im Wagen gesessen hat, welcher über die Straße dahingefahren ist. In dem Feuer haben wir nur einen äußeren Ausdruck. Hinter demjenigen, was das Auge als Feuer sieht und was wir als Wärme empfinden, ist erst die wahre geistige Wesenheit, die im äußeren Feuer nur den äußeren Ausdruck hat. Hinter demjenigen, was wir als Luft einatmen, hinter demjenigen, was als Licht ins Auge dringt, was als Ton in unserem Ohre ist, hinter dem liegen die wirkenden göttlich-geistigen Wesenheiten, welche nur gleichsam ihr äußeres Kleid im Feuer, im Wasser, in demjenigen haben, was uns in den verschiedenen Reichen der Welt umgibt.

In der sogenannten Geheimlehre, in der Mysterienlehre, nennt man dieses Erlebnis, das man in dieser Art hat, das Durchgehen durch die elementaren Welten. Während man sich vorher dem Glauben hingegeben hat, daß dasjenige, was man als Feuer erkennt, eine Wirklichkeit ist, erfährt man nun, daß hinter dem Feuer lebendige Wesenheiten stehen. Man macht sozusagen Bekanntschaft, mehr oder weniger intime Bekanntschaft mit dem Feuer als etwas ganz anderem als dem, wie es sich in der Sinnenwelt darstellt; man macht Bekanntschaft mit den Feuerwesen, mit demjenigen, was als Seele hinter dem Feuer steht. Wie unsere Seele hinter unserem Leibe steht, so steht hinter dem Feuer, das mit den äußeren Sinnen wahrnehmbar ist, die Seele und der Geist des Feuers. Man dringt in ein geistiges Reich ein, wenn man die Seele und den Geist des Feuers erlebt; und dieses Erleben, das sich sagt: das äußere Feuer ist keine Wahrheit, es ist bloßer Schein, ist bloßes Kleid, ich bin jetzt unter den Feuergöttern, wie ich vorher unter den Menschen in der physischen Welt war – dieses Erleben heißt Leben im Element des Feuers, wenn man im geheimwissenschaftlichen Sinne spricht. Ebenso ist es mit dem, was wir einatmen. In dem Augenblicke, wo uns dasjenige, was wir als äußere Luft einatmen, nur das Kleid wird für dahinterliegende lebendige Wesenheiten, leben wir in dem Elemente der Luft.

Und so kann der Mensch, wenn er die Begegnung mit dem Hüter der Schwelle hinter sich hat, aufsteigen zu dem Erleben der Wesenheiten in den sogenannten Elementen, im Element des Feuers, des Wassers, der Luft, der Erde. Diese vier Arten von Geistern, die in den Elementen leben, gibt es, und der Mensch, der diese Stufe erreicht hat, die soeben beschrieben worden ist, verkehrt mit den geistigen Wesenheiten der Elemente. Er lebt in den Elementen, er durchlebt Erde, Wasser, Luft und Feuer. Dasjenige also, was man im gewöhnlichen Leben mit diesen Worten bezeichnet, das ist nur das äußere Kleid, der äußere Ausdruck von dahinterstehenden geistigen Wesenheiten. Es leben also gewisse göttlich-geistige Wesenheiten in demjenigen, was uns entgegentritt als feste Materie oder Erde – im geisteswissenschaftlichen Sinne gesprochen –, als flüssige Materie oder Wasser – im geisteswissenschaftlichen Sinne gesprochen –, als ausdehnbare Materie oder Luft und als warme, feurige Materie oder Feuer. Das aber sind noch nicht die höchsten geistigen Wesenheiten, sondern wenn wir uns durchgerungen haben durch das Erleben der Elementenwelt, dann steigen wir auf zu denjenigen Wesenheiten, welche die schaffenden Wesenheiten für jene Geister sind, die in den Elementen leben. Und nun nehme man folgendes: Wenn man seine Umgebung betrachtet, die physische Umgebung, sieht man: sie besteht aus demjenigen, was die vier äußeren Glieder sind der eigentlichen Elementarwelt. Ob man Pflanzen oder Tiere oder Steine auf dem physischen Plane sieht, man kann sagen: sie bestehen entweder aus dem Festen, das heißt Erdigen – geheimwissenschaftlich gesprochen – oder aus dem Flüssigen, das heißt aus dem Wasser – geheimwissenschaftlich gesprochen –, aus Gasartigem oder der Luft und aus dem Feurigen, dem Wärmehaften. Daraus sind die Dinge zusammengesetzt, die in der Steinwelt, Pflanzenwelt, in der Tier- und Menschenwelt physisch vorhanden sind. Und als schöpferische Kräfte, als befruchtende Kräfte stehen hinter demjenigen, was physisch ist, diejenigen Kräfte, die uns von der Sonne zum größten Teil zuströmen. Die Sonne, sie ruft ja aus der Erde hervor das sprießende, sprossende Leben. Die Sonne also sendet diejenigen Kräfte, im physischen Sinne zunächst, zur Erde, die es möglich machen, daß auf der Erde gesehen wird mit physischen Sinnen dasjenige, was im Feuer, in der Luft, im

Wasser und in der Erde lebt. Wir sehen physisch die Sonne, weil sie physisch Licht verbreitet. Das physische Licht wird durch die physische Materie aufgehalten. Der Mensch sieht die Sonne vom Aufgange bis zum Niedergange, und er sieht die Sonne nicht, wenn die physische Erdenmaterie sie zudeckt; vom Untergange bis zum Aufgange sieht er sie nicht. Solche Finsternis, wie sie im physischen Leben herrscht vom Niedergange der Sonne bis zum Aufgange derselben, solche Finsternis gibt es in der geistigen Welt nicht. In dem Augenblicke, wo der Hellseher dasjenige errungen hat was beschrieben worden ist, in dem Augenblicke, wo er hinter dem Feuer die Geister des Feuers, hinter der Luft die Geister der Luft, hinter dem Wasser die Geister des Wassers und hinter der Erde die Geister der Erde erblickt, in diesem Augenblick sieht er hinter diesen geistigen Wesenheiten deren höheren Herrscher, deren höheren Lenker, dasjenige, was sich verhält zu diesen Elementarwesenheiten, wie sich verhält die erwärmende und beleuchtende, die wohltätige Sonne zu dem sprießenden und sprossenden physischen Leben auf unserer Erde. Das heißt, der Hellseher ringt sich durch von der Betrachtung der Elementarwesenheiten zu der Betrachtung der höheren geistigen Wesenheiten, die im geistigen Reiche etwa sind, was sich im physischen Reiche sinnbildlich vergleichen läßt mit der Sonne im Verhältnis zur Erde. Der Mensch sieht dann hinter den Elementenwesen eine hohe geistige Welt: die geistige Sonne. Wenn für den Hellseher dasjenige, was sonst Finsternis ist, Licht wird, wenn er die Erleuchtung erlangt, dann, dann dringt er vor, wie das physische Auge zur Sonne vordringt, zur geistigen Sonne, das heißt zu den geistigen Wesenheiten. Und wann dringt er vor zu diesen höheren geistigen Wesenheiten? Dann dringt er vor, wenn gleichsam für die Menschen die geistige Finsternis am höchsten ist. Der Mensch lebt, wenn er sonst frei ist in bezug auf seinen Astralleib und auf sein Ich, also vom Momente des Einschlafens bis zu dem des Aufwachens, er lebt, indem ihn Finsternis umgibt, weil er die geistige Welt, die ihn dann umgibt, nicht sieht. Diese Finsternis nimmt allmählich zu, erreicht einen Höhepunkt und nimmt wiederum ab bis zum Morgen, wo er aufwacht. Sie erlangt sozusagen einen höchsten Grad. Man kann diesen höchsten Grad geistiger Verfinsterung vergleichen mit demjenigen im äußeren Leben, was man die Mitternachtsstunde nennt. Wie in dieser normalerweise die äußere physische Finsternis am stärksten ist, wie sie bis dahin zunächst zunimmt und nachher abnimmt, so gibt es in bezug auf die geistige Finsternis einen höchsten Grad, eine Mitternacht. Auf einer gewissen Stufe des Hellsehens ist es so, daß man während der Zeit, während welcher für den ungeistig-erkennenden Menschen die geistige Finsternis aufsteigt, die Elementargeister sieht; wiederum so beim Abfluten der Finsternis. Hat man nur eine niedere Stufe des Hellsehens erreicht, so ist es so, daß man zuerst sozusagen gewisse Elementargeister erlebt, daß aber gerade dann, wenn man den höchsten geistigen Moment erleben will, die Mitternachtsstunde, daß dann noch eine Verfinsterung eintritt, und erst dann wiederum eine Erhellung eintritt. Wenn man aber eine bestimmte Stufe des Hellsehens erreicht hat, dann wird, was man Mitternachtsstunde nennen kann, um so heller. In dieser Zeit* erlebt man das Anschauen derjenigen geistigen Wesenheiten, die in bezug auf die Elementengeister sind wie die Sonne zur physischen Erde; man erlebt die höheren, schöpferischen, die Sonnenwesenheiten, es tritt jener Moment ein, den man technisch nennt das Schauen der Sonne um Mitternacht.

So sind die Stufen, welche heute wie zu jeder Zeit von demjenigen durchlebt werden müssen, der zur hellseherischen Forschung sich hinaufschwingen will, der hinter den Schleier, welcher in den irdischen Elementen die wahre Welt überzieht, hindurchblicken will. Diese Stufen, die nun beschrieben worden sind, das Sich-Freifühlen in bezug auf seine zweite Persönlichkeit wie das Schwert in der Scheide, dieses sich außerhalb des physischen Leibes Fühlen, wie wenn man das Schwert herausgezogen habe aus der Scheide; das Begegnen mit dem Hüter der Schwelle; das Erleben der Elementenwesenheiten, das heißt das Erleben jenes großen Momentes, wo die Feuer-, Luft-, Wasser- und Erden-Wesenheiten werden zu Wesenheiten, unter denen man wandelt, mit denen man nun verkehrt wie im gewöhnlichen Leben mit den Menschen; und dann das Erleben jenes Momentes, wo man das Urwesen

* Man muß sich darüber klar sein, daß mit dieser «Mitternachtsstunde» nicht ein mit dem äußeren Zeitverlauf zusammenfallender Augenblick, sondern ein innerer Zustand gemeint ist.

dieser Elementarwesenheiten erlebt, das sind die Stufen, die zu jeder Zeit durchgemacht werden konnten, die auch heute noch durchgemacht werden können, das sind – in anderer Weise ist dies öfter schon beschrieben worden, denn in mancherlei Art kann man sie beschreiben, und es bleibt immer nur eine unvollkommene Beschreibung! – die Stufen, die in die geistigen Welten hinaufführen. Wir mußten sie uns vor die Seele führen, um zu sehen, was der Mensch zu jeder Zeit selber tun muß, um die geistigen Wesenheiten zu erkennen. Und wir werden nunmehr uns weiter vor die Seele zu führen haben, was nun der Mensch in diesen geistigen Welten erlebt; wir werden uns vor die Seele zu führen haben einiges von den konkreten Verrichtungen, die der Mensch vorzunehmen hat, um den Geistwesenheiten zu begegnen. Und wenn wir die Sache uns vor die Seele geführt haben in der Art, wie es durch die westliche Einweihung erreicht werden kann, dann werden wir das, was wir also gewonnen haben aus der Sache selbst heraus, vergleichen mit dem, was an orientalischer Überlieferung, an uralter Weisheit an die Menschheit erging. Das ist dasjenige, was man verstehen kann als das Fallenlassen des Christus-Lichtes auf die Weisheit der vorchristlichen Zeit.

DRITTER VORTRAG

München, 25. August 1909

Wir haben uns vor die Seele geführt, wohin derjenige dringt, welcher die Methoden der menschlichen Entwickelung in die übersinnlichen Welten hinein auf sich anwendet. Wir haben dabei aufmerksam gemacht, daß es eine gewisse Stufe der Entwickelung gibt, durch welche dem Menschen das, was sonst in der äußeren Welt uns entgegentritt als Wärme, als Luft, als Wasser und so weiter, anfängt zu leben und durchgeistigt zu sein. Wir haben gesagt, daß man das nennen kann das Sichhineinleben in die Welt der Elementengeister. Ich bitte diejenigen, die sich seit längerer Zeit mit Geisteswissenschaft befassen, jedes Wort, das gesagt wird, recht auf die Waagschale zu legen und zu berücksichtigen, daß die Worte gebraucht werden nicht annähernd, sondern ganz genau. Ich sagte nicht Elementargeister, sondern ich sagte Elementengeister; und es ist immer nur die Rede von demjenigen, das gerade an der betreffenden Stelle genannt wird.

Es wird nun heute unsere Aufgabe sein, uns mit einigen Eigentümlichkeiten bekanntzumachen, die sich dem Betrachter der höheren Welten bieten. Da ist vor allen Dingen darauf aufmerksam zu machen, daß sich beim Aufstieg ins Übersinnliche zu unserer gewöhnlichen Welt, die wir mit unseren Sinnesorganen erleben, andere Welten, von denen zunächst zwei genannt sein sollen, hinzugesellen, Welten, die hinter denen stehen, die man mit den Sinnen wahrnehmen und mit dem Verstande begreifen kann. Es sollen einige hervorragende Charaktereigentümlichkeiten genannt werden, welche hinweisen können auf die Unterschiede unserer gewöhnlichen Welt und den beiden nächsthöheren. Die nächste Welt, die sich hinter unserer Welt verbirgt, nennt man ja, wie Sie alle wissen, die astralische Welt, und diejenige, die noch tiefer verborgen ist hinter dieser, bezeichnen wir gewöhnlich nach unserem Sprachgebrauch als die geistige Welt. Man könnte auch die astralische Welt das Seelenland oder die Seelenwelt und die andere als das Geisterland oder die geistige Welt bezeichnen. Wollen wir einen der vielen Unterschiede angeben, der uns zunächst einmal wichtig sein wird für unsere folgenden Betrachtungen, so können wir sagen: In unserer physischen Welt herrscht als eines der umfassendsten Gesetze dasjenige des Entstehens und Vergehens. Überall finden wir in unserer physischen Welt den Wechsel von Geburt und Tod, von Entstehen und Vergehen. Betrachten Sie wo Sie wollen unsere physische Welt, gerade bei ihren höchsten Wesenheiten finden Sie das Charakteristische, daß sie geboren werden und sterben innerhalb der physischen Welt. Eine scheinbare Dauer innerhalb der physischen Welt gaukelt dem Menschen höchstens dasjenige vor, was den niedrigen Naturreichen angehört: das tote Steinreich. Aber auch das ist nur scheinbar. Würde man die Betrachtung der Gesteinswelt über lange Zeiten ausdehnen, so sähe man, daß sich auch da das Gesetz des Entstehens und Vergehens geltend macht.

Für den Betrachter nun der astralischen Welt drängt sich vor allen Dingen das auf, daß – ebenso hervorragend wie für die physische Welt das Entstehen und Vergehen – für diese astralische Welt die Verwandlungsfähigkeit ist, die Metamorphose. Und hier verknüpft sich das, was jetzt zu sagen ist, mit einem Hinweis, der schon gestern gegeben worden ist und der uns in der mannigfaltigsten Weise immer konkreter beschäftigen wird. In der astralischen Welt haben wir es zu tun mit beweglichen Gebilden, mit Gebilden, die sich ineinander so umwandeln, daß sie bald das eine, bald das andere sein können. Schon der uns ja aus dem Astralischen zunächstliegende menschliche astralische Leib, der wie eine Art von Aura – dem Hellseher sichtbar – wolkig umwallt und umwogt den physischen Leib, hat die Eigentümlichkeit einer fortwährenden Verwandlungsfähigkeit. Fast in jedem Augenblick ist das, was als eine astralisch-aurische Wolke den Menschen einhüllt und durchdringt, anders, je nachdem der Mensch in sich höhere oder niedrigere Triebe entwickelt, wildere, stürmischere oder ruhigere Leidenschaften in sich erlebt, diese oder jene Gedanken hegt. Je nachdem er diese oder jene Willensimpulse hat, zeigen sich in dieser aurisch-astralischen Wolke die mannigfaltigsten Gebilde und Einschlüsse; und da der Mensch in seinem Seelenleben fortwährend diese oder jene Gedanken aufsteigen und abwogen läßt, so kann man diese Wolke in jedem Augenblick in bezug auf Farbe und Form als etwas anderes abbilden, wenn auch ein gewisser Grundcharakter, sagen wir eine gewisse Grundfarbe in der astralischen Aura eines jeden Menschen erhalten bleibt, die seinem mehr oder weniger dauernden Charakterzug entspricht. So haben wir schon in dem astralischen Leib des Menschen das sich Verwandelnde darinnen. Gestern ist darauf aufmerksam gemacht worden, daß dieselben Wesenheiten, die dem Menschen zunächst entgegentreten, wenn er das astralische Gebiet als ein Erschaubares erlebt, dann, wenn er in die Erleuchtung vorrückt und ihm das Astralische erkennbar wird, ihm entgegentreten können, je nach seiner eigenen Vorbereitung, als gute und als böse. So stark ist die Verwandlungsfähigkeit dessen, was für das Schauen nicht heruntersteigt bis zum physischen Plan, sondern bleibt in den Regionen der höheren Welten und nur bis zum astralischen Plane heruntersteigt, sich verwandeln kann von dem Guten in das Böse, von dem Lichten in das Finstere. Also wir haben Metamorphose, Verwandlungsfähigkeit als Charakteristikum in dieser Welt.

In der eigentlich geistigen Welt tritt uns eine, wenn auch nur relative Dauer entgegen, ein Bleiben. Daher muß zum Beispiel des Menschen innerste Wesenheit, wenn sie sich erhalten will, wenn sie dauern will von einer Inkarnation zur anderen, durchgehen durch die geistige Welt, weil nur diese Welt die Eigentümlichkeit der, wenn auch nicht ewigen, so doch in gewisser Beziehung relativen Dauer hat.

Entstehen und Vergehen ist also hauptsächlichste Eigentümlichkeit der physischen Welt; Verwandlung von einer Form in die andere ist eine Eigentümlichkeit der astralischen Welt; Dauer ist eine Eigentümlichkeit der geistigen Welt. Zunächst müssen wir uns klar sein, daß die Materialien zum Aufbau des Menschen aus diesen Welten entnommen sind, daß der Mensch aus diesen Welten herausgebaut ist. Die physische Welt liegt ihm zunächst vor; in die anderen Welten arbeitet er sich durch die sogenannte Einweihung oder Initiation, das heißt durch die Vorbereitung und Entwickelung zum übersinnlichen Schauen hinauf. Da lernt er erst das kennen, was sich ihm entzieht in der gewöhnlichen Welt, was aber ebenso vorhanden ist wie diese gewöhnliche Welt.

Nun müssen wir uns bekannt machen mit noch etwas anderem. Wir haben gesagt, daß uns zum Beispiel im Element des Feuers oder der Wärme auf einer gewissen Stufe der Entwickelung Lebendiges entgegentritt, etwas das Feuer Durchlebendes, oder in bezug auf die Luft etwas die Luft Durchlebendes. Für das gewöhnliche Leben ist nun die Sache so, daß jedesmal, wenn eine äußere Umhüllung, ein äußeres Kleid, ein Ausdruck auftritt für irgendeine Wesenheit, diese selbst für den Menschen sich in eine höhere Welt zurückzieht. Der Mensch lernt in der physischen Welt das physische Feuer kennen. Weil er das physische Feuer, den Ausdruck gewisser geistiger Wesenheiten, die im Feuer walten, in der physischen Welt kennenlernt, so muß er, um diese Wesenheiten selbst kennenzulernen, von der physischen zu höheren Welten aufsteigen. Niemals findet man in derselben Welt diejenigen Wesenheiten, bei denen der Ursprung und Urquell einer Erscheinung für eine andere Welt ist. Dasjenige, was Ursache und Urquell des Feuers zum Beispiel ist, kann man erst finden, wenn man von der physischen Welt zur nächsthöheren aufsteigt, weil die betreffenden Wesenheiten in die niedere Welt hinuntersenden ihren Ausdruck und ihre Wesenheit selbst zurückbehalten in der höheren Welt. Das gilt nun nicht nur für die Erscheinungen, die uns sozusagen auf dem äußeren Teppich der physischen Welt entgegentreten. Die Geister des Feuers, die Geister der Luft, des Wassers, der Erde, sie verhüllen sich für die physische Welt und sind in den höheren Welten, weil sie ihre Ausdrücke in die physische hinuntersenden. Das gilt aber nicht nur für dasjenige, was uns entgegentritt außer uns, sondern für alles dasjenige, was in uns selber zunächst in der physischen Welt lebt. In dieser leben ja für uns nicht nur die Erscheinungen der Außenwelt, nicht nur die buntfarbige und tonreiche, die geruchterfüllte, geschmackerfüllte Welt, sondern da leben zunächst für uns auch unsere Gefühle, unsere Empfindungen und Gedanken. Alles, was der Mensch hier in dieser Verkörperung, in der Inkarnation ist, lebt in der physischen Welt, was es auch immer ist. Dessen müssen wir uns klar sein. So daß also auch jedes Gefühl, das wir zwischen der Geburt und dem Tode erleben, jeder Gedanke, den wir fassen, jede Idee und so weiter eine Erscheinung der physischen Welt ist. Und ebenso wie hinter den äußeren Erscheinungen, den Farben, Tönen, Gerüchen und so weiter, oder wie wir sagen in der Geisteswissenschaft, dem Feuer, der Luft, dem Wasser und so weiter göttlich-geistige Wesenheiten dahinter stehen, ebenso leben göttlich-geistige Wesenheiten hinter unseren Empfindungen, unseren Gefühlen, unserer ganzen Seelenwelt. Unsere ganze Seelenwelt hat göttlich-geistige Wesenheiten hinter sich. Und das, was wir gewöhnlich als unser Ich, als unser Selbst erleben innerhalb der physischen Welt, das ist noch nicht unser wahres Selbst, das ist noch nicht dasjenige, was wir unser höheres Selbst nennen. Unser höheres Selbst steht in einer übersinnlichen Welt, es lebt hinter unseren Gefühlen und Empfindungen. Daher wird im wahren Sinne dieses höhere Selbst erst erlebt durch die Entwickelung in die übersinnlichen Welten hinauf. Da zeigt es sich noch in ganz anderer Gestalt als in der physischen Welt.

An einem besonderen Beispiele möchte ich Ihnen anführen, wie sich dieses in der physischen Welt lebende Selbst des Menschen verhält zu seinem höheren Selbst, und zwar möchte ich es Ihnen anführen für unsere heutigen Verhältnisse, denn derjenige, der in die geistigen Welten hineinschaut, weiß, daß sich diese Dinge im Laufe der Zeiten ändern. Derjenige, der zum Beispiel einem anderen Menschen ein Unrecht zugefügt hat, der kann in sich selber das erleben, was man Gewissensbisse nennt. Man kommt da auf jene eigentümlichen Seelenerlebnisse, die man gewöhnlich zusammenfaßt unter dem Wort Gewissen. Sie wissen alle, daß man im gewöhnlichen Leben mit diesem Worte Gewissen bezeichnet eine Art innerer Stimme, welche den Menschen treibt, von ihm begangenes Unrecht wieder gutzumachen. Die meisten Menschen werden in ihrem ganzen Leben wenig dazu kommen, darüber nachzudenken, was das Wesen dieses Gewissens ist; sie bleiben eben dabei stehen sich zu sagen: Gewissen ist etwas, das man fühlt. Ein inneres Gefühl hat man, daß man begangenes Unrecht wieder gutmachen muß; es quält einem in der Seele, wenn man solches Unrecht nicht gutgemacht hat. Das Gewissen ist zunächst für den Menschen in der physischen Welt ein inneres Erlebnis, ein Seelenerlebnis. Fragen Sie nun den Geistesforscher, wie es sich damit verhält, dann muß dieser folgende Beobachtung anstellen: er muß den Betreffenden, der ein Unrecht begangen hat, beobachten in bezug auf sein Leben in der astralischen Welt. Derjenige nun, der für sich selbst innerlich Gewissensbisse erlebt, der ist für den Geistesforscher umringt von merkwürdigen astralen Gestalten, die sonst nicht da sind, wenn nicht Gewissensbisse in der Seele leben. Alles das, was sozusagen im Gewissen rumort und von der Seele, die in der physischen Welt lebt, nur gefühlt wird, das zeigt sich der geistigen Beobachtung wie gewisse Gestalten, die den Menschen umschwirren, die in seiner Umwelt leben. Und wenn wir uns fragen: Wie zeigt sich für die Geistesforschung das Entstehen dieser Gestalten, dann bietet sich folgendes: Nehmen wir an, jemand hat solch ein Unrecht begangen, dann bilden sich aus den Gedanken, die das Unrecht herbeigeführt haben, andere Gedankenformen, die Metamorphosen der ersten sind. Alles das, was der Mensch denkt, empfindet und fühlt, lebt ja in seiner astralischen Aura als eine Form, als eine Gedanken- oder Empfindungs- oder Gefühlsform. Man kann einen Gedanken, der – sagen wir klar ist, in einer scharf umrissenen Gedankenform, wie umschwebend den Menschen, abbilden; ebenso einen wilden, einen wüsten Gedanken, diese oder jene Leidenschaft durch verworrene Formen. Das sind alles Gestalten, die den Menschen umgeben. Während nun der Mensch ein Unrecht begeht an einem anderen, denkt und empfindet er dies oder jenes. Diese Gedanken- oder Empfindungsformen treten dann aus ihm heraus, sind in der Umgebung; aber sie bleiben nicht bloß Gedankenformen, das ist das Wesentliche und Wichtige. Sie bleiben nicht etwas, was sich vom Menschen abgesondert hat, sondern sie finden Nahrung aus gewissen Welten. Es brausen gleichsam, wie der Wind in einen Hohlraum, der sich ihm darbietet, hineinbraust, in diese Gedankenformen, die ausgeschieden werden durch die Gewissensbisse, gewisse Wesenheiten aus ganz bestimmten Welten – wir werden darüber noch sprechen – hinein, und die eigenen Gedankenformen des Menschen sind dann ausgefüllt mit einer Wesenssubstanz aus diesen Welten. Der Mensch hat Veranlassung gegeben durch seine Gedankenformen dazu, daß in seiner Umgebung nun andere Wesenheiten leben. Diese Wesenheiten sind in Wahrheit das Quälende der Gewissensbisse. Wären sie nicht da, so quälten die Gewissensbisse nicht. Erst in dem Moment, wo der Mensch unbewußt diese Wesenheiten fühlt, beginnt das Nagende und Zehrende des schlechten Gewissens.

Sie können nun an diesem Beispiele sehen, daß für die geistige Beobachtung eine ganz andere Realität vorliegt als für die nicht geistige. Für die letztere ist das Gewissen nur ein inneres Erlebnis; für die geistige Beobachtung ist das Gewissen eine Summe von Wesenheiten, die den Menschen umgibt, eine geistig-astralische Realität um ihn herum. Warum nun sieht der Mensch diejenigen Wesenheiten, die ich Ihnen eben beschrieben habe – die dadurch entstehen, daß sich gewisse geistige Wesenheiten mit seinen eigenen Gedanken umhüllen wie mit Häuten, wie mit Bälgen –, im gewöhnlichen Leben nicht? Gerade aus demselben Grunde, warum er zum Beispiel Geister des Feuers nicht sieht. Er sieht in der physischen Welt das physische Feuer; hinter dem physischen Feuer verbirgt sich das, was geistig ist im Feuer; und er muß erst durch das Feuer hindurchschauen in höhere Welten hinauf, wenn er das Geistige im Feuer sehen will. Ebenso muß der Mensch geistig durch das Gewissen durchschauen, wenn er Geister des Gewissens kennenlernen will, wenn er Bekanntschaft machen will mit den quälenden, auf dem astralischen Plane zunächst lebenden Wesenheiten, die auf diejenige Weise entstanden sind, die ich Ihnen beschrieben habe.

Nun könnten diejenigen, welche Tatsachen, die in den verschiedensten Vorträgen und Vortragszyklen erwähnt worden sind, zusammenhalten, hier einen Schluß ziehen, den ich nun gleich selber ziehen will. Sie wissen ja, daß das menschliche Seelenleben sich im Laufe langer Zeiträume geändert hat. Alle kennen Sie diese Tatsache aus meinen verschiedensten Vorträgen. Sie wissen, daß wenn wir heute dasjenige, was wir menschliches Bewußtsein nennen, beschreiben, etwas anderes herauskommt als das Bewußtsein, sagen wir, zum Beispiel bei den alten Indern in der ersten Kulturepoche der nachatlantischen Zeit; daß anders war dieses Bewußtsein namentlich in der atlantischen Zeit. Sie wissen alle, daß das menschliche Bewußtsein sich von einem dumpfen, ursprünglichen Hellsehen hindurchentwickelt hat zum heutigen klaren, tagwachen Bewußtsein für die physische Welt. Je weiter wir zurückgehen in der Entwickelung, desto mehr finden wir, daß die Menschen ein ursprüngliches Hellsehen, ein gewisses primitives Hellsehen hatten. Wir brauchen gar nicht weit zurückzugehen, verhältnismäßig nur wenige Jahrtausende, da finden wir noch zahlreiche Völker, welche nicht etwa bloß das physische Feuer sahen, sondern imstande waren, durch dieses physische Feuer hindurch zu den Elementengeistern des Feuers zu schauen. Das hat sich nach und nach entwickelt im menschlichen Bewußtsein, daß gleichsam eine höhere Welt sich zurückgezogen hat vor dem Menschen, und dieser beschränkt worden ist auf die physische Welt. Das gilt aber eben nicht bloß für die äußere Welt, für den Teppich der Sinnenwelt, der um uns herum ausgebreitet ist, sondern auch für das im Physischen sich offenbarende menschliche Seelenleben. Nun können Sie den Schluß ziehen: Wenn du uns eine solche Erscheinung nennst, wie das Gewissen es ist, und behauptest, daß der heutige Geistesforscher für das, was man das Gewissen nennt, um den Menschen herum astralisch-geistige Gestalten erlebt, so müßten ja die Vorfahren der heutigen Menschen diese astralisch-geistigen Gestalten gesehen haben; sie waren ja hellseherisch, müßten also auch das gesehen haben, was heute der Geistesforscher erbildet. – Nun, ebenso wie das Feuer die Geister des Feuers verdeckt, ebenso verdeckt das menschliche Gewissen – diese innere Stimme, wie wir sie nennen – zunächst die Welt, die ich eben beschrieben habe, die Welt der quälenden und nagenden Gewissensgeister. Also müßte in der Vorzeit gesehen worden sein von den Menschen dasjenige, was ich eben beschrieben habe als eine astralische Erscheinung. Aber die Bedingung dazu wäre gewesen, daß die Menschen dazumal noch nicht das innerliche Gewissen gehabt hätten, daß das noch nicht entwickelt gewesen wäre, daß also dasjenige, was wir heute die Seelenerscheinung des Gewissens nennen, einmal bei unseren Vorfahren nicht da gewesen wäre, daß dafür aber unsere Vorfahren gesehen hätten, was heute nur der Geistesforscher in der astralischen Umhüllung erblickt, während heute für die Menschen, da sie die innere Stimme des Gewissens empfinden, durch diese innere Stimme verdeckt werden die äußeren Geister – sagen wir des Gewissens.

Ich habe absichtlich dieses Beispiel angeführt, weil an ihm die Bekräftigung der Sache wie mit Händen zu greifen ist. Man kann ganz genau auf den Zeitpunkt hinweisen, äußerlich historisch hinweisen, in dem der Übergang stattgefunden hat von dem Schauen der äußeren Gewissensgeister durch die Menschen zu der Erweckung der inneren Stimme des Gewissens. Sie brauchen nämlich nur einmal denkerisch sich zu betrachten die Orestie des *Äschylos* und brauchen diese zu vergleichen mit demselben Stoffe bei dem nur kurze Zeit danach lebenden griechischen Tragiker *Euripides.* Da haben Sie bei einem Übergang im

Verlauf von wenigen Jahrzehnten von Äschylos bis Euripides herauf die Erfüllung und Bestätigung dessen, was ich Ihnen erzählt habe. Sehen Sie sich den Orest des Äschylos an; führen Sie sich vor die Seele, was da ungefähr geschieht! Agamemnon kehrt heim nach dem Kriege. Er wird ermordet von seinem ehebrecherischen Weibe. Der Sohn Orest, der abwesend ist, kommt heim und nimmt Rache an der Mutter. Er nimmt Rache für den Tod des Vaters, weil sogar die Stimme eines der verehrten Götter selbst ihn zu dieser Sache auffordert; er nimmt Rache im Einklang sogar mit dem damaligen Volksgefühl. Das Volk sagt eben, es ist richtig, daß er so gehandelt hat, er hat nur etwas Gerechtes ausgeführt. Er aber, er sieht als eine Folge des Muttermordes an sich herankommen die Erinnyen, die Rachegöttinnen. Nichts anderes sind die Erinnyen, die Rachegöttinnen der Mythologie, als die bildliche Ausgestaltung dessen, was ich Ihnen eben beschrieben habe als Tatsache der geistigen Beobachtung. Und versuchen Sie jetzt zu prüfen in diesem älteren Drama, ob da irgend etwas vorkommt, was Sie bezeichnen können mit dem modernen Wort Gewissen; nicht einmal ein Wort ist in der älteren Zeit vorhanden für das, was wir mit dem Namen Gewissen bezeichnen, und zwar, wie die Forscher beweisen können, in keiner Sprache des Altertums ist ein Wort dafür vorhanden. Vergleichen Sie jetzt aber dieselbe Sache bei demjenigen Dichter, der denselben Stoff um einige Jahrzehnte später behandelt hat, bei Euripides. Da haben Sie nichts mehr von den Furien, von den Erinnyen; da haben Sie schon den Menschen, der die innere Stimme des Gewissens vernimmt. In der Zwischenzeit – das läßt sich mit Händen greifen – geschieht die Entwickelung des Gewissens. Vorher war im wesentlichen im Verlaufe der Menschheitsentwickelung die hellseherische Beobachtung so stark, daß die Menschen die Empfindung nach einer begangenen schlechten Tat ganz anders hatten als später. Was empfand ein Mensch der älteren Zeit, wenn er eine schlechte Tat begangen hatte? Das hellseherische Auge war noch geweckt; er sah das, was ich beschrieben habe, in seiner Umgebung – in Griechenland nannte man es die Erinnyen. Und was entstand jetzt in seinem Inneren für eine Empfindung, da er dieses Gesicht der Erinnyen fortwährend vor sich hatte? Es entstand eine Empfindung, die ganz entsprechend den Eigentümlichkeiten der astralischen

Welt war, die Empfindung: umzuwandeln, zu metamorphosieren die Gestalten, die er da um sich herum hatte. In der astralischen Welt herrscht Verwandlungsfähigkeit. Wenn der Mensch ausgelöscht hat die schlechte Tat, sie in eine gute verwandelt hat, dann verwandeln sich die Erinnyen der Mythologie in die wohlwollenden Eumeniden. Hier haben Sie Verwandlungsfähigkeit. Da war es also etwas, was der Mensch so erlebte, daß er sich sagte: Ich habe eine schlechte Tat begangen; furchtbar ist dasjenige, was sichtbar ist in der astralischen Welt; das muß umgewandelt werden; ich muß dasjenige tun, was die Metamorphose herbeiführt. Es war eine Korrespondenz des menschlichen Handelns mit demjenigen, was in der Umgebung war. Von dem, was innere Stimme des Gewissens ist, war noch nichts da.

Alles in der Welt, auch das innere Seelenleben, entwickelt sich. So hat sich auch das entwickelt, was wir Gewissen nennen. Und derjenige würde fehlgehen, der etwa Jahrtausende zurückgehen würde und das, was heute in der Seele lebt als eine selbstverständliche Erscheinung, auch in den älteren Zeiten suchen würde. Und sogar das ist der Fall, daß sich auf dem betreffenden Gebiete, wo das geschehen soll, die Dinge ziemlich rasch ändern. Wie die Pflanze von Blatt zu Blatt wächst und dann wie im Sprunge zur Blüte übergeht, so ist es in der geistigen Entwickelung. Das törichte Wort, die Natur mache keine Sprünge, ist Unwahrheit; die Natur macht fortwährend Sprünge. An den entscheidenden Punkten geschehen fortwährend die Sprünge. Wie vom grünen Laubblatt zur Blüte ein Sprung in der Pflanze ist, so können wir im geistigen Leben auch solche Sprünge beobachten: durch Jahrhunderte, durch Jahrtausende hindurch entwickeln sich die Dinge langsam und allmählich; dann aber geht es so rasch wie es mit dem Gewissen gegangen ist hier in der Zeit, die hineinfällt in das fünfte Jahrhundert vor Christus, so daß ein früherer Tragiker noch nichts hineinmischt in sein Drama vom Gewissen, während der einige Jahrzehnte nach ihm kommende es hineinmischt zum ersten Male und dann auch ein Wort hat für das, was wir heute als Gewissen bezeichnen. Damit ist nun wiederum verknüpft, daß gerade die hellseherische Beobachtung der Gewissensgeister, der Erinnyen, für den Menschen verschwindet. Diese geistigen Wesenheiten sind solche, daß sich vor sie hinstellt unser inneres Erlebnis des Gewissens, wie sich vor die Geister des Feuers der äußere Ausdruck des Feuers hinstellt.

So sieht man, daß man sozusagen nach zwei Richtungen hin bis an ein Ufer des Erlebens kommt in der physischen Welt. Die eine der Richtungen ist die: wenn wir den Teppich der Sinnenwelt betrachten um uns herum und die Erscheinungen der Farben- und Formenwelt draußen, da kommen wir an die Grenze, an welcher, wir können sagen, die äußeren Geister wesen. Aber auch, wenn wir in unser Inneres hineingehen, wenn wir die Erscheinungen des Gewissens, des Gedächtnisses, des Gefühls- und Willens-, des Gedankenlebens betrachten, da müssen wir auch in diesen Erscheinungen zunächst etwas ganz ähnliches Innerliches betrachten, so wie wir Feuer, Luft, Wasser, Erde betrachten. Diese Dinge stellen sich hin und verdecken das, was geistig hinter ihnen ist. Als das Gewissen sich geltend machte wie eine Stimme in der menschlichen Seele, wie ein inneres Erlebnis in der physischen Welt, da stellte es sich vor die Welt der Erinnyen, der Furien hin und verdeckte sie für die menschliche Beobachtung. Erst dann, wenn man das geschichtliche Leben der Menschheit von diesem innerlichen Gesichtspunkte aus betrachtet, wird es erklärlich. Nichts verstehen die Menschen von demjenigen, was geschehen ist, wenn sie nicht an der Hand der geistigen Tatsachen das Werden, die Entwickelung betrachten können. Wir haben also geistige Wesenheiten sozusagen, die hinter dem Rot und Blau, hinter dem Ton, hinter dem äußeren Geruch und so weiter sind, die draußen in der Welt leben, die uns umgeben, und die wie durch einen Schleier verhüllt werden durch dasjenige, was wir sehen und hören und durch den Verstand begreifen. Wir haben aber auch solche Wesenheiten, die hinter dem liegen, was wir Seelen- und Gemütsleben nennen. Da ist nun die Frage berechtigt: wie verhalten sich diese zwei geistigen Reiche zueinander?

Wenn wir das verstehen wollen, müssen wir uns wiederum einiges von dem vor die Seele führen, was Ihnen ja bekannt ist. Sie wissen alle, daß die Gliederung der menschlichen Natur in vier Glieder, in den physischen Leib, Ätherleib, astralischen Leib und das Ich zerfällt, und daß diese Viergliedrigkeit der menschlichen Natur zurückzuführen ist auf die ganze Entstehung, auf das ganze Werden des Menschen. Wir wissen, daß der Mensch, wenn wir ihn als Ganzes betrachten, seinen Anfang nicht erst auf der Erde genommen hat, sondern daß dieser Erde andere Verkörperungen vorangegangen sind. Wir blicken zurück von der Erde auf eine vorhergehende Verkörperung derselben, die wir den alten Mond nennen; wir blicken weiter zurück auf eine noch frühere Verkörperung der Erde, auf die alte Sonne, und noch weiter zurück auf den alten Saturn. Wir sagen: bevor unsere Erde entstanden ist, gab es in der Welt eine uralte planetarische Gestaltung, die wir den alten Saturn nennen. Dazumal entstand auf diesem die allererste Anlage unseres heutigen physischen Körpers; auf der alten Sonne kam hinzu der Ätherleib und auf dem alten Monde der astralische Leib. Erst auf der Erde gliederte sich dieser vorher dreigliederigen Menschennatur ein das Ich, so daß wir den Keim zu unserem physischen Leib dem alten Saturn, den Keim zu unserem Ätherleib der alten Sonne, den Keim zu unserem astralischen Leibe dem alten Monde und den Keim zu unserem Ich der Erde verdanken. Nun wissen wir aber auch schon aus verschiedenen Vorträgen, daß diese Entwickelung keineswegs so einfach vor sich gegangen ist, daß etwa zuerst einfach der Saturn dagewesen wäre, dieser sich dann verwandelt hätte in die Sonne, aus dieser der Mond entstanden wäre und aus diesem die Erde, sondern wir wissen, daß diese Entwickelung einen viel komplizierteren Charakter trägt. Wenn wir uns zunächst sagen: es war der Saturn da, der hat sich in die alte Sonne verwandelt und diese in den Mond – wenn wir dabei zunächst bleiben, weil es annähernd richtig ist für *unsere* Verhältnisse –, so dürfen wir nicht dabei bleiben bei der Mondentwickelung selber, die unserer Erde unmittelbar vorangegangen ist. Sie sind darauf aufmerksam gemacht worden von mir, daß zur Zeit der Mondentwickelung eintrat eine Trennung zwischen der Erde und der Sonne – die Erde war damals Mond –, also mit anderen Worten zwischen Mond und Sonne. Während wir reden von Saturn und Sonne als ungeteilten Körpern, müssen wir von der Mondentwickelung sagen: es tritt der eine Körper auseinander in zwei Körper, so daß damals vorhanden war eine Zeitlang der alte Mond und gleichzeitig die alte Sonne. Dann verbanden sich beide wieder, gingen durch einen Zwischenzustand hindurch und traten als Erdenentwickelung wiederum auf. Und während der frühesten Erdenentwickelung, da waren vereint die Substanzen und Wesenheiten, die heute in der Sonne und im Monde sind, mit der Erde selber; erst in einer späteren Zeit trennte sich das, was heute in der Sonne lebt, von der Erde ab. Es blieb zuerst die Erde zurück mit dem heutigen Monde. In einer späteren Zeit spaltete sich der Mond von der Erde ab, und die Erde blieb zwischen der Sonne und dem Monde zurück. Diese drei Körper also waren zuerst eins; Sonne und Mond haben sich erst später aus der Erde herausgebildet.

Nun fragen wir uns: Was ist der Sinn dieser Trennung im geistigen Leben? Wir wollen absehen von der ersten Trennung in der alten Mondenzeit und wollen nur jene Trennungen betrachten, die während der eigentlichen Erdenentwickelung stattgefunden haben. Gerade so wie auf unserer Erde gewisse Wesenheiten ihre Entwickelung finden, gerade so finden auf der Sonne und durch den Mond andere Wesenheiten ihre Entwickelung. Wesenheiten, welche ihr Fortkommen nicht auf der Erde hätten finden können, weil sie eine andere Entwickelungsstufe hatten als der Mensch, die trennten sich mit der Sonne von der Erde ab; sie sind sozusagen nicht mit der Erdenentwickelung weitergegangen, sondern mußten auf einem Schauplatz abseits von der Erde, eben auf der Sonne ihre Entwickelung fortsetzen, so daß wir also in dem Zeitpunkt der Sonnentrennung von der Erde die Tatsache vorliegen haben, daß der Mensch auf der Erde zurückgelassen wird als ein Wesen, welches die Bedingungen der Erdenentwickelung brauchte zu seiner eigenen Entwickelung. Andere Wesenheiten aber, welche nicht auf der Erde sich weiterentwickeln konnten, die trennten sich die Substanzen die sie brauchten, ab und bildeten sich den Sonnenwohnplatz. Sie wirkten dann von der Sonne aus auf die Erde ein. Denn wie die physischen Sonnenstrahlen auf die Erde fallen und die Erde erleuchten und erwärmen, so strahlen die Taten, die Wirkungen der Geister der Sonne auf unsere Erde herab. Die physischen Sonnenstrahlen sind nur der äußere körperhafte Ausdruck der Taten der geistigen Sonnenwesen. Das war der Sinn der Sonnentrennung.

Was war denn nun der Sinn der Mondentrennung? Wenn die Sonne mit der Erde verbunden geblieben wäre, dann hätten die Wesen, die später auf der Sonne wohnten, ihr gutes Fortkommen finden können, der Mensch aber nimmermehr. Der Mensch hätte nicht Schritt halten können mit dem Entwickelungstempo der Sonnenwesen; er hätte sich viel schneller entwickeln müssen, wenn nicht die Sonnenwesen aus der Erde hinausgegangen wären und von außen schwächer gewirkt hätten. Dadurch also ist das Entwickelungstempo auf der Erde verlangsamt worden, daß die Sonne sich abgetrennt hat. Aber es war noch nicht das dem Menschenwesen angemessene Entwickelungstempo; es war zu langsam. Der Mensch wäre verhärtet, mumifiziert, wenn der Mond, der ja damals noch mit der Erde verbunden war, mit ihr verbunden geblieben wäre. Es würde sich der Mensch entwickelt haben nicht als eine Wesenheit wie er heute ist, der aus dem äußeren physischen Leib und dem inneren Geist-Seelenleben besteht, sondern der Mensch würde sich verhärtet, mumifiziert haben. Es lag dadurch, daß der Mond mit der Erde verbunden war, in dieser die Tendenz, den Menschen und die Erde sozusagen zu verhärten, zu vertrocknen, zu verholzen. Die Erde wäre nach und nach ein Weltenkörper geworden, aus dem heraus sich wie tote Mumien die Gestalten des Menschen gebildet hätten. Es mußte der Mond getrennt werden von der Erde. Dadurch ist die Möglichkeit gegeben worden, gerade das richtige Tempo der Entwickelung einzuhalten. Was zu langsam war, konnte beschleunigt werden. So wurde der Mensch, was seinem Wesen entspricht; während er zu einem äußeren Leben und zu einer äußeren Regsamkeit, die er nicht hätte vertragen können, angeregt worden wäre durch das Verbleiben der Sonne bei der Erde. Wenn der Mond bei der Erde verblieben wäre, so wäre der Mensch gar nicht angeregt worden, er wäre vertrocknet, es wäre ihm genommen worden die Möglichkeit sich zu beleben. Die Anregung, die der Mensch durch das Sonnenleben erhalten hat, war eine äußere. Die Sonne hätte gewirkt anregend auf alles menschliche Leben, allerdings in einem zu schnellen Tempo. So wie die Sonne anregend wirkt auf das Leben der Blumen des Feldes von außen, so wäre der Mensch, wenn die Sonne verbunden geblieben wäre mit der Erde, angeregt worden zu allem Fühlen, Denken und Wollen von außen, aber in so schneller Weise, daß er sozusagen verbrannt wäre in dem physischen und geistigen Sonnenfeuer. Aber die Anregerin, die von außen wirkt, war hinausgegangen, war ferngerückt und daher in ihrer Wirkung abgeschwächt worden. Sie war aber zunächst durch dasjenige, was die Erde in sich selber an verhärtenden Tendenzen hatte, zu schwach, und es mußte ein Teil dieser verhärtenden Tendenzen in Form des Mondes herausgeholt werden. Dadurch kam in die Erdenentwickelung und in den Menschen ein neues, belebendes Prinzip hinein, und dieses wirkte in genau entgegengesetzter Weise anregend als die Sonne. Während die Sonnenanregung von außen wirkt, wirkt das, was jetzt eintritt, von *innen* belebend. Alles dasjenige, was Seelenleben in der physischen Welt ist, so wie es auf der Erde erlebt wird, konnte nur dadurch sich entwickeln, daß der Mensch vor dieser Verhärtung, vor dieser Mumifizierung gerettet worden ist durch das Hinausgehen des Mondes. Alles innere Leben, alle innere Regsamkeit, alles dasjenige, was beschrieben werden kann als Gefühle, Empfindungen, als Gewissen und Gedanken, alle diese Lebensquellen des Innern, sie machten sich von innen heraus geltend durch die Abtrennung des Mondes von der Erde; sie wären sonst versiegt in der menschlichen Natur, sie wären untätig geblieben.

Fragen Sie also denjenigen, der mit geistigem Blick unseren Kosmos durchmißt: Woher kommt die Fähigkeit, daß wir irgend etwas *Äußerliches* wahrnehmen, irgend etwas schauen oder sehen, daß der Mensch zum Schauen angeregt wird? Sie müssen sich sagen: Von dem, was physisch oder geistig in der *Sonne* vorhanden ist. Fragen Sie aber: Woher kommen die Gründe des *inneren* Erlebens, die Gründe des Denkens, die Gründe des Fühlens, die Gründe zum Beispiel für das Gewissen und so weiter? Dann müssen Sie dankbar hinaufblicken zum *Mond* und sich sagen: Dank den Wesenheiten, die hinweggenommen haben seine Substanzen aus der Erdensubstanz. Die Mondensubstanzen in der Erde hätten die innere Regsamkeit des Seelenlebens verhindert.

Wir müssen aber nicht nur in dem Menschen allein für die Weltentwickelung die Gründe suchen, sondern in gewisser Weise auch bei den geistigen Wesenheiten, die den höheren Welten angehören. Es war nicht bloß gut für den Menschen, daß die Sonne und der Mond sich von ihm abgespalten haben, sondern es war auch gut für diejenigen Wesenheiten, die dazumal mit dem Menschen in ihrer Entwickelung verbunden waren. Geistige Wesenheiten trennten sich mit der Sonne von der Erde und machten die Sonne zu ihrem Wohnplatz. Wie der Mensch sich nicht hätte entwickeln können, wenn die Sonne mit der Erde verbunden geblieben wäre, so wenig hätten sich diese Wesenheiten auf der Erde entwickeln können, wenn sich nicht die Trennung vollzogen hätte. Sie konnten sich nur entwickeln dadurch, daß sie in die Sonne hinein die Substanzen zogen, die vorher mit der Erde vereinigt waren. Da konnten sie abseits von den verhärtenden Substanzen der Erde ihre Entwickelungsbedingungen finden. So blicken wir hinauf zu den Wesenheiten, die sich in der Sonne entwickeln und sagen: Da oben wohnen diejenigen Wesenheiten, die geradeso ihre Sonne zur Entwickelung brauchten wie wir die Erde zu der unsrigen. Sie hätten sozusagen zugrunde gehen müssen, wenn sie mit der Erde verbunden geblieben wären. So aber, nachdem alles so eingetreten ist, wie gesagt, konnten diese geistigen Wesenheiten die Möglichkeit finden, ihre wohltätigen Wirkungen hinunterzuschicken auf die Erde, das heißt sich selbst dazu entwickeln, den Wesen der Erde von außen in der entsprechenden Weise zu helfen. Die Sonnengeister wären keine Helfer der Erde, wenn sie auf dieser geblieben wären. Erst nach der Trennung der Sonne von der Erde haben nach und nach die dort befindlichen Wesenheiten die Stufen erlangt, auf denen sie Helfer der Erde werden konnten. Wenn der Geistesforscher in seiner Beobachtung hinausblickt in das Licht und auf die Dinge der Außenwelt, so kann er sich auf bestimmter Stufe seiner Entwickelung sagen: Hinter dem, was mir da als Farbe oder Ton physisch entgegentritt, sind die Wesenheiten, die wir als Sonnenwesenheiten betrachten können. So aber wie uns die Sonnenwesenheiten heute in der geistigen Betrachtung entgegentreten, so sind sie erst einmal geworden. Nach diesem Werden erscheinen sie uns als die hohen, als die oberen Geistwesen, als diejenigen, die uns entgegentreten, wenn wir hinausblicken aus der Sinneswelt.

Und jetzt fragen wir uns: Wer hat denn bewirkt, daß die andere Entwickelungsmöglichkeit eintrat, jene, die die Anregung von innen gab, die dem Menschen das Verhärten vertrieb? Da mußten Wesenheiten da sein, welche im geeigneten Zeitpunkt aus der Erdensubstanz die Mondensubstanz heraushoben. Wenn wir uns also, ich möchte sagen populär, vielleicht sogar trivial ausdrücken wollen, so können wir sagen: Es mußten geistige Wesenheiten da sein, die sich in einem gewissen Zeitpunkt der Erdenentwickelung folgendes sagten: Wir haben jetzt verfolgt die Entwickelung der Erde, die Erde, erst vorhanden als ein Wesen im Weltraum, das da bestand aus Sonne, Mond und Erde. Drei waren da vereinigt in einem. – Dann haben sie gesehen, daß es andere Wesenheiten gibt, welche nicht ihr Fortkommen finden konnten, wenn sie mit der Erde verbunden blieben. Sie haben gesehen, wie die Sonnengeister die Sonne abtrennen, wie sie hinausgehen aus der Erde und auf einem anderen Schauplatz ihr Fortkommen finden. Dann haben sie gesehen, daß der Mensch nun verhärten, verholzen würde, und daß doch nicht das würde aus dem Menschen, was werden sollte aus ihm. Daher haben sie sich gesagt: Wir dürfen es nicht bei dem, was die Sonnengeister getan haben, bewenden lassen, wir müssen noch etwas anderes tun, wir müssen jetzt die Erde vor der Verhärtung schützen. – Jetzt griffen sie ein und trennten den Mond aus der Erde heraus. Das war eine Tat von Wesenheiten, die in einer gewissen Beziehung höher waren als die Sonnengeister. Letztere mußten sich, als die Sonne noch mit der Erde eins war, sagen: Wir finden keine Entwickelungsmöglichkeit mehr auf der Erde, wir brauchen einen anderen Schauplatz. – Diese anderen Wesenheiten aber konnten sich sagen: Wir werden unser Fortkommen auch auf der Erde finden. – Sie ließen die Sonnengeister mit der Sonne herausgehen und blieben selbst mit der Erde verbunden. Dadurch aber, daß sie mit der Erde verbunden blieben, bot sich ihnen die Möglichkeit, in einem gewissen Zeitpunkt dadurch Retter der Menschheitsentwickelung zu werden, daß sie den Mond aus der Erde herauszogen. In einer gewissen Weise waren das also höhere Wesenheiten als die Sonnengeister. Sie konnten ruhig sagen: Lassen wir die Verhärtung der Erde über uns kommen, gehen wir nicht mit den Sonnengeistern, bewahren wir uns aber dafür auf, eine Tat zu tun, welche die Sonnengeister nicht tun können, nämlich den Mond herauszuziehen aus der Erde. – Es gab also Wesenheiten, welche eine Tat begehen konnten, die zwar eine verhältnismäßig schlechtere Substanz aus der Erde herausgesondert hat, während sich die Sonnengeister die edlere Substanz genommen haben, welche aber dadurch, daß sie Zügler und Beherrscher eines Schlechteren wurden, ihre stärkere Macht bewiesen. Denn nicht der ist der Stärkere, der die Guten beherrscht und vielleicht ein wenig besser macht, sondern der ist der Stärkere, dem es gelingt die Bösen in Gute umzuwandeln.

So sehen wir also, daß nach der Sonnentrennung geistige Wesenheiten in die Erdenentwickelung eingreifen, denen eine hohe, eine bedeutsame Tat aufgespart war. Diese Wesenheiten stehen ebenso hinter den Erscheinungen unseres Seelenlebens, wie die Geister der Sonne hinter den Erscheinungen unserer äußeren Beobachtung stehen. Blicken Sie durch Ihre Augen, hören Sie durch Ihre Ohren, begreifen Sie durch Ihren Verstand die äußeren Dinge, da können Sie sagen: Hinter all dem, was ich sehe, höre, begreife mit dem Verstand, liegen jene Wesenheiten, die ihre eigentliche Wohnstätte auf der Sonne haben, die in der Sonne leben, die sich damals abgesondert haben, als die Sonne sich trennte von der Erde. – Blickt man aber zurück in das eigene Innere, läßt man den Blick fallen auf dasjenige, was man Denken, Fühlen und Wollen, Empfinden, Gewissen nennt, so sieht man das Innenleben, das möglich geworden ist dadurch, daß gewisse geistige Wesenheiten sich aufgespart hatten und dann den Mond von der Erde herausgetrennt haben. Sie haben in ihrem Reich alles das, was hinter den Erscheinungen des Seelenlebens liegt. Und ebenso wahr wie es ist, daß, wenn der Geistesforscher hinter das physische Feuer sieht und dessen Geister wahrnimmt, er da in Wahrheit einen Geist sieht, der auf der Sonne seinen eigentlichen Schauplatz hat, so sieht er, wenn er hinter das Gewissen schaut, die Gewissensgeister, die zu denen gehören, welche die Mondsubstanz herausgeholt haben aus der Erde. Von dorther kommen die geistigen Wesenheiten, welche sich wie in eine Haut hineinbegeben in die Gedankenformen, die an eine schlechte Tat sich knüpfen. Mögen sie sonst viel oder wenig wert sein, die Geister, die den Menschen als Gewissenswesenheiten umschweben, sie kommen aus dem Mondenreich und sie gehören einem Geistgebiet an, das in gewisser Beziehung ein mächtigeres ist, ein übergeordneteres gegenüber dem Sonnenreich.

Aus der ganzen Art der Darstellung, die ich Ihnen heute gegeben habe, können Sie ermessen, daß tatsächlich diese Wesenheiten, die hinter unseren seelischen Erscheinungen stehen, einem Reiche angehören, das übergeordnet ist dem geistigen Reiche, welches hinter der äußeren Maja steht. Eine zweifache Maja haben wir: die äußere Maja der Sinnenwelt und die innere Maja des Seelenlebens. Hinter der ersteren stehen diejenigen geistigen Wesenheiten, die ihren Mittelpunkt in der Sonne haben, hinter der Maja unseres Innenlebens stehen die anderen, die einem mächtigeren, einem umfassenderen Reich angehören. Derjenige, welcher geistig diese Dinge übersieht, der kann wissen, daß die geistigen Wesenheiten, die hinter der äußeren Sinneswelt stehen, von einer ganz anderen Seite herkommen als die geistigen Wesenheiten, die hinter den Gefühlen und Empfindungen, hinter dem Gewissen sind. Diese Wesenheiten, die dem Gewissen zum Beispiel entsprechen, sie nennt die griechische Mythologie die Erinnyen. Und sehen Sie sich einmal diese Mythologie an, wie wahr sie ist, wenn sie sagt: der Orestes hört von den Göttern, die da herrschen, daß er eine gute Tat begangen habe, aber andere Wesenheiten, eben die Erinnyen, kommen an ihn heran, und die Mythologie hat die Empfindung: das sind ältere Wesenheiten als diejenigen, die dem Zeusreiche angehören; die machen sich geltend als die rächenden selbst da, wo die äußeren Götter des Sonnenreiches, des Zeusreiches, die Tat erlauben und gestatten. So treten dem Menschen gegenüber Wesenheiten eines älteren Geistergeschlechtes, die gleichsam korrigierend eingreifen in das, was er, geleitet und gelenkt von den Wesenheiten, die sich mit der Sonne abgetrennt haben, unternimmt. Hier sehen wir ein wunderbares Beispiel, wie uns die Mythologie und die Weisheitsanschauungen der alten Völker wiedergeben dasjenige, was die geistige Beobachtung heute in anderer Art erkennen kann.

Nehmen Sie das alles zusammen, was ich Ihnen heute gesagt habe – wir werden es in den nächsten Vorträgen noch weiter ausführen –, und Sie werden mancherlei Fragen finden, die sich Ihnen selber wie Gewissensfragen an die besprochene Sache knüpfen. Manches wird Ihnen heute unaufgeklärt sein dadurch, daß wir in einer gewissen Weise die Wesen, die da eingegriffen haben bei der Mondentrennung, als mächtiger betrachtet haben als die Wesenheiten des Sonnenreiches; das wird sich aufklären, denn Sie werden sehen, wie relativ die Dinge in den höheren Welten sind. Eines aber bitte ich Sie halb wie eine Frage heute hinzunehmen. Wir haben gesehen, daß die Erde verhärtet, verholzt wäre, wenn nicht die Mondentrennung stattgefunden hätte; daß das

Seelenleben dadurch seine innere Regsamkeit erhalten hat, daß gewisse mächtige Wesenheiten den Mond herausgeworfen haben aus der Erde.

Solche Dinge der Entwickelung geschehen nicht auf einmal, solche Dinge geschehen nach und nach. Auch die wohltätigen Wirkungen, die von der Sonne ausgehen, sie machten sich nicht etwa auf einmal geltend, sie waren nicht plötzlich da in ihrer Fülle, sondern nach und nach machten sie sich geltend. Und nun bitte ich Sie zu berücksichtigen, daß in einem Zeitpunkt der Erdenentwickelung eine geistige Wesenheit, die vorher mit der Sonne in Verbindung war, die wir als das Christus-Wesen bezeichnen, in der Zeit des Lebens des Jesus von Nazareth von der Sonne auf die Erde herabgestiegen ist und sich mit der Erde vereinigt hat. Die Christus-Wesenheit dringt ein in den Leib des Jesus von Nazareth. Hier haben wir eine ganz eigenartige Erscheinung vor uns. Diese Erscheinung dürfen Sie nicht – und der nächste Vortrag wird das klar machen – in denselben Zusammenhang stellen, in den wir alles andere gestellt haben, von dem wir heute gesprochen haben. Wir haben gesagt: nach der Abtrennung der Sonne von der Erde hätte sich die Erde verhärtet, wenn nicht der Mond aus ihr herausgeworfen worden wäre; die Menschenwesen hätten sich mumifiziert. – Das gilt für eine weite Summe des Erdenlebens, aber es gilt nicht für das gesamte Erdenleben. Trotz aller Sonnen- und Mondentrennung wäre in der Erde etwas dem Tode Verfallendes geblieben, wenn nicht das Christus-Ereignis eingetreten wäre. War die Abtrennung des Mondes die Ermöglichung des inneren Seelenlebens, so kam die Anregung – die neuerliche Anregung dieses inneren Seelenlebens – jetzt wiederum von der Sonne durch den von dieser herabsteigenden Christus. Was der Christus auf die Erde gebracht hat, das wäre, wenn der Christus nicht gekommen wäre, seelisch totes Produkt, geistige Mumie geblieben.

Was stellt sich dem Geistesforscher dar, wenn er auf die Zeit blickt, die dem Christus-Ereignis vorangegangen ist? Etwas höchst Eigentümliches stellt sich ihm dar. Wenn das Geistesauge zurückblickt in alte Zeiten, dann verschwindet die äußere Erdengestalt, wie sie sich den physischen Sinnen darbietet, die ja nur Maja ist, und es stellt sich an Stelle dessen etwas dar, was man vergleichen könnte mit der Form des Menschen, aber nur mit dieser, mit der Gestalt des Menschen. Für den geistigen Blick verwandelt sich die Erde – ich sage ausdrücklich die Erde – aus der äußeren Majagestalt in die Erdengestalt des Menschen, der in Kreuzesform die Arme ausgebreitet hat, der allerdings in dieser Gestalt dann männlich-weiblich ist. Der Geistesforscher sieht die Erde der Zeit, bevor Christus herabgestiegen war, in Kreuzesform, und zwar wie einen Menschen. Wir werden da an das wunderbare Wort des Plato erinnert, der es aus den Mysterien heraus gebildet hat, daß die Weltenseele am Kreuze des Weltenleibes gekreuzigt ist. Das ist nichts anderes als die Wiedergabe der Erscheinung, die sich dem geistigen Blick darbietet. Der Christus am Kreuz starb; und dadurch ging die Erde von der bloßen Form ins Leben über. Für die Zeit vor Christus stellt sich dem geistigen Blick die Erde als bloße Form dar; für die nachchristliche Zeit stellt sich die Erde dar als von dem Christus-Prinzip neu belebt. Damals also, als das Christus-Prinzip in die Erde eingetreten ist, ist etwas ähnliches geschehen wie bei der Mondentrennung; es ist in etwas, was sonst Form geblieben wäre, Leben hineingetreten. Auf das Christus-Ereignis wiesen – richtig betrachtet – alle alten Zeiten hin. Wie der heutige Mensch zurückweist auf den Christus als auf ein Wesen, das in einem bestimmten Zeitpunkt eingetreten ist in die Menschheitsentwickelung, so wiesen die Eingeweihten der vorchristlichen Zeit immer darauf hin, daß der Christus kommen werde; und sie zeigten das, was auf den Christus hinwies, was gleichsam den Christus vorherverkündete. Nichts hat den Christus mehr vorherverkündet als jene gewaltige Erscheinung, die sich dem geistigen Blick unter gewissen Bedingungen darbot, für den die Erde in ihrer physischen Form verschwand und das Geistesauge hinblickte auf die Weltenseele gekreuzigt am Weltenleibe. In grauer indischer Vorzeit haben die Weisen erzählt, daß in dem Augenblicke, wenn ihnen der hellseherische Blick aufging, sie dann fanden tief, tief unter den Bergen der Erde, nahe dem Mittelpunkte der Erde, ein Kreuz, darauf einen männlich-weiblichen Menschen hängend, eingezeichnet auf der rechten Seite das Symbolum der Sonne, auf der linken Seite das Symbolum des Mondes, auf dem übrigen Leib die Länder und einzelnen Meeres- und Landesgestaltungen der Erde. Das war eine hellseherische Vision, welche die alten Weisen Indiens gehabt haben von jener Gestalt, die da wartete auf unsere Erde, um belebt zu werden von dem Christus-Prinzip. Und diese alten Weisen Indiens haben damit, daß sie hingewiesen haben auf die wichtigste prophetische Voranzeige des Christus-Ereignisses, bewiesen, daß, wo sie tiefer schauten, sie sagen konnten: Der Christus wird kommen, denn das, was auf ihn hinweist, ist da. – Deshalb ist die älteste Weisheit da, wo sie in die höchsten Regionen hinaufsteigt, Prophetie; sie blickt auf etwas, was da kommen wird in der Zukunft. Alles das, was in der Zukunft ist, ist Wirkung der Gegenwart. Was aber als geistig Bedeutsames geschieht in der Zukunft, kann so sein Dasein bereits für den geistigen Blick in der Gegenwart andeuten. Das Christus-Ereignis wurde nicht etwa in äußerlich abstrakter Weise, es wurde für den geistigen Blick angedeutet dadurch, daß für das Leben des Christus, das sich in einem bestimmten Zeitpunkt mit dem Leben der Erde verband, sich vorher die Form, die Gestalt der Weltenseele am Kreuze des Weltenleibes darbot. Die Weisheit aller Zeiten zeigt sich in innerer Harmonie, wenn man die Dinge bis zum Grund betrachtet. So werden wir, von dem Besprochenen ausgehend, die Weisheiten der verschiedenen Zeiten betrachten müssen und streben, das Licht auf sie fallen zu lassen, durch das sie in ihrer wahren Gestalt erscheinen können.

VIERTER VORTRAG

München, 26. August 1909

Es ist in den beiden vorhergehenden Vorträgen dieses Zyklus betont worden, daß die übersinnliche Anschauung hinter den Einzelheiten des Sinnenteppichs, der vor uns ausgebreitet ist, die geistigen Wesenheiten zu schauen vermag, daß sich also von einer bestimmten Stufe der geistigen Entwickelung an oder sagen wir der Initiation, der Einweihung an dasjenige, was man im gewöhnlichen Leben nennt feurige, luftförmige, flüssige Körper und so weiter, verwandelt in Lebendiges, Regsames, in Geistiges. Und gestern haben wir noch im besonderen erwähnt, daß auch hinter den Erscheinungen und Tatsachen unseres eigenen Seelenlebens, insofern sich dieses in der physischen Welt abspielt, geistige Wesenheiten verborgen sind. Sie können sich nun die Frage vorlegen: Ist denn die Sache so, daß das übersinnliche Bewußtsein da, wo die gewöhnliche Sinnesanschauung, sagen wir Wärme, Farbe und dergleichen wahrnimmt, geistige Wesenheiten sieht, so daß wir dann die Welt in zwei Formen vor uns hätten, einmal als äußere Sinneswelt und ein anderes Mal als geistige Welt? Und wiederum in bezug auf das Innere: Ist die Sache so, daß wir in unserem Seelenleben Empfindungen, Gefühle, Gewissenstatsachen, Gedankentatsachen haben und dahinter stehend geistige Wesenheiten? Oder ist es anders? Das heißt: Deckt sich vielleicht nicht vollständig die geistige Welt in ihrem äußeren Ausdruck mit der Sinneswelt? – Wir könnten die Frage auch so stellen: Finden wir alle möglichen geistigen Wesenheiten, wenn wir ausgehen von dem, was der äußere Ausdruck in der physischen Welt ist, oder gibt es noch andere geistige Wesenheiten, die gar keinen Ausdruck haben in der physischen Welt? Diese Frage könnten wir aufwerfen, und sie beantwortet sich nun in der folgenden Weise für das übersinnliche Bewußtsein: Zwar ist das so, daß für jede äußere Wahrnehmung hinter ihr eine geistige Wesenheit oder auch geistige Tatsache steht, daß aber für das übersinnliche Bewußtsein bei seinem Aufsteigen in die höheren Welten es auch geistige Wesenheiten und Tatsachen gibt, die keinen Ausdruck in der physischen Welt haben. Also, es gibt noch andere Erfahrungen für den Eingeweihten, als nur solche, die ihre Projektion, ihr Schattenbild herunterwerfen in die physische Welt. Und ebenso gibt es geistige Wesenheiten und Tatsachen, die nicht in unser Seelenleben hinein ihren Schatten werfen, die also keinen Ausdruck in Gewissenstatsachen, in Gedankentatsachen, in Gefühlen und Empfindungen und so weiter finden. Wollen wir das, was da gesagt worden ist, zusammenfassend ausdrücken, so können wir sagen: Die geistige Welt stellt sich für das höhere Bewußtsein als eine weit reichere Welt dar, als ihr äußerer Ausdruck in der physischen Welt ist. – Das ist ja wahrscheinlich für die meisten von Ihnen keine sonderlich verwunderliche Tatsache, aber sie muß doch einmal klar vor die Seele gerückt werden. Es muß klar sein, daß es nicht nur verhüllte geistige Erscheinungen und Wesenheiten gibt, wie etwa das Feuer die dahinterstehenden Elementengeister des Feuers verhüllt, sondern daß es auch verborgene geistige Wesenheiten und Tatsachen gibt. Und zwischen denen müssen wir unterscheiden, wenn wir jetzt fortfahren wollen in unserer Betrachtung und einiges noch genauer vor unsere Seele rücken wollen, was schon gestern berührt worden ist.

Wir haben gestern darauf hingewiesen, daß es allerdings geistige Wesenheiten gibt, die dem entsprechen, was man Gewissen nennt. So gibt es für alle inneren Tatsachen geistige Wesenheiten. Und am Schluß des gestrigen Vortrages konnte ich noch bemerken, wie die griechische Mythe eine klare Einsicht darin hatte, daß diejenigen geistigen Wesenheiten, die sich so offenbaren, gleichsam als die Beleber und Erreger unseres inneren Seelenlebens bildlich in den Erinnyen dargestellt werden, und daß diese einem älteren Götter- oder Geistergeschlechte angehören als diejenigen, die hinter den äußeren Sinneserscheinungen uns entgegentreten. Daher sagten diejenigen, die von den Erinnyen sprachen, daß sie einem älteren Göttergeschlecht angehören als die Volksgötter der Griechen, welche die Rache des Orest für richtig befunden haben. Aus einer höheren Einsicht gleichsam wurden die Erinnyen abgeschickt, um das zu korrigieren, was die Volksgötter, die nichts anderes waren als mythische Ausdrücke für Wesenheiten hinter der Sinneswelt, für richtig befanden. Damit haben wir auf eine sehr wichtige Tatsache der gesamten Menschheits- und Weltevolution hingewiesen, und diese Tatsache muß uns heute etwas intimer beschäftigen.

Werfen Sie noch einmal einen Blick zurück auf all das, was der Entwickelung unserer Erde vorangegangen ist. Sie wissen, unsere Erde war, bevor sie Erde geworden ist, alter Saturn, alte Sonne und alter Mond. Diejenigen von Ihnen, welche früher Auseinandersetzungen über diesen Gegenstand verfolgt haben, werden sich sagen: Bei alledem, was im Verlauf unserer Erdenentwickelung in den vier Reichen, im Menschenreich, im Tierreich, im Pflanzen- und Mineralreich geschieht, ist geradezu ein Heer von geistigen Wesenheiten im Spiel, und diese stehen auf den verschiedensten Stufen ihrer Entwickelung. Diejenigen Wesenheiten, welche von der Sonne ihre wohltätigen Wirkungen heruntersenden, stehen auf einer gewissen Stufe der Entwickelung, und hinter der Erdenentwickelung stehen andere Wesenheiten, die den Mond zur rechten Zeit herausgetrennt haben. Alle diese Wesenheiten greifen irgendwo ein ins Gefüge der Erdenentwickelung, ins Gefüge der Reiche, die zur Erdenentwickelung gehören, so daß das, was hinter den Erscheinungen, die uns umgeben, steht, ein reich gegliedertes Geistiges ist. Nun können Sie sich leicht denken, daß es ja ebenso reich gegliederte geistige Reiche gegeben hat während der alten Saturn-, während der Sonnen-, während der Mondenentwickelung. Alle diese Reiche darf man nicht etwa in der Weise verstehen wollen, daß man Namen erfindet, die nun für die eine oder die andere Wesenheit immer gelten sollen. Die Namen, die man gebrauchen kann, sind zumeist nicht Namen, die Individualitäten bezeichnen, sondern Namen, die gleichsam Würden oder Ämter bezeichnen. Wenn man also einen Namen nennt für eine Wesenheit, die während der Sonnenzeit gewirkt hat, so kann man denselben Namen nicht mehr gebrauchen, wenn man diese Wesenheit bezeichnen will in bezug auf ihr Erdenwirken, denn da ist sie weiter fortgeschritten. Sie sehen, daß man sehr genau sprechen muß, wenn man die Wirklichkeit in den geistigen Gebieten treffen will.

So gingen unserer Erdenentwickelung nicht nur voran drei Verkörperungen dieser unserer Erdenkugel, sondern drei geistige Welten, drei mächtige Weltenreiche. Und diese drei mächtigen Weltenreiche unterscheiden sich sehr wesentlich voneinander, wenn man sie mit übersinnlichem Bewußtsein untersucht. Wenn man die alte Saturn-, die alte Sonnen- und die alte Mondenentwickelung untersucht, so stellt sich etwas dar, was sich eigentlich gar nicht vergleichen läßt mit alledem, was wir imstande sind auf unserer Erde mit Namen zu belegen. Wir können da nur vergleichsweise sprechen.

Sie erinnern sich, wie von mir gesagt worden ist, daß die alte Saturnentwickelung im wesentlichen Wärmeentwickelung, Feuerentwickelung war; daß auf der Sonne sich die Wärme zur Luft verdichtet hat, auf dem alten Monde die Luft zum Wasser und auf der Erde erst die «Erde» zum Vorschein kommt. Wenn Sie aber das, was Sie heute mit dem Begriffe Feuer oder Wärme verbinden, unmittelbar anwenden wollten auf die Wärme- oder Feuerentwickelung des alten Saturn, so gäbe das nicht eine ganz richtige Vorstellung, denn jenes Saturnfeuer unterscheidet sich wesentlich von unserem Erdenfeuer. Sie können dieses Saturnfeuer gar nicht vergleichen mit dem Feuer, das Sie erhalten, wenn Sie Holz anzünden, oder mit jenem Feuer, das Sie gebrauchen, wenn Sie Metall schmelzen und dergleichen, sondern es gibt nur ein einziges, womit sich einigermaßen das alte Saturnfeuer heute vergleichen läßt, und das ist jenes Feuer, das als Wärme Ihr eigenes Blut durchströmt. In diesem, man könnte sagen lebendigen Feuer, in dieser Wärme, das zu gleicher Zeit das Belebende in Ihnen ist, haben Sie etwas, was Sie vergleichen können mit der Substanz, aus der der alte Saturn einzig und allein bestanden hat, während das, was heute physisches Feuer ist, schon ein Abkömmling, ein spätes Produkt ist des alten Saturnfeuers, und diese Form, wie Sie sie draußen in dem Raume sehen mit physischen Augen, eigentlich erst auf der Erde entstanden ist. Nur noch unsere Blutwärme erinnert uns physisch an das, was während der physischen Entwickelungszeit auf dem alten Saturn vorhanden war. So also sehen Sie, daß es nur weniges gibt, das sich innerhalb unserer heutigen Erfahrung vergleichen läßt mit den Eigenschaften, die in diesen früheren Entwickelungszuständen vorhanden gewesen sind, so daß wir drei sehr von unserem heutigen Erdenzustand verschiedene Vorfahrenzustände vorfinden: den alten Saturnzustand, den alten Sonnenzustand, den alten Mondenzustand.

Nun müssen Sie sich aber klar darüber sein, daß im Grunde genommen in unserer Erdenentwickelung alles das wiederum in einer gewissen Weise enthalten ist, was während des alten Saturn-, des Sonnen- und des Mondenzustandes vorhanden war; es hat sich nur verändert. Es steckt gewissermaßen dasjenige, was im alten Saturn zuerst als Keim veranlagt war und sich durch Sonne und Mond weiter entwickelt hat, in unserer Erdenentwickelung drinnen, und wir sehen alles das, was durch diese drei aufeinanderfolgenden Zustände sich entwickelt hat, zwar verändert innerhalb unserer Erdenentwickelung, aber wir können aus den veränderten Zuständen immer angeben, was von den früheren Entwickelungszuständen zugrunde liegt. Es ist gleichsam der alte Saturn, die alte Sonne, der alte Mond in unsere Erde hineingeheimnißt.

Nun wollen wir uns ein wenig genauer damit beschäftigen, wie diese Dinge in unsere Erdenentwickelung hineingeheimnißt sind. Wenn Sie sich das vor die Seele rücken, was in den vorhergehenden Vorträgen gesagt worden ist, so können Sie sich sagen, daß die Erde mit Sonne und Mond zusammen einmal ein Körper war. Damals war in dieser Erde darinnen alles an geistigen Wesenheiten, an physischen Substanzen, was vorhanden war während der alten Saturn-, der alten Sonnen- und der alten Mondenzeit, aber auch alles, was von geistigen Wesenheiten tätig war während dieser Zeiten. Das wohnte im Beginne der Erdenzeit in der Erde zusammen. So daß wir diesen Beginn der Erdenzeit so kennzeichnen können: die Erde beginnt damit, daß sie in sich aufgenommen hat drei vorhergehende Entwickelungszustände mit all den Entwickelungsstufen der geistigen Wesenheiten, die vorangegangen sind. Das alles lebte in unserer Erde darinnen. Wenn Sie sich aber vorstellen, daß diese Wesenheiten verschiedene Entwickelungsstufen haben, so müssen Sie sich sagen: Es muß also jemand, der diese Erde betrachtet, unterscheiden können zwischen diesen drei verschiedenen geistigen Wesenheiten und Substanzen; er muß sich für den Beginn der Erdenentwickelung sagen können: Hier ist etwas, das konnte nur entstehen dadurch, daß eimal die Saturnentwickelung unserer Erdenentwickelung voranging, hier ist etwas, das konnte nur entstehen dadurch, daß einmal die Sonnenentwickelung voranging, und hier etwas, das konnte nur entstehen dadurch, daß einmal die Mondenentwickelung unserer

Erdenentwickelung voranging. – So daß also unserer Erdenentwickelung drei Zustände vorangingen, die sich im Beginne der Erdenentwickelung in diesem Erdenkörper wiederfinden.

Die Tatsache, die ich Ihnen eben jetzt vor das geistige Auge gerückt habe, die stand den Menschen, die in einem alten instinktiven Bewußtsein einen Zusammenhang hatten mit den Geheimnissen der geistigen Welt, immer vor Augen. Und wenn die Dreizahl als eine charakteristische Zahl für höhere Welten besonders genannt wird, so stand denjenigen, die das Konkrete, nicht das Abstrakte, die die Sache, nicht die Begriffe im Auge haben, immer vor der Seele die Tatsache, daß unsere Erde in sich enthielt wie in ihrem Schoß, was vom alten Saturn, von der alten Sonne, von dem alten Monde herkam. Das ist die sogenannte höhere, die vorirdische Dreiheit. Zurückgeblickt haben auf uralte Zeiten, wo alles Irdische noch geistig war, die alten Eingeweihten, und haben gesagt: Demjenigen, was erst auf der Erde fest geworden ist, gingen andere elementare Zustände voran. Als die Erde sich noch nicht als vierter hinzugesellt hatte den drei vorhergehenden Zuständen, da gingen voran diese drei Zustände: das Vorirdische, dem alles Irdische sein Dasein verdankt. Eine Dreiheit, die wir in den uns geläufigen Ausdrücken mit Saturn, Sonne und Mond bezeichnen, geht unserer Erde voran. Und wie ist es jetzt mit unserer Erdenentwickelung? Diese Dreiheit hat sich weiter entwickelt, eben zu unserer Erde selber. Spricht man also von der sogenannten höheren Dreiheit, so meint man im Konkreten die drei vorirdischen Zustände; spricht man von der Vierheit, so meint man diese drei Zustände, wie sie sich allmählich verändert haben so, daß sie die Erde selbst noch aufnehmen konnten. Deshalb empfanden alle die Menschen, die mit den Tatsachen der geistigen Welt durch ein instinktives Bewußtsein in Verbindung standen, das Geheimnis des Erdenwerdens in dem Verhältnis von der Drei zur Vier; sie sagten sich: Unsere Erde ist die vierte Verkörperung unserer Weltenentwickelung; sie hat, indem sie die vierte Verkörperung ist, aufgenommen die drei früheren Verkörperungen, die sich hinentwickelt haben bis zu ihrem Erdenzustand, aber drei davon mußten zu immer höheren Stufen schon in der vorirdischen Zeit sich entwickeln. – So blickte man von dem, was die Vier geworden ist, zur Drei hinauf mit heiliger Scheu und sagte: Die Drei – Saturn, Sonne und Mond – liegen zugrunde der Vier, die unsere Erdenentwickelung ausdrückt. Es ist selbstverständlich, daß die Ausdrücke Saturn, Sonne und Mond meine heutigen sind für andere des instinktiven Bewußtseins.

Wenn wir nun diese unsere Erdenentwickelung selbst verfolgen, dann können wir uns fragen: Wie beteiligen sich denn die einzelnen geistigen Wesenheiten an deren weiterem Fortgang? Dieser Fortgang besteht darin, daß sich die Sonne von der Erde loslöste, und dann der Mond. Bei diesen Vorgängen sind geistige Wesenheiten beteiligt; die leiten diese Vorgänge. Geistige Wesenheiten ziehen die Sonne von der Erde heraus, und ebensolche ziehen den Mond aus der Erde heraus. Wie beteiligen sich denn die einzelnen geistigen Wesenheiten des alten Saturn, die der alten Sonne, die des alten Mondenreiches an den verschiedenen Vorgängen? Sie stehen ja auf verschiedenen Entwickelungsstufen; sie werden sich also in verschiedener Weise daran beteiligen. Da haben wir zunächst eine Gruppe von geistigen Wesenheiten – das sind diejenigen, die vorzugsweise während der alten Sonnenentwickelung eine gewisse Entwickelung durchgemacht haben, eine Entwickelung, die für sie so wichtig war wie für den Menschen die Erdenentwickelung ist –, Wesenheiten also, welche eine solche Entwickelung durchgemacht haben, daß geradezu die alte Sonne ausersehen war, ihnen den Schauplatz zu bieten für sie, die gleichsam angepaßt sind der alten Sonne, die zusammengehören mit ihr. Das sind diejenigen Wesenheiten, die auch während der Erdenentwickelung die Sonne aus der Erde herausgeholt haben, weil sie schon während der alten Sonne so weit waren, daß sie damals so mit dieser verbunden waren wie die Menschheit jetzt mit der Erde verbunden ist. Sie sind so weit, daß sie die Sonne brauchen zu ihrem weiteren Fortkommen. Mit der Abtrennung der Sonne gingen auch die Sonnengeister von der Erde heraus, um von außen auf unsere Erde hereinzuwirken. Nun blieben bei der Erde noch, da die Sonnengeister weggegangen waren, die Saturngeister und die Mondengeister. Von diesen zwei Gruppen von geistigen Wesenheiten sind es nun die Saturngeister, welche so weit waren in ihrer Entwickelung, daß sie leiten und lenken konnten das Hinaustreten des Mondes aus unserer Erde. Diese Geister waren dadurch reif für diese Tat, daß sie in einer gewissen Beziehung vorangegangen waren in ihrer Reife den Sonnengeistern, daß sie schon während der Saturnzeit durchgemacht haben das, was die Sonnengeister während der Sonnenzeit durchgemacht haben. Daher waren sie fähig, den Mond herauszutreiben aus der Erde und die innere Entwickelung des Menschen anzuregen, den Menschen, der sonst verhärtet, mumifiziert wäre, von innen heraus zu beleben. So kann man sagen: Es haben die Tat der Sonnentrennung die Sonnengeister, die Tat der Mondentrennung die Saturngeister bewirkt. – Die Sonne ist kosmisches Symbolum für die Tat der Sonnengeister, der Mond ist kosmisches Symbolum für die Tat der Saturngeister. Was bleibt der Erde selber? Was eigentlich alte Mondengeister waren, die bleiben der Erde selber.

Für die nächsten Tage wird es nützlich sein, einen ganz bestimmten Moment der Erdenentwickelung ins Auge zu fassen. Ich meine den, wo eben gerade der Mond aus der Erde herausgegangen war. Da war die Erde zurückgeblieben. Die Sonne war schon früher fortgegangen. Die Erde ist jetzt in einem ganz bestimmten Zustand, sie ist dazumal noch nicht so wie heute. Wäre die Erde bei der Mondentrennung schon so gewesen wie sie heute ist, dann wäre der ganze Geschichtsverlauf nicht notwendig gewesen. Die Erde war also nicht so; sie war im Verhältnis zu ihrem heutigen Zustand, wo sie bedeckt ist mit einem heutigen mineralischen, mit einem heutigen pflanzlichen, mit einem tierischen und physisch-menschlichen Reiche, in einem unvollkommenen Zustand. Alles das war noch nicht klar hervorgetreten. Es waren noch nicht die einzelnen Kontinente voneinander geschieden. Alles war in einem, man könnte sagen, Wirrwarr. Das spätere mußte sich erst entwickeln. Sie würden vergebens suchen, wenn Sie mit übersinnlichem Schauen den Entwickelungsverlauf überblickten, beim damaligen Erdenzustand etwa eine Pflanzendecke und Mineralien wie die heutigen; vergebens würden Sie suchen solche tierische und menschliche Gestalten, wie die heutigen sind. Wodurch hat sich denn das alles erst gebildet? Dadurch, daß von außen Sonne und Mond gewirkt haben. Die waren ja dazu hinausgegangen, daß sie von auswärts auf die Erde wirken konnten. Hervorgezaubert hat unsere Erde dasjenige, was durch Hereinwirken von Sonne und Mond hat entstehen können: alles das, was wir heute um uns herum auf der Erde sehen. So müssen wir also eine unvollkommene, chaotische Erde uns vor die Seele rücken, wenn wir sprechen von dem Zeitpunkte, wo der Mond hinausgegangen war, und müssen sagen: Nach und nach bedeckte sich die Erde mit denjenigen Gebilden, die wir heute um uns wahrnehmen, mit der Pflanzendecke, mit den verschiedenen Tiergruppen, den Menschenrassen im heutigen physischen Sinne. – Das alles sprießt und sproßt durch die Einwirkung der Wesenheiten, die von der Sonne und dem Monde her wirken. Von denjenigen Wesenheiten, die von der Sonne her wirken, sind namentlich die äußeren Gestaltungen hervorgerufen, die Gestaltungen der Mineralien, der Pflanzen, der Tiere und der physischen Menschen; von den Wesenheiten, die vom Monde her wirken, wird insbesondere das seelische Leben angeregt in den Tieren und Menschen. So also schaffen von außen her diese Wesenheiten an unserer Erdenentwickelung. Das, was ich Ihnen jetzt dargestellt habe, ist ungefähr in ganz wenigen Worten das Bild, welches die Erdenentwickelung charakterisiert von der sogenannten lemurischen Zeit an bis in die atlantische hinein. Erst während der atlantischen Zeit stellt sich ganz langsam und allmählich das Bild der Erde so, wie wir es jetzt erblicken in unserer Umgebung. So müssen wir unterscheiden sozusagen im Laufe der Erdenentwickelung seit der Mondentrennung zwischen einer chaotischen und einer geordneten Erde, einer Erde, welche die Wirkungen der geistigen Wesenheiten ihrer Umgebung bereits erfahren hat.

Das alles, was ich gesagt habe, ist das Ergebnis, das man nicht zu holen braucht aus dieser oder jener historisch überlieferten Lehre. Nehmen Sie an, durch irgendein Ereignis wäre alles das verlorengegangen, was die Eingeweihten des, sagen wir alten, ehrwürdigen Indiens geschaffen haben; es wären verlorengegangen die Erkenntnisse der persischen Magier, die Erkenntnisse der Chaldäer, der ägyptischen Eingeweihten, die Erkenntnisse der Mysterien Griechenlands, nehmen Sie an, alles bis auf unsere Tage wäre an äußeren Dokumenten verlorengegangen, wir hätten kein Schriftstück, das uns mitteilte, was jemals gelehrt worden ist über die geistigen Grundlagen unserer Erdenentwickelung! Nicht verlorengegangen wäre uns die Möglichkeit, heute selber das übersinnliche Bewußtsein zu entwickeln. So kann alles, was jetzt erzählt worden ist, gefunden werden ohne irgendein historisches Dokument durch übersinnliche Forschung. Wir haben also damit etwas vor uns, was im heutigen Entwickelungsmoment geradeso aus dem Ursprünglichen heraus gelernt werden kann, wie etwa die Mathematik aus dem Ursprünglichen heraus gelernt werden kann.

Jetzt versuchen wir einmal, nachdem wir sozusagen ein kleines Kapitel der umfassenden Geisteswissenschaft vor uns hingestellt haben, irgendwo anzuknüpfen, um zu sehen, wie das, was wir heute konstatieren können durch die übersinnliche Forschung, gelebt hat in vergangenen Zeiten. Gewiß, es könnte auch eine andere Methode eingeschlagen werden, aber für diesen Zyklus ist einmal als Methode in Aussicht genommen, daß wir dasjenige, was wir ohne historische Urkunden finden können, vergleichen mit dem, was uns durch diese oder jene Urkunde überliefert ist. Da wollen wir nicht einmal besonders weit zurückgehen, wir wollen zurückgehen zu einer historischen Persönlichkeit, welche gelebt hat in verhältnismäßig alten Zeiten der griechischen Geistesentwickelung, zu jener Persönlichkeit, von der äußerlich-geschichtlich sehr wenig, nicht einmal die Jahreszahl ihres Lebens so recht bekanntgeworden ist. Wir wollen zurückgehen zu jener Persönlichkeit, die den anderen griechischen Weisen in gewisser Beziehung vorangegangen ist, zu *Pherekydes von Syros.* Der hat gelebt in der Zeit der griechischen Geistesentwickelung, die man die Zeit der sieben Weisen nennt, die also vorangeht all dem, was sonst aus der griechischen Philosophie geschichtlich mitgeteilt wird. Es wird nur weniges äußerlich in der Geschichte von diesem Pherekydes von Syros erzählt. Es ist aber genügend interessant, einmal an das heranzutreten, was von ihm erzählt wird. Er wird unter anderem auch genannt als Lehrer des Pythagoras. Auf ihn sind zurückzuführen viele der Lehren, die Sie bei Heraklit, bei Plato, bei späteren Weisen finden. Er gehörte der älteren Zeit der griechischen Entwickelung an, von der man sagt, daß sie sieben Weise hatte, wie man sagt, daß die alten Inder sieben Rishis hatten. Zur Zeit dieser sieben Weisen Griechenlands hat Pherekydes von Syros gelebt. Von ihm wird nun erzählt, daß er gelehrt habe, daß unserer ganzen Entwickelung drei Prinzipien zugrunde liegen, und diese drei Prinzipien nennt er den Zeus, den Chronos und die Chthon. Was sind das für drei

Bezeichnungen? Wenn man genauer prüft, was mit diesen drei Bezeichnungen gemeint ist, so ist es das folgende: Erstens werden Sie ohne weiteres wissen, daß ja Chronos nur eine andere Bezeichnung für den alten Saturn ist; das ist ein und dasselbe. So haben wir in dem einen Prinzip bei Pherekydes von Syros in dem Chronos diejenige Summe von göttlich-geistigen Wesenheiten, die wir zum Reiche des Saturn rechnen. Alles dasjenige, was wir zum Reiche des alten Saturn rechnen, alles, was dann wieder in der Erdenentwickelung gewirkt hat als Wesen, die imstande waren den Mond herauszutrennen, die haben wir in Chronos-Saturn. Und weiter, Zeus! Zeus ist ein Wort, ein Name, der schwankend ist, wenn er gebraucht wird in älteren Zeiten. Man gebraucht ihn für geistige Individualitäten auf den verschiedensten Stufen der Entwickelung. Diejenigen aber, die im älteren Griechenland etwas gewußt haben von Einweihung, die haben in Zeus gesehen den ihnen erkennbaren Anführer der Sonnengeister. Zeus ist dasjenige, was lebt in den Wirkungen, die von der Sonne auf die Erde ausgeübt werden. So haben wir das zweite Reich, das Reich der Sonnengeister als das Zeusreich von Pherekydes von Syros bezeichnet. Chthon, was ist das? Das ist nun nichts anderes als eine Bezeichnung für jenen Zustand unserer Erde, in dem diese war in dem Augenblicke, als sich der Mond losgetrennt hatte, nämlich in einer Art chaotischem Zustande, wo noch nicht die Pflanzen, noch nicht die Tier- und Menschenrassengestalten die Erde bedeckten. Und nun finden Sie ein merkwürdiges Wort bei Pherekydes von Syros; er sagte: Es liegen also diese drei Prinzipien, Zeus, Chronos und Chthon unserer Erdenentwickelung zugrunde. Das, was die Erde geworden ist, ist sie erst geworden durch das Zusammenwirken dieser drei Prinzipien, jener heiligen ursprünglichen Dreiheit, die herübergekommen ist von vorirdischen Zuständen. – Die kennt also auch dieser alte griechische Weise und das bezeichnet er mit den ihm geläufigen drei Namen. Nun erzählt er, wie das weitergegangen ist. Es war aber in alten Zeiten nicht üblich, daß man solche Dinge mit solch trockenen, brutalen Begriffen bezeichnete wie heute, sondern da gebrauchte man farbige Vorstellungen für das, was man im Geiste erschaut und erkennt. Und da sagte Pherekydes von Syros: Chthon wurde zur Gäa, zur Erde, zu dem, was man heute Erde nennt, dadurch, daß ihr Zeus das Ehrengeschenk überreicht hatte und sie dadurch mit dem Gewande überzogen wurde. – Ein wunderschönes Wort für diejenige Entwickelung, die ich Ihnen eben in wenigen Worten zusammengefaßt habe. Die Erde stand allein; draußen waren Sonne und Mond, die geistigen Reiche des Zeus und des Chronos. Da fing die ja zuerst hinausgegangene Sonne an, auf die Erde zu wirken. Es war wie eine Befruchtung der Erde in ihrem chaotischen Zustande; also, um mit dem alten griechischen Weisen zu sprechen: es war wie eine Befruchtung der Chthon durch den Zeus. Heruntergesendet wurden im Physischen die Sonnenwärme und das Sonnenlicht, heruntergesendet wurden in der Sonnenwärme und in dem Sonnenlicht die wohltätigen Wirkungen des Zeusreichs, das alles befruchtete. Da wurde der Erde gegeben das Ehrengeschenk. Die Erde bedeckte sich mit dem Gewande, und das Gewand ist nun nichts anderes als der Teppich von Pflanzen- und Tiergestalten und Gestalten der physischen Menschen, mit denen sich jetzt die Erde umspannte. Die Chthon wurde zur Gäa dadurch, daß ihr Zeus das Ehrengeschenk bescherte und sie sich dadurch mit dem Gewande überzog.

So sehen wir in merkwürdigen bildlichen Ausdrücken, in einer schönen Sprache wiederum dasjenige, was heute das übersinnliche Bewußtsein finden kann, in der Zeit, als die sieben Weisen Griechenlands lebten, als Pherekydes von Syros wirkte, von dem kaum viel mehr als das Äußerliche erhalten ist, das ich Ihnen jetzt erzählt habe. Derjenige aber, der diese Dinge, die bei diesem Weisen vorkommen, mit jenem Lichte beleuchtet, das uns heute die übersinnliche Forschung geben kann, der wird sich sagen: Man könnte so etwas nicht so treffend ausdrücken, daß es durch die heutige übersinnliche Forschung bestätigt wird, wenn man nicht selber von allen diesen Dingen etwas gewußt hätte. – Und wenn wir uns nun weiter fragen: Woher rührte das Wissen des Pherekydes von Syros? – so kommen wir darauf, daß er sich erfreuen konnte einer sogenannten phönizischen Einweihung. Wir sehen also in ihm einen Menschen, welcher in den Tempeln des alten phönizischen Landes eingeweiht worden ist, und welcher das, was er sagen durfte, aus diesen phönizischen Tempeln nach Griechenland herübergebracht und da gelehrt hat. So ist aus dem Orient herübergeflossen mancherlei von dem, was dort im Einklang mit der übrigen orientalischen Weisheit vorhanden war.

Ich wollte Ihnen damit nur ein Beispiel geben, und wir könnten viele solche Beispiele anführen, wie wir das, was heute ohne alle historische Tradition gefunden werden kann, wenn wir es richtig zu lesen verstehen, bei den alten Weisen wiederfinden. Wir sind hiermit nicht weit zurückgegangen in der Menschheitsgeschichte. Man kann an vielem sehen, daß man die Lehren, die heute als ursprüngliche gefunden werden können, in entsprechender Weise in alten Zeiten, wenn man nur die Ausdrücke zu entziffern vermag, finden kann. Dennoch dürfen Sie nicht verkennen, daß es ein ganz falsches Prinzip wäre, wenn wir eine Beleuchtung der orientalischen Weisheit durch dasjenige, was auch heute in der westlichen Welt gewonnen werden kann, damit erschöpft glaubten, daß wir einfach sagten: Das oder jenes finden wir im Orient für die Weltenentwickelung als Meinung; und so sprechen wir heute. – Das finden wir aber in derselben Weise auch bei Pherekydes von Syros meinetwegen, das finden wir auch in der ägyptischen Zeit, in der chaldäischen Magierzeit, in der altindischen Zeit. Man könnte dann, wenn man dieses für das einzig Mögliche hielte, sagen: Also finden wir heute eine Weisheit, die in den verschiedensten Formen allüberall, wo die Menschen nach Weisheit gestrebt haben, vorhanden war: Eine und dieselbe Weisheit allüberall! – Nicht das geringste kann gegen diese Behauptung in ihrer abstrakten Form eingewendet werden, denn die Tatsache steht einfach so; aber das muß gesagt werden, daß dieses nur ein Teil der Wahrheit ist. So wie die Entwickelung der Pflanze nicht darin besteht, daß die Pflanze von ihrem untersten Wurzelpunkte aus bis zur Frucht immer dieselben Organe hervorbringt, sondern hervorbringt die grünen Pflanzenblätter, die farbigen Blütenblätter, die Staubgefäße, den Stempel und so weiter, so wie die Pflanze also verändert die Gestalt ihrer Hervorbringungen, sie zu immer Höherem und Höherem treibt, so ist es auch mit dem Fortschritt des Menschenlebens auf der Erde. Wenn es ganz richtig ist, daß sozusagen in den verschiedensten Formen dieselben Weistümer immer wieder erscheinen, so gibt es doch eine Entwickelung dieser Weistümer; und es ist einfach nicht richtig, daß etwa schon in der altindischen Zeit dasselbe dagewesen wäre, was heute da ist. Geradesowenig wäre das richtig, wie das andere, daß an der Pflanze dasselbe ist, wenn die Blüte aufgebaut ist, wie in dem – meinetwillen sagen wir – Wurzelpunkt. Es ist sozusagen dieselbe Kraft darinnen; aber diese kann man nur in ihrer Realität erkennen, wenn man die wirkliche Entwickelung verfolgt, so daß man einen Fortschritt erkennt in den Geheimnissen, welche der Menschheitsentwickelung zugrunde liegen. Dasjenige, was in der ersten Zeit nach der großen atlantischen Katastrophe gelehrt worden ist auf der Erde, kann heute noch gelehrt werden; was Pherekydes von Syros gelehrt hat, kann heute noch gelehrt werden; aber die Erdenentwickelung ist für den Menschen auch bereichert worden, sie hat neue Einschläge bekommen.

Wir haben gestern auf den wichtigen Zeitpunkt des christlichen Einschlags für die Menschheitsentwickelung hingewiesen. Damit ist etwas gekommen, womit sich nichts Ähnliches vergleichen läßt, etwas, was ganz einzig dasteht in der Erdenentwickelung. Es ist mir schon zu Ohren gekommen, daß jemand gesagt hat: Ja, es wäre doch eine Ungerechtigkeit innerhalb der Menschheitsentwickelung, wenn soundsoviele Jahrtausende vor dem Erscheinen des Christus dem Menschen nicht die volle Weisheit hätte mitgeteilt werden können. Wie kamen denn die Menschen der vorchristlichen Zeit dazu, daß ihnen etwas vorenthalten werden konnte? Wir müssen aus der allgemeinen Weltgerechtigkeit heraus annehmen – so sagen manche –, daß sich zwar die Formen der Wahrheit ändern, daß aber nicht neue Wahrheiten zu den alten hinzukommen, sonst müßte man behaupten, daß für die Menschen, die aufbewahrt geblieben sind in ihrem Leben für die nachchristliche Zeit, etwas Höheres zubereitet worden wäre als für die vorchristlichen Menschen. – Wenn es nicht wirklich zuweilen ausgesprochen würde, so brauchte das hier gar nicht erwähnt zu werden, denn man kann verstehen, daß diese Sache ausgesprochen wird sonst irgendwo, nur nicht unter geisteswissenschaftlich Strebenden. Warum nicht? Nun, weil ja die Menschen, die in der nachchristlichen Zeit verkörpert sind, dieselben sind wie diejenigen, die vorher gelebt haben; weil die Menschen durch die wiederholten Verkörperungen durchgehen und dasjenige, was sie vor dem Erscheinen des Christus auf Erden noch nicht haben lernen können, eben berufen sind nachher zu lernen. Derjenige, der glaubt, daß der Mensch sich immer und immer wieder verkörpert, damit ihm nur dasselbe aufgetischt werde, der glaubt nicht im Ernste, nicht seinem Gefühle und dem ganzen Seelenleben nach an die Wiederverkörperung; denn im Ernste an sie glauben, heißt ihr Ziel, ihren Sinn einsehen, heißt einsehen, daß es nicht vergeblich ist, immer wieder und wieder zu kommen, sondern daß dies geschieht, damit man immer Neues erfahren könne auf der Erde. Ist dies aber so, dann muß dieser Erde immer neues und neues Leben zufließen; man muß auf der Erde Neues sehen, wenn man wieder auf ihr ankommt. Es ist eine Abstraktion zu sagen: Dieselben Weistümer kehren in den verschiedenen Weltanschauungen immer wieder. – Es ist aber das Konkrete, das Wahre, daß sich die Weistümer entwickeln, daß sie immer höhere und höhere Gestaltungen annehmen, bis dann das erscheinen wird auf der Erde, was reif ist, in einen anderen Zustand überzugehen, wie Saturn-, Sonnen-, Mondzustand in den Erdenzustand übergegangen sind. Keine bloße Wiederholung, ein wirklicher Fortschritt! Das ist das, um was es sich handelt.

Und da liegt auch, was den Unterschied zwischen östlicher und westlicher Denkungsweise ausmacht. Die westliche Denkungsweise kann sich der ganzen Aufgabe und Mission des Westens nach niemals trennen von einer wirklich konkreten geschichtlichen Auffassung unserer Erdenentwickelung. Und geschichtliche Auffassung ist nur diejenige, die Fortschritt sieht, nicht Wiederholung des Gleichen. Der Begriff der Geschichte ist der, der erst durch den Westen eingetreten ist in die Menschheitsentwickelung. Man hat da erst gelernt, wirklich die Dinge geschichtlich aufzufassen, nicht bloß eine Wiederholung des Gleichen zu sehen. Und wenn irgendwo unter uns irgend jemand auftritt, der nicht ganz durchdrungen ist von dem Begriffe des geschichtlichen Fortschrittes, und dann sich hingibt in einem besonderen Maße orientalischer Denkungsweise, deren Wahrheit damit nicht im geringsten angezweifelt wird, von der alles unterschrieben wird, trotzdem gesagt wird, daß die *geschichtliche* Auffassung hinzukommen muß, dann stellt sich leicht ein, daß ihm der Begriff der Geschichte abhanden kommt und daß für ihn eine merkwürdige Frage entstehen kann: Wozu eigentlich diese ewige Wiederholung des Gleichen? Das war zum Beispiel die Frage, die Schopenhauer aufgestellt hat, dem der Begriff der Geschichte im eigentlichen Sinne gemangelt hat, und der innerhalb unseres Geisteslebens einer derer war, die viel für die äußere Exoterik aufgenommen haben aus dem orientalischen Leben. Dadurch, daß irgendeine höhere Wahrheit aufgestellt wird, wird die niedrigere Wahrheit in keinerlei Weise angetastet; es wird zu allem Ja gesagt, was von dem unhistorischen Standpunkte aus behauptet wird; es wird nur eine niedere Denkweise in ein höheres Reich heraufgehoben, das heißt, es wird beleuchtet in unserem Falle die orientalische Denkungsweise mit dem Lichte des Westens*.

Dasjenige, was ich Ihnen jetzt in abstracto gesagt habe, das möchte ich Ihnen durch ein Beispiel belegen. Sie haben aus dem Gesagten schon herausfühlen können, daß wir die Ergebnisse der übersinnlichen Forschung der Gegenwart in andrer Form in alten Zeiten finden, wenn wir sie suchen. Licht werfen auf die Vorzeit können wir nur dann, wenn wir dieses Licht eben aus der Gegenwart nehmen. Wir knüpfen dabei nochmals an, sagen wir, an eine ganz bestimmte geistige Persönlichkeit, geistige Individualität. Später werden wir aus diesem Gebiete verschiedene Einzelheiten noch zu besprechen haben, heute soll nur noch eines herausgehoben werden. Wenn Sie zurückgehen in die Zeit, in der man in den Reden niedergelegt hat dasjenige, was in einer gewissen Beziehung als Nachklang vorhanden war der hohen, hehren Rishiweisheit, so finden Sie unter mancherlei Benennungen für die göttlichen Wesenheiten die Benennung des *Indra.* Wenn ich Ihnen vom Gesichtspunkte der übersinnlichen Forschung der Gegenwart aus auf die Frage antworten soll: Was ist das für ein Wesen, zu dem man in der Vedenzeit Indra gesagt hat? – so tue ich es am besten, indem ich Ihnen wiederum charakterisiere, wie sich ein heutiger Mensch durch übersinnliche Forschung eine Anschauung von dieser Wesenheit, die wirklich vorhanden ist, verschaffen kann.

* Diese Darstellung, die an sich etwas weitschweifig erscheint, rechtfertigt sich wohl dadurch, daß sie gegen die in mystischen Weltanschauungen oft auftretende Behauptung gerichtet werden muß, daß im Grunde die verschiedenen aufeinanderfolgenden Religionen und so weiter nur die Umgestaltungen Einer Urweisheit seien.

Wir haben ja hervorgehoben, daß hinter allem, was uns äußerlich in der Welt umgibt, hinter dem Feuer, der Luft, dem Wasser, der Erde geistige Wesenheiten sind. Wenn wir das, was Feuer oder Luft ist, auf uns wirken lassen, zunächst auf unsere Sinne, so haben wir den äußeren Ausdruck für geistige Wesenheiten, die hinter dem Feuer oder der Luft stehen. Wir können für das, was wir im gewöhnlichen Leben physisch wahrnehmen, dasjenige suchen, was dahintersteht, indem wir uns durch übersinnliches Schauen erheben von der physischen Welt zur seelischen. Da finden wir für das, was sich äußerlich in der Luft ausdrückt, viele Wesenheiten; das heißt, es arbeiten viele geistige Wesenheiten zusammen in unserer geistigen Umgebung, um dasjenige zustande zu bringen, was sich uns äußerlich in den physischen Lufterscheinungen ausdrückt. Fragen wir uns: Wie stellt sich das geistige Reich hinter der Luft dar, wenn wir es in der seelischen Welt betrachten? Die Antwort ist: Wir kommen zu einer Anzahl von geistigen Wesenheiten, die nicht bis zur physischen Welt heruntersteigen, die sich in dieser durch die Luft ausdrücken und die uns in der Seelenwelt als Individualitäten entgegentreten. Und die mächtigste dieser Wesenheiten ist eine ganz bestimmte. Die finden wir noch heute; die ist diejenige, welche im alten Indien mit dem Worte Indra benannt worden ist. Sie ist zu gleicher Zeit diejenige, die beteiligt ist an der ganzen Einrichtung unseres Atmungsprozesses. Daß wir überhaupt so atmende Wesenheiten geworden sind, wie wir es sind, das verdanken wir der Tätigkeit dieser Wesenheit. Zu dieser Wesenheit kann man beständig emporblicken und sagen: «Dir, o Indra, verdanke ich die Möglichkeit, ein solches Atmungswerkzeug zu haben, wie wir es als Menschen haben.» – Aber die Tätigkeiten wiederum solcher Wesenheiten beschränken sich nicht nur auf eines, sie sind verzweigt. Dieser selben Wesenheit verdankt der Mensch noch manches andere. Darum kann er sagen: «Dir, Gott Indra, dem ich verdanke die Möglichkeit so zu atmen, Dir kann ich auch verdanken die Kraft, die zum Beispiel durch meine Muskeln strömen soll, wenn ich meine Feinde im Kriege besiegen soll.» So kann er zu diesem Indra beten um Kraft, seine Feinde zu besiegen; denn es ist sozusagen die Funktion dieser selben Wesenheit übertragen. Dieser selben Wesenheit, für die wir gar keinen Namen brauchen, wenn wir nur wissen, daß sie da ist, ist es auch zuzuschreiben, daß der Blitz durch die Wolken zuckt, und der Donner rollt, und daß die segnenden Wirkungen entstehen, welche die Gewittererscheinungen begleiten. Auch für diese Erscheinungen kann man sozusagen die Gebete hinaufschicken, wenn man überhaupt an solches Beten zu den Göttern denkt.

So sehen wir, daß in der Seelenwelt eine gewisse Wesenheit vorhanden ist, die einfach in der alten vedischen Zeit mit dem Namen Indra bezeichnet worden ist. Indra ist für uns ebenso da wie für die damalige Zeit.

Und jetzt kommt das andere. Nehmen Sie diese Wesenheit des Indra, nehmen Sie sie so, wie sie der alte indische Eingeweihte wirklich gesehen hat, wenn er das geistige Auge nach der Seelenwelt hingerichtet hat, nehmen Sie das und fragen Sie jetzt: Sieht der heutige Eingeweihte diesen Indra in derselben Weise? – so müssen wir antworten: Er sieht alles dasjenige, was man damals gesehen hat an diesem Indra, alles das, aber er sieht noch etwas anderes an diesem Indra. – Wenn Sie einen Menschen ansehen in seinem vierzigsten Lebensjahre, der Fritz Müller heißt, so können Sie sich sagen: Das ist derselbe Mensch, den ich vor dreißig Jahren als Zehnjährigen gesehen habe, der schon damals so geheißen hat; aber er ist in einer gewissen Weise etwas anderes geworden. – Und Sie werden eine schlechte Beschreibung von diesem Fritz Müller geben in seinem vierzigsten Jahre, wenn Sie jemandem sagen, wie er ausgesehen hat in seinem zehnten Jahre. Sie sagen da ganz Richtiges über den Fritz Müller, was Sie in diesem Falle sagen, aber er hat während der dreißig Jahre eine Entwickelung durchgemacht, und Sie müssen das bedenken, wenn Sie über seinen jetzigen Zustand reden. Meinen Sie nun, daß zwar die Menschen auf der Erde in ihren einzelnen Leben und auch von Leben zu Leben sich fortwährend entwickeln, und daß es just den Geisteswesen so gehen sollte, daß sie heute noch auf demselben Standpunkt stehen wie damals, als im alten Indien das schauende Bewußtsein zu ihnen emporgerichtet worden ist? Sollen die Götter bloß diejenigen sein, die durch Tausende von Jahren dasselbe sind? Das sind sie eben nicht. Wir können füglich sagen, daß Indra sich *entwickelt* hat seit jener Zeit, wo hinaufgesehen haben zu ihm die Hellseher des alten Indiens. Was ist denn nun mit ihm geschehen? Wie stellt sich uns seine Entwickelung dar?

Wenn wir das schauende Bewußtsein zurückrichten auf die Gestalt des alten Indra, wie stellt sich uns diese Gestalt dar? Da zeigt sich folgendes: Es gibt einen gewissen Zeitpunkt in der Entwickelung, da sieht man etwas Merkwürdiges in bezug auf diesen Indra. Um es recht anschaulich vor uns zu haben, wiederholen wir: wir richten also das schauende Bewußtsein in der Seelenwelt nach dem alten indischen Gotte Indra und verfolgen ihn durch die Jahrtausende herauf. Da finden wir einen Zeitpunkt, wo es so erscheint, als wenn von einem ganz anderen geistigen Wesen Lichtstrahlen hinfielen auf den Indra; und durch dieses Licht, das auf den Indra fällt, wird dieser selbst beleuchtet; er wird dadurch zu einer höheren Stufe seiner Entwickelung emporgehoben. Es ist gerade so, wie wenn Sie in einem bestimmten Lebensalter Ihrer Entwickelung etwas Wichtiges lernen, wodurch Sie ein ganz anderer Mensch werden. So geschah es eines Tages für den Indra: es fiel von einer anderen geistigen Wesenheit das Geisteslicht auf diesen Indra, und seit jener Zeit strahlt dasjenige von dem Indra auf uns, was auch schon im alten Indra da war, aber bereichert noch durch das Geisteslicht einer anderen Wesenheit. Auf den Moment in der geschichtlichen Entwickelung der Menschheit, wo das geschehen ist, was ich jetzt beschrieben habe, auf den können wir genau hinweisen. Der Gott Indra ist da in der Seelenwelt in der Zeit, in der für die Erdenentwickelung noch nicht der Christus wahrnehmbar ist, wo aber doch schon das Licht, das von dem Christus ausgeht, auf den Indra fällt. Das Licht, das geistige Licht, das von dem Christus ausgeht, fällt erst später auf den Indra. Und es kann jemand, der die Fähigkeit dazu hat, hinschauen zu dem Indra und er wird sagen: Dieser Indra offenbart mir jetzt etwas anderes, als er früher geoffenbart hat, denn früher strahlte nicht von ihm das Christus-Licht zurück. – Derjenige, der dazu berufen ist, das der Menschheit zu verkündigen, der sagt: Da gab es den alten Indra, uns interessiert das, was er früher war; jetzt aber interessiert uns auch das, was er uns zurückstrahlt, was von ihm jetzt zu uns herstrahlt. – So wie der Mond das Sonnenlicht zurückwirft, so wirft seit jenem Zeitpunkt der Indra nicht sein eigenes Licht in die geistige Erdenentwickelung herein, sondern strahlt zurück das Christus-Licht. Dieses Licht, das selbst noch nicht auf die Erde fällt, das erst von Indra zurückgestrahlt wird, das also den Christus nicht direkt erkennen läßt, sondern so, wie wir das Sonnenlicht, wenn es vom Mond herstrahlt, erkennen, war dasjenige, was verkündete der Moses seinem Volke; und er nannte das Christus-Licht, das so zurückgestrahlt ist wie das Sonnenlicht von dem Monde, Jahve oder Jehova. Und hier haben Sie das, was ich öfter in den Vorträgen über das Johannes-Evangelium in einer anderen Form betont habe: Der Christus verkündigt sich vor, und Jahve oder Jehova ist der Name für das von einer alten Gottheit zunächst zurückgestrahlte, reflektierte Christus-Licht, der prophetisch vorherverkündete Christus.

So ist es, wie wenn im Laufe der Erdenentwickelung der alte Indra aufgenommen worden wäre von dem Christus-Licht, und nun dieses Christus-Licht von sich auf die Erde zurückstrahlte. Damit, daß er berührt worden ist von diesem Christus-Licht, hat der Gott Indra selber eine Entwickelung durchgemacht. Er ist natürlich nicht zum Jehova geworden. Sie dürfen nicht sagen: Jehova ist Indra. Aber Sie werden es begreiflich finden, daß ebenso wie sich Indra in Blitz und Donner offenbarte, ebenso Jahve oder Jehova sich darinnen offenbarte, weil zurückgestrahlt werden kann nur nach Maßgabe der rückstrahlenden Wesenheit. Daher offenbarte sich Jahve in Blitz und Donner. Hier haben Sie ein Beispiel davon, daß sich sozusagen die geistige Entwickelung in *ihrer* Welt vollzieht wie die menschliche in der ihrigen, und wie sich nicht derselbe Anblick darbietet, wenn wir nach Jahrtausenden die geistigen Wesenheiten betrachten. Es geht etwas vor in der geistigen Welt, es ist Geschichte darinnen; und dasjenige, was Erdengeschichte ist, ist der äußere Ausdruck der Geschichte in der geistigen Welt. Wahrhaftig, alles was hier auf der Erde geschieht, hat seine Ursachen in Geschehnissen der geistigen Welt; und wir müssen im einzelnen verstehen und begreifen lernen, was für Ereignisse hinter unseren Erdenereignissen als ihre Grundlagen stehen.

Damit habe ich Ihnen an einem Beispiele gezeigt, was es heißt, von dem heutigen Gesichtspunkte aus jene alten Welten zu beleuchten. Dazu ist notwendig, daß wir den Begriff der Geschichte ganz im Ernste aufnehmen und uns fragen: Wenn wir dieselbe Wesenheit, die vor Jahrtausenden da war, heute aufsuchen, wie stellt sie sich uns heute verändert dar, und was hat diese Veränderung herbeigeführt? An einem besonderen Beispiele wollte ich Ihnen die Geschichte des geistigen Lebens erläutern. Wenn Sie festhalten daran, daß es Weisheiten gibt, die wir heute finden und die wir wieder finden wenn wir zurückblicken, nur mit anderen Namen und Formen und anderem Ausdruck, und zu gleicher Zeit festhalten, daß eine geschichtliche Entwickelung, ein Fortschritt ist im geistigen Leben, das dem physischen zugrunde liegt, dann haben Sie auch die zwei rechten Prinzipien, die aller Geisteswissenschaft, die in die Menschenzukunft hineinwirken will, die fortschreiten will, zugrunde liegen müssen.

Von der Offenbarung des *einen* göttlichen Lebens in seinen verschiedenen Formen, von der Erkenntnis des Fortschreitens des göttlichen Lebens zu immer höheren und höheren Gestaltungen, zum Heranreifen der eigentlichen Früchte des Weltendaseins, davon soll morgen gesprochen werden.

FÜNFTER VORTRAG

München, 27. August 1909

In den vorangehenden Vorträgen ist gezeigt worden, inwiefern die Außenwelt als eine Illusion wirkt und hinter sich die geistige Welt verbirgt. Wenn also das schauende Bewußtsein durch den Schleier der Illusion durchdringt, so dringt es ein in die geistige Welt. Und derjenige, der dieses Erlebnis hat, kann dann sagen, für ihn sei durchsichtig geworden der äußere Sinnenschleier, und er sehe durch ihn durch in die geistige Welt hinein. Man könnte sagen, das sei der eine Weg zu der geistigen Welt. Es ist aber auch gezeigt worden, wie vom eigenen inneren Seelenleben alles dasjenige, was man Gedanken, Gefühle, Empfindungen nennt, ja wie auch die komplizierteren Erscheinungen dieses Seelenlebens, das Gewissen und so weiter eine Art Schleier ist, der eine geistige Welt verhüllt. Und wenn das schauende Bewußtsein durch diesen Schleier hindurchdringt, so kommt es wieder in eine geistige Welt. Diese zwei verschiedenen Wege in die geistige Welt hinein hat man zu allen Zeiten gekannt. Den Menschen, die die Einweihung gesucht haben, war die Tatsache bekannt, daß man die Geisteswelt trifft, wenn man einerseits den äußeren Schleier und andererseits den inneren Schleier durchdringt. Deshalb finden wir bei den alten Völkern der Erde die Unterscheidung zwischen oberen Göttern und unteren Göttern; und in den Mysterien aller Zeiten wurde gesagt, daß man auf einer bestimmten Stufe der Einweihung vor die unteren und oberen Götter hintrete; aber es wurde auch immer in einer ganz verschiedenen Weise behandelt die Welt der oberen Götter und die Welt der unteren Götter. Man kann begreifen, daß diese Annahme zweier Wege in die geistigen Welten berechtigt ist, wenn man folgendes bedenkt: Auf die Art, wie dem Menschen die Außenwelt entgegentritt, in dem bunten Teppich von Farbeneindrücken, Wärmeeindrücken und so weiter, also in dem bunten Teppich der Elemente des Feuers, der Luft, des Wassers und der Erde, da ist der Mensch zunächst ohne Einfluß. Es geht morgens die Sonne auf; sie sendet ihre Lichtstrahlen über die verschiedenen

Dinge der Erde, und nach den verschiedenen Verhältnissen, die sich da ausgestalten, stellt sich die äußere Sinneswelt dar; und wenn der Mensch diese Verhältnisse durchdringt, so dringt er in die geistige Welt ein. Der Mensch ist also nicht imstande, weil er ohne Einfluß ist auf die äußere Sinneswelt, durch seinen eigenen Inhalt diese Sinneswelt, die ihn umgibt, zu verderben; sie ist ihm gleichsam hingestellt von den geistigen Wesenheiten, die sich in ihr offenbaren, und er kann sie durch seine eigene Macht nicht verschlechtern. So daß es sich also für den Menschen, wenn er eingeweiht wird, darum handeln kann, daß er den Schleier der Sinneswelt durchdringt, aber er muß den Schleier der Sinneswelt so lassen, wie ihn geistige Wesenheiten ausgearbeitet haben.

In einer anderen Lage ist der Mensch seiner eigenen inneren Welt gegenüber. Wie der Mensch empfindet und fühlt, wie er will, wie er denkt, wie er seine Gewissensempfindungen ausbildet, das hängt davon ab, ob der Mensch mehr oder weniger vollkommen ist, mehr oder weniger an seinem Seelenleben gearbeitet hat. Der Mensch kann sozusagen nicht ein gutes und ein schlechtes Rot oder Grün hervorrufen an der Morgenröte oder an einer Pflanze; er kann aber dadurch, daß er sein eigenes Seelenleben verdirbt, sinnwidrige Empfindungen, böse moralische Urteile in sich erzeugen; der Mensch kann mehr oder weniger sich hingeben der Stimme seines Gewissens; er kann in bezug auf seine Vorstellungen sich Schönem und Häßlichem hingeben, wahren und falschen Gedankengebilden. Den Schleier also, welchen unsere Seele in ihrem Innenleben hinbreitet über die geistige Welt, den verändert der Mensch durch sein eigenes Verhalten. Und da zuletzt das, was wir hinter dem Schleier unseres eigenen Seelenlebens sehen, davon abhängt, ob dieser Schleier selbst richtig oder verdorben ist, so ist es leicht einzusehen, daß bei einem verdorbenen, unvollkommenen, wenig entwickelten Innern auch beim Aufsteigen in die geistige Welt oder beim Hinabsteigen zu den unteren geistigen Wesenheiten Zerrbilder geschaffen werden können, falsche, sinnwidrige, widernatürliche Vorstellungen und Kräfte.

Daher kam es, daß man durch alle Zeiten hindurch unterschied zwischen dem Aufstieg zu den oberen Göttern und dem Hinabstieg zu den unteren Göttern, und daß man das Hinabsteigen als etwas wesentlich

Gefährlicheres ansah als das Hinaufsteigen zu den oberen Göttern, daß man deswegen bei diesem Wege in die geistige Welt ganz besonders hohe Anforderungen stellte an die Zöglinge der Mysterien, der Geheimwissenschaft.

Dies mußte einmal erwähnt werden aus dem Grunde, weil diese zwei Wege in die geistige Welt hinein in der Tat eine große Rolle spielen in der Menschheitsentwickelung, und weil man die Gegeneinanderstellung des Orients und des Okzidents nur dadurch gut verstehen und das Verhältnis der «Kinder des Luzifer» und der «Brüder Christi» auffassen kann, daß man sich diese zwei Wege vor Augen führt. In der Außenwelt, die dem Menschen für den äußeren Blick sehr häufig erscheinen kann wie ein buntes Gewirr der mannigfaltigsten Tatsachen, ist gar nichts, was nicht in einer weisen Art gelenkt wäre, nichts, wobei nicht geistige Wesenheiten, geistige Kräfte und geistige Tatsachen im Spiele wären; und man versteht alles, was da geschieht, nur, wenn man einsehen lernt, wie sich die geistigen Geschehnisse gruppiert haben unter der Lenkung jener Mächte, die charakterisiert worden sind von den verschiedensten Seiten her. Man muß, wenn man verstehen will, warum eine bestimmte Form von Weisheit gerade im Osten aufgeblüht ist, und warum wiederum die Zukunft der Christlichkeit gerade von der Ausbildung der westlichen Kräfte abhängt, auf den Ursprung, auf den geschichtlichen Hergang der beiden Welten den Blick richten.

Aus verschiedenen Vorträgen, die Sie von mir gehört haben, wissen Sie, daß unser gesamtes jetziges Geistesleben herstammt aus jenem Gebiete, das wir die alte Atlantis nennen; daß sich entwickelt hat ein uraltes Geistesleben auf einem Gebiete im Westen zwischen dem heutigen Europa und Amerika und daß, was wir an asiatischer, afrikanischer, amerikanischer Kultur antreffen, letzten Endes Abkömmlinge sind der alten atlantischen Kultur. Dort haben wir den Vater- und Mutterboden alles unseres Kulturlebens zu suchen. Es waren vor jener gewaltigen Katastrophe, welche das Antlitz der Erde so verändert hat, daß die gegenwärtige Gestalt derselben zustande gekommen ist, innerhalb der alten Atlantis von den gegenwärtigen ganz verschiedene Menschenarten vorhanden, geleitet von hohen Eingeweihten, von Führern der Menschheit. Da entwickelte sich eine Kultur, welche im wesentlichen unter dem Einflusse eines alten Hellsehens stand, so daß die Menschen jener Zeit die instinktartige Fähigkeit hatten, sowohl durch den äußeren Schleier der Sinneswelt zu der oberen Geistwelt hindurchzuschauen, wie auch durch ihr eigenes Seelenleben hindurch zu den unteren Göttern zu blicken. Das war damals natürlich. Wie es den heutigen Menschen natürlich ist, mit ihren Augen zu sehen, mit ihren Ohren zu hören und so weiter, so war es den damaligen Menschen natürlich, nicht nur draußen in der Welt zu sehen Farben, zu hören Töne und so weiter, sondern hinter den Farben und Tönen und so weiter geistige Wesenheiten zu sehen. Ebenso war es ihnen natürlich, nicht nur die Stimme des Gewissens zu vernehmen, sondern zum Beispiel dasjenige, was die Griechen Erinnyen genannt haben. Das haben sie als geistige Wesenheiten wahrgenommen. So also waren die alten Atlantier instinktartig bekannt mit einer geistigen Welt.

Es ist der Sinn der Menschheitsentwickelung, daß die Menschen allmählich sozusagen herausstiegen aus diesem alten instinktartigen, aber geistschauenden Bewußtsein und vorrückten zu demjenigen, was unserer heutigen Zeit eigen ist. Durch diese Stufe des Lebens auf dem physischen Plane mußten die Menschen hindurchgehen. Nun wäre es nicht möglich gewesen, die ganze Entwickelung der Menschheit von der geistigen Welt aus etwa einfach so zu leiten, daß man einen Strom von Menschheit herübergeschickt hätte von der alten Atlantis über die Gegenden Europas, Afrikas, nach Asien hinein, und daß sich alles sozusagen gradlinig entwickelt hätte. – Die Entwickelung besteht niemals bloß darin, daß sich etwas aus einem Keim heraus gestaltet und dann in gerader Linie fortschreitet, sondern überall, wo es Entwickelung gibt, da muß noch etwas anderes eintreten. Sie können sich zunächst an einem sehr gewöhnlichen Beispiele klar machen, daß die Entwickelung niemals das Fortschreiten in gerader Linie ist, so daß etwa immer eine Sache die andere hervortreibt, sondern daß noch etwas anderes zur Entwickelung gehört. Betrachten Sie die Pflanze! Sie werfen das Samenkorn in die Erde und Sie sehen, wie aus diesem Samenkorn hervorsprießen die Organe der Pflanze, die Blätter, wie später die Kelchblätter hervorkommen, Staubgefäße, Stempel und so weiter entstehen. Nun ist ja im heutigen normalen Pflanzenleben notwendig, wenn die Entwickelung vorwärtsschreiten soll, etwas andres, etwas, was sozusagen nicht in der geraden Linie des Fortschreitens liegt. Zur Fruchtbildung ist notwendig die Befruchtung. Es müssen die Befruchtungssubstanzen von einer Pflanze auf die andere hinüberfließen, damit die Blüte sich zur Frucht entwickele, und es würde aus der Blüte heraus die Frucht sich nicht in gerader Linie entwickeln können, sondern es muß ein Strom von Einflüssen von außen hinzukommen, damit durch diesen Einfluß, der von der Seite herkommt, die Entwickelung vorwärts schreitet. Das, was Sie an der Pflanze sehen können, das ist ein Bild für das gesamte Weltleben, und das gibt Ihnen auch einen Hinweis darauf, wie es im geistigen Leben ist. Es ist durchaus falsch zu glauben, daß man im geistigen Leben zum Ziele kommt, wenn man annimmt, daß irgendwo eine Kulturströmung hervortrete und daß sie immer Neues und Neues nur aus sich hervortreibe. Das kann eine Weile so fortgehen, aber es würde nicht genügen, es würde ebensowenig das hervorbringen, was geschehen soll, wie die Blüte ohne Befruchtung die Frucht hervorbringen könnte. Es muß immer an einem bestimmten Punkte der Entwickelung ein seitlicher Einfluß kommen, in der Menschheitsentwickelung gleichsam eine geistige Befruchtung. Wenn sich eine Kulturströmung eine Weile gradlinig fortgepflanzt hat, dann muß von der Seite her irgendein Einfluß kommen. So wie sich getrennt voneinander entwickelt im Pflanzenleben das weibliche und das männliche Element, so mußte auch in der fortschreitenden Entwickelung der Menschen seit der Atlantis nicht ein einfacher Strom sich bilden, der von dem Westen nach dem Osten hinging, sondern es mußten im wesentlichen zwei Hauptströmungen von der alten Atlantis nach dem Osten hinüberziehen, die eine Weile getrennt voneinander sich entwickeln und dann nach einer bestimmten Zeit zusammentreffen, sich gegenseitig befruchten mußten, damit das Richtige eintreten konnte. Und diese zwei Strömungen der Menschheitsentwickelung können wir verfolgen, wenn wir in der richtigen Weise die Urkunden der Geistesschau prüfen. Da haben wir einen Strom der Menschheitsentwickelung, der dadurch zustande kommt, daß sich gewisse Völker herüberschieben von dem alten atlantischen Lande mehr in einem nördlichen Gebiete, so daß sie die Gegenden berühren, die heute England, Nordfrankreich umfassen, dann nach dem heutigen Skandinavien, Rußland bis nach Asien hinein, bis nach Indien hinunterziehen. Da bewegt sich ein Strom von Völkern der verschiedensten Art, der ein bestimmtes geistiges Leben trägt. Ein anderer Strom der Menschheitsentwickelung geht einen anderen Weg; er geht mehr südlich, geht so, daß wir heute seinen Weg etwa suchen müßten herein vom Atlantischen Ozean durch Südspanien, durch Afrika bis hinüber nach Ägypten, dann nach Arabien. Zwei Ströme, große Völkerwanderungen gleichsam ergießen sich aus der alten Atlantis nach Osten hinüber. Jeder dieser Kulturströme macht zunächst seinen eigenen Weg durch, bis sie sich gegenseitig befruchten in einem späteren Zeitpunkt.

Worin nun besteht der Unterschied dieser beiden Kulturströmungen? Darinnen, daß der Strom, der sich mehr im Norden bewegte, solche Menschen in sich schloß, welche mehr geeignet waren, ihre äußeren Sinne und die äußere Anschauung zu gebrauchen, welche mehr geneigt waren, den Blick auf den Teppich oder Schleier der Umwelt zu richten. Es hatten diese Menschen, die da mehr im Norden zogen, solche Eingeweihte, die ihnen den Weg zeigten zu jenen geistigen Welten, die man nannte die oberen Götter, jene Götter, welche man findet, wenn man den Schleier der äußeren Sinneswelt durchdringt. Solcher Art sind diejenigen Wesenheiten, welche als germanisch-nordische Götter verehrt werden. Odin, Thor und so weiter sind Namen für solche göttlich-geistige Wesenheiten, die man findet, wenn man den äußeren Schleier der Sinneswelt durchdringt. Eine andere Organisation hatten die Menschen des anderen Völkerstromes. Diese Menschen, die in einem südlichen Gebiete herüberzogen von der alten Atlantis nach Asien hinein, die hatten mehr die Anlage, einzutauchen in ihr Seelenleben, in ihr Inneres. Man möchte sagen – nehmen Sie das Wort nicht mit abfälligem Beigeschmack – die nordischen Völker hatten mehr das Talent, hinauszuschauen in die Welt, die südlichen Völker aber hatten mehr das Talent, hineinzubrüten in ihr eigenes Seelenleben und durch den Schleier ihres eigenen Seelenlebens die geistige Welt zu suchen. Daher wird es Sie nicht verwundern, daß die Nachkömmlinge der südlichen Völker Götter hatten, die sozusagen zu den unterirdischen gehörten, die mehr das Seelenleben beherrschen. Sie brauchen sich nur das Beispiel des ägyptischen Osiris vor Augen zu stellen. Osiris ist jene Gottheit, welche der Mensch findet, wenn er durch die Pforte des Todes durchgegangen ist. Er ist der Gott, der in der äußeren Sinneswelt nicht leben kann. In alten Zeiten nur hat er da gelebt; und als die neuen Zeiten heranrückten, da wurde er gleich überwunden von den Mächten der Sinneswelt, von dem bösen Seth; und seither lebt er in derjenigen Welt, die der Mensch betritt nach dem Tode, also in einer Welt, die man nur finden kann, wenn man sich versenkt in dasjenige, was am Menschen das Unsterbliche, das Dauernde ist, das von Inkarnation zu Inkarnation geht; in das, was menschliches Innenleben ist. Daher fühlten die Menschen auch vorzugsweise dieses Innenleben mit Osiris verbunden.

Das war der Unterschied in den Charakteranlagen der nördlichen und der südlichen Völker. Nur eine Volksgemeinschaft gab es, die in einer gewissen Weise in der ersten Epoche der nachatlantischen Zeit nach der großen atlantischen Katastrophe beide Anlagen in sich vereinigte. Dieses Volk war besonders dazu ausersehen, beide Wege, die in die geistige Welt hineinführen, zu gehen und auf beiden Wegen ein Fruchtbares, ein Richtiges für die damalige Zeit zu finden. Während die nordischen Völker nämlich in die Welt des äußeren Sinnesteppichs blickten und die südlichen hineinbrüteten in das eigene Innere ihres Seelenlebens, war eine Volksgemeinschaft da, die sowohl die Fähigkeit hatte, durchzudringen durch die äußere Sinnenwelt und hinaufzusteigen in die geistigen Welten dahinter, wie auch hinein sich zu leben in das eigene Innere, in die tiefsten Untergründe der mystischen Versenkung, und durch den Schleier des eigenen Seelenlebens die geistigen Welten zu finden. Das war eine Fähigkeit, die allerdings in der alten atlantischen Zeit, wenigstens in deren ersten Epochen, bei allen Menschen vorhanden war. Diese Fähigkeit aber, nach außen und nach innen zu finden, ist mit einem anderen Erlebnis verbunden, mit einem Erlebnis, das ganz eigenartig dasteht im Menschenleben. Wer nur die Fähigkeit hat, durch den äußeren Schleier der Sinnenwelt zu dringen und da die geistige Welt, die oberen Götter, zu finden, und dann hört, daß irgendwo anders auf der Erde es andere Gottheiten gibt, der versteht die letzteren nicht recht. Wer aber die beiden Fähigkeiten miteinander verbindet, wer durch den Schleier der äußeren Sinnenwelt ebenso dringen kann wie durch den Schleier des eigenen Seelenlebens, der macht zuletzt eine eminent wichtige Entdeckung, nämlich diese, daß dasjenige, was wir finden, wenn wir durch den Schleier des Seelenlebens dringen, seinem Wesen nach dasselbe ist wie dasjenige, was wir finden, wenn wir durch den Schleier der äußeren Sinnenwelt dringen. Denn es offenbart sich uns eine einheitliche Geisteswelt, das eine Mal von außen, das andere Mal von innen. Lernt man die geistige Welt auf beiden Wegen kennen, dann erkennt man die Einheit derselben. Wer auf dem Wege innerer Versenkung zu den geistigen Welten vordringt, der findet sie hinter dem Schleier des Seelenlebens; und wenn er auch noch die Fähigkeit hat, durch die Entwickelung der übersinnlichen Kräfte auch durch den Schleier der äußeren Sinneswelt zu dringen, dann weiß er, daß dasjenige, was er im Inneren gefunden hat, dasselbe ist wie dasjenige, was er nach außen gehend erschaut hat. In dieser Lage, jenes große Erlebnis zu haben von der Einheit des Geisteslebens, war die alte indische Volksgemeinschaft. Wenn der übersinnliche Blick des alten Inders sich nach außen gerichtet hat, dann erblickte er da die die Welterscheinungen zusammenhaltenden und gestaltenden äußeren geistigen Wesenheiten. Wenn er sich in sein Inneres versenkte, dann fand er durch diese mystische Versenkung in sich selber sein Brahman; und er wußte, daß dieses, was er hinter dem Schleier des Seelenlebens fand, dasselbe ist, das mit dem großen gewaltigen Flügelschlag, der durch den Kosmos ging, auch die äußere Welt geschaffen und geordnet hat.

Das ist das Mächtige und Gewaltige, was aus diesen alten Zeiten auf uns wirkt, daß hier etwas aufbewahrt ist, was als uralte Kultur vorhanden war in der alten atlantischen Zeit und was sich als Rest herein erhalten hat in die nachatlantische Zeit. Die Entwickelung aber schreitet nicht dadurch vorwärts, daß das Alte sich umgestaltet oder erhalten bleibt, sondern daß neue Entwickelungsströme entstehen, die sich dann gegenseitig befruchten. Wenn wir den nördlichen Entwickelungsstrom verfolgen, der von der alten Atlantis durch Europa bis nach Asien hinübergegangen ist, finden wir im alten indischen Volke den vorgeschobensten Posten, der nach seiner Vereinigung mit anderen Elementen die altindische Kultur gebildet hat. Wenn wir aber etwas weiter nach Norden, wenn wir zum Gebiete der Perser gehen, dann finden wir die urpersische Kultur, diejenige, die uns in späterer geschichtlicher

Zeit als Zarathustrakultur entgegentritt. Diese Zarathustrakultur zeigt uns bereits, wenn wir sie mit den Mitteln des übersinnlichen Schauens prüfen, jene Eigentümlichkeit, daß die Menschen mehr nach der Außenwelt schauten und den Schleier der Außenwelt zu durchdringen suchten, um so zur oberen geistigen Welt vorzuschreiten. Aus dieser Eigentümlichkeit des persischen Volkscharakters werden Sie es begreifen, daß der *Zarathustra*, der Führer dieser urpersischen Kultur, zunächst weniger Wert legte auf die innere mystische Versenkung, daß er sogar in einem gewissen Gegensatze stand zu dieser; daß er aber mehr den Blick lenkte in die äußere Sinneswelt; zunächst zur Sinnessonne hinauf, um die Menschen darauf aufmerksam zu machen, daß hinter der Sinnessonne etwas steht wie eine geistige Sonnenwesenheit, daß hinter ihr steht Ahura Mazdao. Da haben Sie bereits vollständig ausgeprägt den Weg, den die Eingeweihten der nördlichen Völker machten. Und gerade in der altpersischen Kultur unter der Führung des ältesten Zarathustra bildete sich die höchste Form dieser Anschauung der geistigen Welt nach außen hin. Unvollkommener wurde diese Form des äußeren Anschauens um so mehr, je weiter die Völker sozusagen zurückgeblieben waren hinter den alten Persern*, die bis nach Vorderasien vorgedrungen waren. Es waren hinter den Urpersern andere Völkerschaften in Asien und Europa zurückgeblieben. Alle diese Völkerschaften hatten aber die Eigentümlichkeit, daß ihr Blick mehr nach außen gerichtet war. Alle Eingeweihten dieser Völkerschaften wählten den Weg, ihre Angehörigen auf die geistige Welt, die hinter dem Schleier der Sinnenwelt liegt, zu weisen. Innerhalb Europas haben wir noch, wenn wir mit den Mitteln der geistigen Forschung prüfen, in jener wunderbaren Kultur, die sozusagen auf dem Grunde aller anderen europäischen Kulturen lag, in der keltischen Kultur, die Überbleibsel alles dessen, was durch das Zusammenwirken von Volksgemüt und Eingeweihtenforschung entstanden ist; dasjenige, was zum großen Teil heute verloren ist und nur noch für den, der die Wege kennt, um zu suchen durch Geistesschau, aus der äußeren Sinneswelt noch einigermaßen zu enträtseln ist. Alles das, was wir altkeltisches Element nennen können – wo es uns auch

* Es sind hier nicht die geschichtlichen Perser gemeint, sondern uralte vorgeschichtliche Völkerschaften in dem Gebiet, das später das persische wurde.

immer herausleuchtet als der Grundboden der anderen europäischen Kulturen –, alles das sind Nachklänge noch älterer Kulturen Europas, die in einer gewissen Weise zurückgeblieben waren hinter der großen, erhabenen Zarathustrakultur, die aber im Grunde genommen denselben Weg gingen je nach dem Charakter der Völker. Die Völker waren in gewisser Weise so verteilt worden, daß sie je nach der äußeren Ausbreitung in verschiedener Weise den Weg zum Geistigen gehen konnten. Je nach den verschiedenen Orten, auf denen diese Völker wohnten, gingen sie diesen Weg in einer mehr oder weniger vollkommenen Art.

Nun müssen Sie sich klarmachen, daß der Verkehr, den der Mensch pflegt mit der Außenwelt, sei sie die geistige, sei sie die sinnliche Außenwelt, für ihn selber eine Wirkung hat; daß die Erlebnisse nicht etwas sind, was sozusagen wie ein Weltspiegel da ist, nur damit der Mensch etwas erfährt, sondern, was in solcher Art geschieht, ist dazu da, daß der Mensch in einer ganz bestimmten Weise in seiner Entwickelung vorwärtskommt. Was ist denn eigentlich der Mensch einer gewissen Zeit? Er ist dasjenige, wozu ihn die Weltenkräfte, die in seiner Umgebung leben, organisieren. Wir sind ein Ergebnis dessen, was die Weltenkräfte aus uns geformt haben. Je nachdem diese Weltenkräfte in uns eindringen, werden wir gebildet. Derjenige, welcher gesunde Luft einatmet, bildet nicht nur seine Organe in der entsprechenden Weise aus, sondern auch derjenige, welcher diese oder jene Art des geistigen Lebens aufnimmt, bildet seinen geistigen Organismus, und, weil der körperliche Organismus nur die Wirkung des geistigen ist, auch den körperlichen in entsprechender Weise aus. Der Mensch entwickelt sich fortwährend. Daher werden Sie es begreiflich finden, daß bei all den Völkerschaften dieser nordischen Strömung, weil vorzugsweise in sie die Kräfte der Außenwelt einströmten, vorzugsweise auch die äußeren körperlichen Eigenschaften zur Entfaltung kamen, alles das, was den Menschen von außen bilden kann. Es wurde durch die äußeren Kräfte das entwickelt, was man am Menschen auch äußerlich sehen und wirksam empfinden konnte. Sie finden daher nicht nur die kriegerischen Eigenschaften bei diesen Völkern ausgebildet, sondern auch ein immer vollkommener und vollkommener werdendes Instrument, um die Außenwelt zu durchdringen; das Gehirn selbst wird immer vollkommener unter der Einwirkung der äußeren Kräfte. Daher sind in den Menschen dieses Völkerstromes die Keime zum Begreifen der äußeren Welt vorhanden. Nur aus diesem Völkerstrom konnte das hervorgehen im Geistesleben, was endlich zur Beherrschung der äußeren Naturkräfte und Naturmächte führte. Man möchte sagen, diese Völkermassen legten den Hauptwert darauf, das äußere Instrument des Menschen, dasjenige, was man von ihm nach außen hin sehen kann, immer vollkommener zu machen, nicht nur physisch, sondern auch intellektuell, moralisch und ästhetisch. Immer mehr und mehr wurde vom Geiste hineingegossen in die äußere Körperlichkeit. Die physische Körperlichkeit wurde vollkommener und vollkommener gemacht, so daß die einzelne Seele, wenn sie von einer Inkarnation zur anderen lebte, bei der nächstfolgenden Verkörperung in der Regel eine bessere Körperlichkeit, vor allen Dingen nicht nur im physischen Sinne, sondern auch im moralischen Sinne finden konnte. Dasjenige also, was den Menschen nach außen hin vergeistigt, was seinen physischen Leib vergeistigt, das konnte unter solchen Einflüssen insbesondere zur Entwickelung kommen.

Fragen wir uns jetzt, was insbesondere bei denjenigen Völkern, welche den anderen Weg einschlugen, zur Entwickelung kommen mußte, so werden Sie sich sagen: Bei ihnen mußte die Verfeinerung des Seelenlebens zur Entfaltung kommen. Versuchen Sie daher aufzusuchen den Begriff des Gewissens in alten Zeiten bei jenen Völkermassen, die ich Ihnen eben charakterisiert habe, die sozusagen die äußere Leiblichkeit vergeistigten. Sie finden bei ihnen den Begriff des Gewissens nicht. Er taucht auf bei den Völkern, welche den südlichen Weg gegangen sind. Bei ihnen tauchen die feineren Erlebnisse der Seele auf; da wird das innere Seelenleben mit Begriffen und Ideen bereichert, so daß es sich endlich zu jenem Reichtume entwickeln konnte, der heute noch so angestaunt wird, zu der alten, geheimnisvollen hermetischen Wissenschaft der alten Ägypter. Die von allen Kennern dieser Dinge so sehr verehrte Weisheit der Ägypter konnte sich nur entwickeln, weil innerhalb dieses Völkerstromes das innere Seelenleben zur Entwickelung kam. All die Künste, die Weisheit, welche von innen heraus den Menschen einentwickelt werden mußten, all die kamen bei dieser Strömung der Menschheitsentwickelung zum Vorschein. So sehen wir, daß innerhalb dieses Menschenstromes ein geringerer Wert darauf gelegt wird, die äußere Körperlichkeit zu vergeistigen, dagegen ein um so höherer Wert darauf, die inneren Kräfte der Seele zu vergeistigen, immer feiner und feiner auszubilden.

Sehen Sie sich einmal die griechische Plastik an! Wenn sie darstellen wollte den durchgeistigten, veredelten physischen Leib, dann stellte sie den Angehörigen von Völkermassen der nördlichen Strömung dar. All die Gestalten des Zeus, der Aphrodite, der Pallas Athene sind in ihrer äußeren Konfiguration der Rassentypus der nördlichen Völkermassen. Da, wo hingewiesen werden sollte auf die innere Entwickelung des Seelenlebens, hatte man das Bedürfnis zu zeigen, daß die Kräfte, die sich entwickeln, unsichtbar in der Seele sich entwickeln; da stellte man eine solche Figur hin wie den Hermes, den Merkur. Er ist anders gestaltet wie die anderen Götter; er ist so gestaltet wie die afrikanischen Völker gestaltet sind. Ganz andere Ohren, anderen Haarcharakter, geschlitzte Augen statt der nordischen Augen. Dafür wußte man, daß in diesem Menschheitstypus der Träger gegeben ist der Wissenschaftlichkeit, der Weisheit, alles dessen, was auf die Seele des Menschen wirkt. Das verband man mit dem Begriff des Boten zu der unteren Götterwelt, mit Hermes oder Merkur.

Man kann den Unterschied der beiden Völkerströmungen in der Weise charakterisieren, daß man sagt: die nördliche Völkerströmung arbeitet darauf hin, einen äußeren Menschen hinzustellen, der in seiner äußeren Leiblichkeit den Geist wie im Abbilde darlebt; der anderen Völkerströmung kam es darauf an, die unsichtbar sich zeigende Seele, dasjenige also, was nur, wenn man den Blick nach innen wendet, empfindbar wird, auszugestalten. So schuf die nördliche Völkerströmung das Ebenbild der Gottheit im Menschen, wie es äußerlich erscheint; es schuf die südliche Völkerströmung das seelische Ebenbild der Gottheit, das unsichtbar im Inneren wirkende und webende Seelenebenbild der Gottheit. Getrennt zunächst, wie die männliche und weibliche Befruchtungssubstanz der Pflanze, entwickeln sich diese beiden Völkerströmungen; der eine Völkerstrom, so weit er gehen konnte zur Verinnerlichung, der andere, so weit er gehen konnte zum Ausdruck des Geistigen im

Äußeren. Und dann, als der richtige Zeitpunkt gekommen war, mußten sich diese beiden Völkerströmungen gegenseitig befruchten. Wir mögen den einen oder den anderen Völkerstrom in Betracht ziehen, wir werden überall auch in dem, was uns äußerlich, geschichtlich entgegentritt, dasjenige bestätigt finden, was eben gesagt worden ist.

So blieben die Götter der südlichen Völkerschaften mehr oder weniger unsichtbare Götter, denen man sich im eigenen Innern verband, Götter, vor denen man in gewisser Beziehung Furcht und Schrecken haben konnte, vor denen man in anderer Beziehung aber wiederum so dastehen konnte, daß man mit einer gewissen menschlichen Zuversicht zu ihnen emporblickte. Es ist ja angedeutet worden, daß man diese Götter der Innenwelt sieht, wie man selbst ist. Ist man selbst moralisch gestaltet, bringt man moralische Seelenqualitäten der inneren Götterwelt entgegen, dann zeigen sich diese Götter in einem wahren Bilde; es fließt ihr Wesen in den Menschen ein; er fühlt sich von ihnen innerlich erleuchtet, innerlich verklärt. Ist man selbst unmoralisch, ist man mit schlechten, unwahren, häßlichen Vorstellungen begabt, dann verzerrt sich das Bild dieser Götterwelt, dann erscheint sie in furchtbaren, dämonischen Gestalten, so wie das schönste Gesicht verzerrt und karikaturenhaft aussehen kann, wenn man es in einem Spiegel betrachtet, der wie eine Gartenkugel ist. Es konnten, wenn sie den im Innern erschauten Göttern gegenübertraten, die Menschen die Empfindung haben: Oh, das sind unsere guten Freunde, unsere intimsten geistigen Genossen, das sind diejenigen, zu denen wir aufblicken, und die uns die Kräfte hineingießen in das intimste Innere unseres Seelenlebens; das ist etwas, was im Innersten zu uns gehört. – Und erleuchtet und gestärkt und verklärt konnte sich der Mensch fühlen durch diese göttlichen Wesenheiten. Er konnte aber auch, wenn er durch seine eigenen Qualitäten hindurch in Zerrbildern sie erschaute, mit Schaudern und Schrecken auf sie blicken; sie konnten ihn quälen, verfolgen, in die wüstesten Ausschreitungen des Lebens hineinjagen, weil sie sich eben im Zerrbild seiner niederen Leidenschaften zeigten. Daraus können Sie ermessen, wie man darauf gesehen hat, daß kein Mensch in unvorbereitetem Zustande gerade diesen Göttern gegenübertrat, sondern man stellte da, wo man dem Menschen den Zugang zur geistigen Welt eröffnete, im strengsten Sinne die Anforderung einer erst vor sich gehenden seelisch-moralischen Vervollkommnung, einer außerordentlich guten Vorbereitung; und man wurde nicht müde, zu warnen davor, in dem Zustande einer schwachen Seele den Göttern gegenüberzutreten.

Wenn wir nun diese geistige Welt, die wir auf diesem Wege zunächst bei den Völkern des südlichen Völkerstromes gefunden sehen, überblicken, wenn wir sie ihrem ganzen Charakter sozusagen nach ihren Herrschern charakterisieren wollen, dann nennen wir sie, weil sie diejenige göttlich-geistige Welt ist, welche den Menschen innerlich erleuchtet mit jenem Lichte, das äußerlich nicht sichtbar werden kann, mit jenem Lichte, das er sich durch eigene Vervollkommnung erkämpfen muß, die Welt des Luzifer, die Welt des Lichtträgers. Dieser südliche Völkerstrom fand die Welt des Luzifer auf diesem Wege.

Der andere Völkerstrom, der führte dazu, den äußeren Menschen, den Menschen, der da lebt zwischen Geburt und Tod in sinnlicher Verkörperung, dahin zu bringen, ein möglichst treues Abbild der Gottheit zu sein in bezug auf die äußere Gestalt. Was konnte auf diesem Gebiete das Ideal nur sein der Volksentwickelung? Dieses Ideal konnte nur sein, eben ein Höchstes in dieser Art zu schaffen, konnte nur sein, alles dasjenige zu tun, was wenigstens einmal auf der Erde einen so vollkommenen, einen so durchgeistigten äußeren Leib hervorbrachte, daß er imstande war nicht nur ein Ebenbild der Gottheit zu werden, sondern daß er aufnehmen konnte diese Gottheit selber. Mit anderen Worten: Es mußte das Ideal in diesem anderen Völkerstrom dieses sein, eine Menschenindividualität zu veranlassen, sich so weit zu vervollkommnen, zu vergeistigen, zu veredeln in bezug auf alles das, was der Mensch zwischen Geburt und Tod hat, daß dieser äußere Leib ein edles Gefäß sei zur Aufnahme des höchsten Geistigen. Und demjenigen, der in der vollkommensten Art hingewiesen hat auf die geistige Welt, die hinter dem Schleier des Sinnenteppichs steht, Zarathustra*, dem

* Mit «Zarathustra» ist hier natürlich nicht die bekannte geschichtliche Gestalt, sondern ein alter vorgeschichtlicher Vorfahr gemeint. Es wird dabei der Gedanke zugrunde gelegt, daß sich die Nachfahren einer großen Individualität durch lange Zeiten deren Namen beilegten. So war es nämlich Sitte in alten Zeiten.

ging auch zunächst der große Gedanke auf: Es muß eine äußerliche Körperlichkeit geschaffen werden durch eine solche moralische, intellektuelle und spirituelle Kraft, daß diese Körperlichkeit so vergeistigt ist, wie sie nur vergeistigt sein kann. Weil dem Zarathustra dieser Gedanke zuerst aufgegangen ist, deshalb sorgte er dafür, sich so zu vervollkommnen von Inkarnation zu Inkarnation, daß mit jeder Inkarnation er in einem edleren, moralischeren, ästhetischeren, intellektuelleren Leibe wohnte. So sehen wir die Individualität, die als Zarathustra zuerst auftritt im alten Persien, an sich so arbeiten, daß sie in immer edleren physischen Leiblichkeiten erscheint, bis sie so weit ist, daß sie diese Veredlung der physischen Leiblichkeit so weit gebracht hat, daß in dem Leibe das edle Gefäß gegeben war, das nicht nur war ein Abbild der göttlich-geistigen Welt, sondern in das sich hineinsenkte die Gottheit, die man sonst nur hinter dem Schleier der äußeren Sinnenwelt gesehen hat. Dasjenige, worauf der alte Zarathustra gewiesen hat als die Welt der Sonnengeister, die hinter der physischen Sonne stehen, worauf er hingewiesen hat als auf den verborgenen Geist des Guten, den Ahura Mazdao, das sollte eine Stätte finden, indem es sich immer mehr und mehr näherte der Erde, in der es als in einer vollkommenen, vergeistigten Leiblichkeit wohnen konnte. So erschien der Zarathustra in einer seiner Verkörperungen im Leibe des Jesus von Nazareth; und der Leib des Jesus von Nazareth war so weit durchgeistigt, so weit veredelt, daß er in seine äußere Leiblichkeit hinein diejenige Geistigkeit nehmen konnte, die man sonst hinter dem Schleier der Sinnenwelt fand. Diese Geistigkeit konnte sich in diesen Leib hineinergießen*. Den Menschenleib, den man gerade in der nördlichen Völkerströmung immer gepflegt hat durch die Richtung des Blickes hinaus in die geistige Welt, hatte man dazu präpariert, selber zum Träger zu werden derjenigen Geistigkeit, die sich hinter der äußeren Sinneswelt verbirgt. So hatte man das große, gewaltige Ereignis vorbereitet, die geistige Welt, die hinter dem Schleier der Sinneswelt verborgen ist, die man nirgends sehen kann mit

* Man wird hieraus ersehen, wie es eine törichte Entstellung ist, wenn gesagt wird, der Sprecher des obigen Vortrags habe jemals den Christus mit dem Zarathustra identifiziert. Er hat dies ebensowenig getan, wie er ihn mit Buddha für eins erklärt hat.

dem gewöhnlichen Auge, die man nur sehen kann mit dem geistigen Auge, diese Geistigkeit in einem Leibe, in dem Leibe des Jesus von Nazareth durch drei Jahre auf der Erde zu haben. So bildete sich durch drei Jahre jene Geistigkeit als das Christus-Prinzip aus in dem zubereiteten Leib des Jesus von Nazareth.

So war in der nördlichen Völkerströmung nicht nur allein geschaut worden, was hinter der äußeren Sinneswelt stand, sondern es war vorbereitet worden die Möglichkeit, dieses Geistige auch hereinströmen zu lassen in die Erdenwelt, auf daß das, was man vorher nur hinter der Sonne sah, auch wandeln konnte durch drei Jahre innerhalb unserer Erdenmenschheit. So war der Luzifer sozusagen eingezogen in der südlichen Völkerströmung in die Menschheit, so war der Christus eingezogen in der nördlichen Völkerströmung, beide in Gemäßheit des Charakters dieser Völkerströmungen. Und wir leben in der Zeit, in welcher sich diese beiden Völkerströmungen miteinander verbinden müssen, wie die männlichen und weiblichen Befruchtungssubstanzen sich gegenseitig durchdringen müssen. Wir leben in der Zeit, wo der Christus, der von außen hereingezogen ist als eine objektive Wesenheit in den veredelten Körper des Jesus von Nazareth, verstanden werden muß dadurch, daß die Seele in sich selbst sich immer mehr und mehr versenkt und sich vereinigt mit der Welt des Geistigen, die im Innern gefunden werden kann, mit der Welt, die aus Luzifers Reich stammt. So wird die Befruchtung dieser beiden Völkerströmungen nach und nach geschehen. Sie hat bereits begonnen; sie hat begonnen in demjenigen Augenblicke, der uns dadurch angedeutet wird, daß uns gesagt wird, wie das Opferblut des Christus, das vom Kreuze floß, aufgesammelt wurde in der heiligen Schale des Gral; wie diese heilige Schale des Gral herübergebracht wurde nach dem Westen, vom Osten her, wo man sich vorbereitet hatte zu *verstehen* die Christus-Tat dadurch, daß man in einer ganz bestimmten Weise das Licht des Luzifer gepflegt hat. Und so wird immer mehr und mehr fortschreitend die Vereinigung dieser beiden Strömungen, die in der Menschheit selbst gegeben sind, vor sich gehen. Was auch die Menschen der Gegenwart machen wollen, es wird sich in der Zukunft zum Heile der Menschheit erfüllen, daß innerhalb der Kultur, in der zusammenfließen die eine und die andere Strömung, das große, die Welt- und Menschheitsentwickelung lenkende Christus-Wesen verstanden werden wird durch das Licht, das die Seele von innen empfängt aus dem Reiche des Luzifer*. Christus wird die Substanz, Luzifer wird die Form geben. Und aus dem, was die beiden miteinander werden, werden die Einschläge kommen, die sich in die Menschheits-Geistesentwickelung hineinsenken und alles das herbeiführen werden, was zum Heil und zum Segen der Menschheit die Zukunft bringen wird.

* Man wird – nach bisherigen Erfahrungen kann dies gesagt werden – aus der obigen Stelle das Mißurteil prägen: ich sehe in der menschlichen Seele eine Verbindung des Christus mit Luzifer. Wenn man dabei *unterschieben* wird, was man sich selbst unter Luzifer vorstellt, so wird dieses Mißurteil eine Verlogenheit darstellen. Nur, wenn man auf die Luziferkraft, die im Sinne dieser Vorträge von mir selbst gemeint ist, sich bezieht, wird man das Richtige treffen, damit aber auch keinen Anlaß zur Verdächtigung haben.

SECHSTER VORTRAG

München, 28. August 1909

Von zwei Geistesströmungen, getragen von verschiedenen Völkern, die sich von der alten Atlantis nach dem Osten bewegt haben, ist gestern gesprochen worden. Wie sie sich in verschiedenartiger Weise entwickelt und dadurch sich vorbereitet haben, das hervorzubringen, was dann in späteren Zeiten geschehen sollte; wie insbesondere bei dem südlichen Völkerzuge die Vertiefung stattfand nach jener geistigen Welt, die hinter der Seelenwelt des Menschen liegt; wie bei der anderen Geistesströmung der Blick hinausgerichtet wurde in die Umgebung des Menschen auf der Erde, um die hinter dem Teppich der Sinnenwelt verborgene geistige Welt zu erkennen. Es ist davon gesprochen worden, wie sich bei dem südlichen Völkerzuge gerade jene Eigenschaften ausgebildet haben, die hinaufführten zu jenen geistigen Wesenheiten, die dem luziferischen Prinzipe angehören; wie dann von der anderen Seite, man könnte sagen die königliche, regierende geistige Wesenheit, die hinter der Sonnenwelt stand, sich immer mehr und mehr der Erde näherte, um endlich in einem physischen Leibe verkörpert aufzutreten als eine Individualität, die durch Inkarnationen hindurch diesen physischen Leib so vergeistigt hatte, daß das Göttliche nicht nur darinnen ein Ebenbild hatte, sondern sich selbst darin verkörpern konnte. Das war das große Ereignis, das man nennen kann die Verkörperung des Christus, des Sonnengeistes, in dem Leibe des Jesus von Nazareth, der sich entwickelt hat in der charakterisierten nördlichen Völkerströmung. Aufmerksam ist ferner darauf gemacht worden, daß, während diese zwei Völkerströmungen sich förmlich gegeneinander bewegten, um sich dann aber gegenseitig zu befruchten, in der ersten Zeit nach der großen atlantischen Katastrophe im Süden von Asien das indische Volk erstand, welches in gewisser Weise darstellt die Menschenseele, die sowohl hinausblicken kann in die äußere sinnliche Welt, wie auch hineinschauen in sich selbst, um das Geistige zu finden, die von vornherein die Einheit empfand des Geistes draußen in der Welt und des Geistes drinnen im

Menschen. Will man noch genauer charakterisieren, wie sich diese verschiedenen Anschauungen und Empfindungen zueinander verhielten, sowohl der Völker wie der Eingeweihten, so kann man das durch folgendes tun.

Man kann sich vergegenwärtigen, wie die uralt-indische Seele empfand, wenn sie hinausblickte in die Sinnenwelt der Erde, in das, was auf der Erde ist an Bergen, an Wäldern, an Pflanzenteppich, an Tier- und Menschenwelt und so weiter. Blickte da die Seele des alten Inders hinaus, sie, die in so hohem Grade noch geistig schauend war, so blickte sie durch alles das durch auf eine geistige Welt, deren Wesenheiten ihr erschienen wie Äthergestalten, die nicht bis zur Verdichtung des physischen Lebens heruntersteigen. Draußen, wo man die Berge, die Bäume, die Sterne sah, da waren nicht nur die dichten Elemente, sondern auch das feinere Ätherische, und man sah das alles gestaltet zu der äußeren Götterwelt. Man soll sich natürlich nicht vorstellen, daß diese Geister etwa nur aus Äther bestanden, sondern wie der Mensch seinen physischen Leib hat und darinnen das Äther-, das Astral- und das Ich-Prinzip, so hatten diese Geister nach unten nicht den physischen Leib als den dichtesten, sondern sie hatten den Ätherleib als unterstes Glied und die anderen höheren Prinzipien nach den höheren Welten hinauf. In diese Welt hinein schaute also die indische Seele. Wie empfand sie, wenn sie so hineinschaute? Wie lud sich auf die Seele ab die Grundempfindung gegenüber all dieser Welt? Diese Empfindung kann man in der folgenden Art charakterisieren. Der Inder empfand: Ich stehe hier auf der Erde; ich als Mensch habe mich entwickelt durch lange, lange Zeiträume hindurch von dem ersten menschlichen Wesenskeim des alten Saturn bis herein zur Erdenzeit. Ich mußte in die dichte physische Materie heruntersteigen, um innerhalb dieser mir das Selbstbewußtsein zu erobern. Indem ich zu mir selber spreche, spreche ich von mir als einer Ich-Wesenheit. Ich war ein Genosse all der geistigen Wesenheiten, die da um mich herum sichtbar sind für den schauenden Blick von der ätherischen Welt aufwärts. Aus denen bin ich herausgewachsen nach unten und habe mich entsprechend verdichtet. Es finden sich alle, alle Vollkommenheiten der Menschen in diesen Welten, in die ich da hineinblicke; und nicht nur die, welche die Menschen haben; es finden sich dort auch Vollkommenheiten und Eigenschaften, welche die Menschen sich erst erringen müssen. Aber eines kann keine Wesenheit sich erringen, die nicht heruntersteigt zum physischen Plan. Es gibt ja noch andere hohe Vollkommenheiten im Weltenall, als die Erinnerung gerade eines menschlichen Bewußtseins; es gibt andere Arten des Bewußtseins. Um aber jene Eigenartigkeit des Bewußtseins zu entwickeln, die der Mensch auf der Erde entwickelt, dazu muß ein Wesen auf diese Erde heruntersteigen und durch eine Anzahl von Inkarnationen in dichter Materie verkörpert werden. Mögen daher, so sagte sich das indische Bewußtsein, diese geistigen Wesenheiten, in deren Welt ich hineinschaue, unendlich höhere Vollkommenheiten haben als die Menschen, die auf der Erde stehen: eines haben sie nicht in ihrer Welt, denn dazu war die Erdenwelt da, um es einer Wesensart, dem Menschen zu geben; eines haben sie nicht: das menschliche Ich-Bewußtsein. So zu sich «Ich» zu sagen, wie es der Mensch tut, das ist nicht heimisch in diesen Welten, in die ich da hineinsehe. Ich bin selbst aus dieser Welt heraus; es lebt alles, was in dieser geistigen Welt da draußen lebt, auch in mir, nur summiert es sich in mir zu meinem menschlichen Ich-Bewußtsein. Daher hat es keinen Sinn, zu sagen: Da draußen in der geistigen Welt sei ein menschliches Ich-Bewußtsein. Das Wort Ich im menschlichen Sinne anzuwenden auf das, was da in diesen Welten ist, das hat keine Bedeutung, keinen Inhalt. Es kann nur ein Wort, welches ausschließt dieses Ich, angewendet werden auf all das, was sich geistig ausbreitet in der Umwelt, ein Wort, das von diesem Ich nicht berührt wird, welches man so gebraucht, daß man sagen kann: In dieser Welt ist alles, was in mir ist, aber ich darf das, was da draußen ist, nicht mit meinem Ich bezeichnen; ich muß es mit einem Wort bezeichnen, welches das Ich ausschließt.

Und das indische Bewußtsein nannte das, was da draußen sich ausbreitet, das «Tat», das «Das», im Gegensatz zum «Ich». Und um auszudrücken, daß der Mensch von derselben Wesensart ist, wie dieses «Tat», wie dieses «Jenes», wie dieses «Es» – daß er nur durch sein Heruntersteigen auf die Erde sich bis zum Ich entwickelt hat –, sprach er dieses Urteil aus: Ich bin dieses «Tat» – Du bist es. Das da draußen, das bist du selbst. – So hat der Mensch seine Beziehung zur geistigen Umwelt, zu dieser schauenden Durchdringung unserer Welt im höchsten Sinne zusammengefaßt in die Worte: Es ist, aber das da draußen, das bist du selbst.

Aber es wußte diese alte indische Seele zu gleicher Zeit, daß dieselbe Wesenheit, die sich draußen ausbreitet, und die sie als «Tat» bezeichnete, auffindbar ist, wenn man in das eigene Innere hineinschaut, daß sie nur das eine Mal von außen, das andere Mal durch das Innere erscheint. Steige ich also in meine Seele hinunter, so finde ich dieselbe ursprungsgeistige Wesenheit, die ich draußen als «Tat» bezeichne. Dann aber stelle ich mich zu dem, was da drinnen in mir lebt als mein Urgrund, der verschleiert wird durch das physische Seelenleben, in richtige Beziehung, wenn ich das Urteil jetzt anders ausspreche, wenn ich sage statt: Das bist du selbst – Ich bin Brahman, Ich bin das All. – Und die beiden Urteile: Das Es bin Ich und Ich bin das All sagten im Grunde genommen, wenn man sie zusammenstellte: Schaue ich hinaus in die Welt des «Tat», so finde ich eine geistige Welt; tauche ich unter in mein eigenes Seelenerlebnis, so finde ich eine geistige Welt; und die beiden sind eins. – Das war die Grundempfindung in der ersten Epoche der nachatlantischen Geisteskultur. Ganz einheitlich empfand man die beiden Geisteswelten.

Dieses ist das eine; das andere aber entwickelte sich an einem anderen Orte. Im alten Indien bildeten sich auf der einen Seite die Empfindungen von der Einheitlichkeit des Äußeren und des Inneren in der Grundstimmung der Seele; und man muß vermuten, daß das andere Extrem darin bestehen wird, daß sich der Blick nach außen wendet, daß er durchblickt durch den Teppich der Sinnenwelt, hinblickt auf das, was als geistige Welt dahinter verborgen liegt. Und so ist es wirklich bei dem Menschen eines anderen Volkes. Der sieht die äußere geistige Welt; er ist aber so veranlagt, daß er nicht von vornherein feststellen kann, daß diese äußere geistige Welt dieselbe ist wie die innere. Daher wird es nicht verwunderlich sein, wenn religiöse Anschauungen, philosophische Gedanken auftauchen, welche sich inbrünstig hinaufwenden zu den Göttern und Geistern jenseits der Sinnenwelt; wenn dem Volke mythische oder andere Bezeichnungen gegeben werden für solche göttlich-geistigen Wesenheiten, die da draußen sind hinter dem Teppich der Sinnenwelt; wenn dann in den entsprechenden Mysterien die Zöglinge hineingeführt werden in jene geistige Welt selbst, die hinter der Sinnenwelt ist. Und verwunderlich wird es auch nicht sein, wenn neben solchen Mysterien und solchen Volksgöttern etwas anderes noch da ist, wenn zu gleicher Zeit Mysterien da sind, welche die Menschen den Weg führen durch das innere Seelenleben, den Weg zu den Untergründen dieses inneren Seelenlebens. Und man findet in der Tat ein Kulturgebiet in der nachatlantischen Zeit, wo diese zwei Arten von Mysterien nebeneinander bestehen, wo auf der einen Seite der sogenannte apollinische Glaubenskreis und die apollinischen Mysterien und auf der anderen Seite der dionysische Glaubenskreis und die dionysischen Mysterien ausgebildet werden. Man findet diese Zweiteilung im alten Griechenland.

Da ist auf der einen Seite der Weg, der gewiesen wird sowohl dem Volke wie den Eingeweihten hinaus in die geistige Welt, zu dem, was hinter den Sinnen steht, zu dem, was zusammengefaßt wird zur geistigen Welt, die hinter der Sonne steht. So weit sie der Grieche erkennen kann, so weit bezeichnet er sie mit dem Namen der apollinischen Wesenheiten. Apollo, der Sonnengott, war der Repräsentant dieser göttlich-geistigen Wesenheiten, die hinter dem Teppich der Sinnenwelt stehen. Dann gab es eine Art von Mysterien, die den Weg wiesen durch das Seelenleben hindurch in die geistigen Grundtiefen dieses Seelenlebens, von denen gestern schon gesagt worden ist, daß sie der Mensch nur betreten soll bei sorgfältiger Vorbereitung und Reife. Daher war diese zweite Mysterienart mehr geschützt gegen Unreife als die apollinische. Und für die weiteren Volkskreise hatte man den apollinischen Götterkreis, während man die geistigen Wesenheiten, die auffindbar waren auf dem Wege durch das Innere, geradezu vorbehielt für diejenigen, die sich erst reif machten durch besondere intellektuelle und moralische Schulung ihres inneren Lebens. Diese zweite Art von Glaubenskreis und Mysterien faßte man zusammen unter dem Namen der dionysischen Mysterien, und die Wesenheit, die in der Mitte steht von alledem, ist Dionysos. Kein Wunder daher, daß man in Dionysos, dem in der Mitte dieses inneren Götterkreises stehenden Geiste, eine Wesenheit fand, welche der menschlichen Seele nahestand, die sozusagen etwas wie ein Mensch war, aber als ein Mensch empfunden wurde, der nicht heraufsteigt bis zur physischen Welt, sondern den man fand, wenn man von der physischen Welt nach abwärts stieg zu den Grundlagen des Seelenlebens. Hier hat man die eigentlichen tieferen Ursachen für die Zweiteilung des griechischen Geisteslebens in ein apollinisches und ein dionysisches. In der neueren Zeit trat an mancherlei Stellen die Ahnung davon auf, daß es so etwas in Griechenland gegeben hat. In den Kreisen um *Richard Wagner* ahnte man, daß es so etwas gegeben hat, wenn auch kein deutliches Bewußtsein davon da war, wo die geistigen Untergründe der Sache sind. Und *Friedrich Nietzsche* hat dann aus dem Kreise Wagners heraus sein erstes merkwürdiges, geniales Werk «Die Geburt der Tragödie aus dem Geiste der Musik» geradezu begründet auf dieser Zweiteilung des griechischen Geisteslebens in ein apollinisches und in ein dionysisches. Das alles waren Ahnungen von dem, was immer mehr und mehr erkannt werden kann durch geistige Vertiefung. Es ist an vielen Stellen heute wie das Lechzen des modernen Geistes nach solcher Vertiefung. Man hat überall die Ahnung: diese Vertiefung wird allein die Antwort geben auf das, wonach die Menschen so sehr lechzen. So sehen wir also, wie im alten Griechenland diese zwei sozusagen göttlich-geistigen Welten nebeneinander stehen. Da traten sie also in ihrem Nebeneinander auf. Im alten Indien traten sie in ihrem Miteinander, in ihrem gegenseitigen Durchdrungensein auf.

Und nunmehr blicken wir auf die Entwickelung selber. Wir sagten schon gestern, daß nur aus dem vorgeschobensten Posten der nördlichen Völkerströmung, aus der uraltpersischen Zarathustrakultur das Ideal hervorgehen konnte, einen Leib zu schaffen, in welchem sich die Wesenheit, die sich von außen herein der Menschheit und der Erde näherte, verkörpern konnte. Und der Zarathustra sorgt selbst dafür, daß er durch Inkarnation und Inkarnation durchging, um wiedergeboren zu werden in einem Leibe, der so durchgeistigt ist, daß er später den hohen Sonnengott in der vollen Form, in der Christus-Form in sich aufnehmen konnte. Zarathustra wurde ja als Jesus von Nazareth wiedergeboren, und er machte sich durch seine verschiedenen Inkarnationen reif, durch drei Jahre der Träger des Sonnengeistes zu sein. Wie also verhält sich nun etwa Apollo zu dem Christus? Diese Frage muß Ihnen ja sozusagen auf der Seele liegen. Wenn der Grieche den Namen Apollo aussprach, so wies er allerdings hin auf das Reich des Geistigen, das hinter der Sonne steht. Aber man macht einen gewissen Unterschied in der Auffassung einer Wesenheit oder Sache, je nachdem man dazu befähigt ist. Derjenige, der sich ein reicheres Leben in der Seele anerzogen hat, der ist auch fähig, die Dinge, die der andere auch sieht, in einer wahreren Gestalt zu sehen, so daß wir zu sagen haben, daß, wenn der Grieche das Wort Apollo aussprach, er zwar hinwies auf das Wesen, das sich später als Christus offenbaren sollte, daß er aber deshalb dieses Wesen doch nur in einer Art verschleierter Gestalt als Apollo empfunden hat. Es ist wie ein Kleid des Christus, das in seinen Formen ähnlich ist dem Wesen, das darinnensteckt, wenn wir Apollo und Christus sagen. Es mußte gleichsam erst Hülle um Hülle fallen von der Gestalt, die man sich als Apollo vor die Seele stellte, um den Christus für die Menschen begreiflich und anschaulich zu machen. So ist der Apollo zwar eine Hindeutung auf den Christus, aber er ist nicht der Christus selbst.

Was ist denn nun in einer gewissen Beziehung die eigentliche grundwesentlichste Eigenschaft des Christus für unseren Entwickelungszyklus? Wenn wir uns all die göttlich-geistigen Wesenheiten, die geistigen Entitäten anschauen, zu denen hinaufgeblickt haben als zu den oberen Göttern, die hinter dem Teppich der Sinnenwelt sind, die alten Menschen, die sie gesehen haben als die Herrscher und Gebieter der Weltengebiete und Weltenverrichtungen, so müssen wir von allen diesen Wesenheiten sagen: Es ist ihre Eigentümlichkeit, daß sie nicht hereindringen in Wahrheit bis zur physischen Welt; sie werden erst sichtbar dem schauenden Bewußtsein, das über die physische Welt hinausgeht, bis zum Sehen des Ätherischen. Dann wurde der Zeus, der Apollo, der Mars, alle diese Wesenheiten, die ja Wirklichkeiten sind, Wodan, Odin und Thor und so weiter sichtbar. Wir könnten aber auch sagen: Diese geistigen Wesenheiten, sie hatten nicht die Eigentümlichkeit herunterzusteigen bis zur physischen Welt, höchstens daß sie sich vorübergehend in irgendeiner physischen Verkörperung zeigten, was geistvoll in den Mythen angedeutet ist von augenblicklichen Vermenschlichungen oder sonstigem Gestalten des Zeus oder anderer, die heruntierstiegen zu den Menschen, um dieses oder jenes zu verrichten. Von einer dauernden physischen Verkörperung dieser geistigen Wesenheiten, die hinter der Sinneswelt stehen, dürfen wir aber nicht sprechen. Wir können also sagen: Apollo ist eine solche Gestalt, die nicht fähig ist, bis zur physischen Verkörperung herunterzusteigen. Dazu gehört mehr Macht, als sie Apollo hatte, dazu gehörte eben die Christus-Kraft. Der Christus hatte die Eigenschaften all der anderen Wesenheiten in der Welt draußen, alle die Eigenschaften, die sichtbar waren für das schauende Bewußtsein, und er hatte dazu noch die eine, zu durchbrechen jene Grenze, welche die Götterwelt von der Menschenwelt trennt, und hereinzusteigen in einen menschlichen Leib, Mensch zu werden in einem physischen Menschenleib, der dazu auf der Erde vorbereitet worden war. Diese Gabe hatte in der göttlich-geistigen Welt nur der Christus. Damit also war *eine* Wesenheit, wohlgemerkt *eine* Wesenheit der göttlich-geistigen Welt heruntergestiegen bis dahin, wo Wohnung genommen wird in einem menschlichen Leib innerhalb der Sinneswelt, wo als Mensch *gelebt wird unter anderen Menschen.* Das ist das große, gewaltige Christus-Ereignis. So müssen wir es auffassen. Während also alle Götter und Geister nur für das schauende Bewußtsein gefunden werden können über der physischen Welt, wird der Christus gefunden innerhalb dieser physischen Welt, trotzdem er von gleicher Art und Wesenheit ist wie die göttlich-geistigen Wesenheiten. Im Äußeren sind also nur auffindbar die anderen Götter; er ist der Eine, der zugleich im menschlichen Innern auflebt, der sozusagen die äußeren Götterwelten verläßt und einkehrt in das menschliche Innere. Damit war etwas sehr Bedeutsames geschehen in der Welt- und Menschheitsentwickelung. Hatte man einen Gott im Innern gesucht, da hatte man früher heruntersteigen müssen zu den unterirdischen Göttern, die hinter dem Schleier der Seelenerlebnisse verborgen sind; in dem Christus hat man einen solchen Gott, der im Äußeren gefunden werden kann *und* im Innern. Das ist das Wesentliche, was im vierten Zeitraum der nachatlantischen Zeit nach dem indischen, nach dem persischen und dem ägyptischen Zeitraum eingetreten ist. Was mehr im Abstrakten im alten Indien gedacht, geschaut worden ist, daß die göttlich-geistige Welt eine einheitliche ist, daß das «Tat» und Brahman, die von zwei Seiten der Seele ausströmen, eine Einheit sind, das wurde lebendiges Leben durch das Christus-Ereignis. Vorher konnte man sich sagen: Das Göttliche, das man auf dem Wege nach außen findet, und das Göttliche, das man auf dem Wege nach innen findet, sind eines. Jetzt konnte man sich sagen: Man steige nur herunter in das menschliche Innere. Wenn man an Christus teilhaftig ist, so findet man ein Wesen, das Apollo und Dionysos in *einer* Wesenheit ist.

Nun entsteht aber eine andere Frage. Wir haben gesehen, daß die geistigen Wesenheiten, die in der Außenwelt sind als göttlich-geistige, gleichsam vertreten werden für den Menschen durch die mächtigste ihrer Wesenheiten, durch den Christus, der als äußeres Wesen zugleich ein inneres Wesen wird. Wie ist es denn mit den anderen Wesenheiten, die wir gestern in einer gewissen Beziehung als luziferische Wesenheiten bezeichnet haben? Könnte man etwa auch sagen, daß die Wesenheiten, die also unter der Führung des Dionysos standen, sich ebenso in das menschliche Seelenleben hinein entwickeln, und etwa von der anderen Seite her sich irgendein Dionysos, eine luziferische Wesenheit, als Mensch verkörpert hat? Kann man dasselbe sagen? Nein, das kann man nicht sagen. Das ist eben die Erfahrung der geistigen Entwickelung, daß man von dieser Welt nicht dasselbe sagen kann. Und hier kommen wir an etwas, was ganz kernhaft und wesentlich mit aller Menschheits- und Weltenentwickelung zusammenhängt. Gingen wir in sehr, sehr alte Zeiten der Menschheits- und Weltenentwickelung zurück, dann fänden wir, daß die Seele nach außen blickt und daß sie die göttlich-geistige Welt draußen sieht; daß sie nach innen blickt und die göttlich-geistige Welt drinnen sieht; daß die Seele die apollinische Welt draußen, die dionysische Welt im eigenen Innern findet, mit griechischen Ausdrücken gesagt. Wenn man dann vorschreitet in der Menschheits- und Weltenentwickelung, dann sieht man ein anderes Resultat. Für die alleräItesten Zeiten, wo der weitaus überwiegende Teil der Menschen schauend war, war die Sache so, wie ich es eben dargestellt habe. Draußen sah man die oberen, drinnen die unteren Götter; und man hatte diese zwei Wege hinein in die geistige Welt. Wenn wir spätere Zeiten in Frage ziehen, dann haben wir eine Menschheit vor uns, die in bezug auf die schauenden Fähigkeiten schwächer geworden ist. Die Menschen haben immer mehr und mehr das ursprüngliche, alte, dumpfe, dämmerhafte Schauen verloren. Aber nehmen wir eine Zeit, in welcher wenig

Menschen noch ein natürliches Schauen hatten. Diese Menschen – wir brauchen da gar nicht weit zurückgehen, wir finden in der chaldäisch-ägyptischen Welt auch solche Menschen – sahen, wenn sie durch den Teppich der Sinnenwelt durchdrangen, die oberen Götter, und wenn sie in ihr eigenes Inneres hinabstiegen, die unteren Götter. Deutlicher und gewaltiger hatten diese Eindrücke diejenigen, die in einem gewissen Grad eingeweiht waren. Zu erwähnen ist, daß es zu allen Zeiten auch solche Eingeweihte gab, welche voll die Einheit der beiden Welten erkannten. Das sind aber die Spitzen der Menschheit.

Es gab also, sagen wir Jahrhunderte vor der Erscheinung des Christus auf der Erde Menschen, die noch das alte Schauen sich bewahrt hatten, und Eingeweihte, die auf dem einen Weg gehen und die oberen Götter finden konnten, und andere, die auf dem anderen Weg gehen und so die unteren Götter finden konnten. Dann aber kam eine Zeit, in welcher die Welt, die wir die der unteren Götter nennen konnten, immer mehr und mehr sich von dem Menschenleben zurückzog, in der sie selbst für einen im geringen Grade Eingeweihten schwer zu erreichen war – eine Zeit, in welcher aber verhältnismäßig leicht zu erreichen war bei geringem Grade von Einweihung dasjenige, was man die oberen, die hinter der äußeren Sinnenwelt liegenden Götter nennt. Nehmen Sie zum Beispiel einen in der alten jüdisch-hebräischen Welt Eingeweihten. Gerade in dieser Welt Eingeweihte, die konnten, wenn sie nicht in besonders hohem Grade eingeweiht waren, die Erfahrung machen, daß sie bei ihrem geringen Schauen hineinsahen in die Welt, in der ihnen Jahve nicht bloß ein Begriff, eine Vorstellung war, sondern eine ätherische Wirklichkeit, eine Wesenheit, die wie ein Mensch zu ihnen sprach für den schauenden Blick. Während also für das Volk Jahve eine Verkündigung war, etwas, wovon man nur sagte, daß es da ist, war er für den Eingeweihten eine Wirklichkeit. Dagegen wäre es für einen solchen in der alten hebräischen Welt Eingeweihten schwieriger geworden, dann etwas zu finden, wenn er in das eigene Seelenleben hinuntergetaucht wäre, wenn er das Gebiet der unteren Götter gesucht hätte. Da hätte er sich sagen müssen: Ja, da dringe ich nicht auf Grund; da finde ich überall mein seelisches Leben, ich kann nicht durch die dichte Kruste meines Seelenlebens zu den unteren Göttern hindurch. So also hatten sich die unteren Götter in ein gewisses unbekanntes Dunkel zurückgezogen. Es war die Zeit des Herabkommens des Christus auf die Erde, in welcher sich die luziferischen Geister bis zu einem gewissen Grad in die Dunkelheit zurückgezogen hatten. Und in der äußeren Menschheit konnte man in diesen Zeiten nur mehr hören: Es gibt Mysterien; diejenigen, welche in die Mysterien eingeweiht werden, die erlangen die Fähigkeit, durch die Kräfte des Seelenlebens durchzudringen in die dionysische Welt hinein. – Dunkel ahnte man etwas, was in den tiefen Geheimnissen der Mysterien von den Menschen erforscht werden kann. Aber es war eben nur etwas, wovon man andeutend sprach, wovon die wenigsten in der Zeit der Erwartung des Christus eine deutliche Vorstellung hatten. Viel deutlichere Vorstellungen hatten sie von den äußeren Göttern. Es gab viele Menschen, die noch ein lebendiges Erlebnis von diesen äußeren Göttern hatten. Nun schreitet aber die Menschheit vorwärts in der Entwickelung. Und welches ist das Ergebnis dieses Vorwärtsschreitens?

Es wird eine Geschichte geben für die äußere Menschheit, und es wird in die Zukunft hinein auch eine Geschichte geben für die Mysterien. Die äußere Menschheit wird ihre Geisteskultur verwandeln, immer mehr und mehr wird sich der Christus einleben in die äußere Menschheit. Aber auch in den Mysterien wird man die Natur und Wesenheit des Christus, den man heute kaum angefangen hat zu verstehen, erkennen. Der Gott also, der erblickt werden konnte zur Zarathustrazeit, wenn sich der Blick zur Sonne wendete und schauend wurde, und der herunterstieg auf die Erde, dieser Gott wird immer intimer und intimer ergriffen werden von der menschlichen Seele. Der Gott, der der Regent der äußeren Welt war, wird immer innerlicher werden. Der Christus schreitet so durch die Welt, daß er von einem kosmischen Gotte, der heruntergestiegen ist auf die Erde, ein mystischer Gott immer mehr und mehr wird, der von den Menschen in dem Inneren des Seelenlebens wird erlebt werden können. Daher konnte man zur Zeit, als Christus herunterstieg, das verwirklichen, was dann seine Jünger beschrieben, indem sie sagten: Wir haben unsere Hände in seine Wunden gelegt, haben selber sein Wort auf dem Berge gehört. – Man konnte sich auf etwas Äußeres berufen. Das war das Wesentliche, daß der

Christus äußerlich da war. Man hätte ihn dazumal innerlich mystisch nicht erleben können; seine Dionysosnatur hätte man nicht erfassen können; man mußte ihn als äußerlichen historischen Christus zunächst erleben. Das aber ist der Fortschritt in dem Christus-Bewußtsein der Menschheit, daß er immer tiefer in die Seele hineinsteigt, daß die Menschen immer mehr nach innen werden sehen können, daß sie immer mehr ihre eigenen Seelenerlebnisse im Innern mystisch durchleben werden und immer mehr zu dem äußerlichen Christus den Christus in der eigenen Seele, den mystischen Christus erleben werden. Man sehe, wie in dem sogenannten Mystizismus, der auftritt in der ersten Zeit der christlichen Entwickelung durch Dionysios den Areopagiten, der ein Freund und Schüler des Paulus war, wie da der Christus zunächst durch äußere okkulte Fähigkeiten erkannt wird. Und alle Beschreibungen dieser ersten christlichen okkulten Schule sind so gehalten, daß der Christus im wesentlichen nach jenen Eigenschaften beschrieben wird, die er entfaltet in den äußeren Welten, die durch den nach außen gerichteten instinktiv schauenden Blick erfahren werden konnten. Und man steige herauf einige Jahrhunderte in der Menschheitsentwickelung und sehe, was geworden ist. Man frage bei der mittelalterlichen mystischen Entwickelung an, bei jenem tief inneren Erleben eines Meister Eckart, eines Johannes Tauler und so weiter bis herauf zu unseren neueren Mystikern – da sind Menschen, die in ihr eigenes Innere hinunterblicken. Wie man in alten Zeiten in das Innere hineinblickte, um durch dieses Innere durchzuschauen und zum Dionysos zu dringen, so dringen die Neueren hinein, können wie der Meister Eckart sagen: Zwar ist der historische Christus eine Tatsache, zwar hat er sich entwickelt in der Geschichte, aber es gibt die Möglichkeit, in das eigene Innere zu steigen und da den inneren mystischen Christus zu finden. So entwickelt sich die menschliche Seele dazu, nicht nur in der Außenwelt, sondern im Innern die dionysische Natur des Christus zu finden, den mystischen Christus. Zuerst war der historische Christus da, dann haben durch das Werk des historischen Christus sich solche Wirkungen auf die menschliche Seele herausgebildet, daß ein mystischer Christus innerhalb der Menschheit möglich geworden ist. So können wir für die neuere Zeit auch sprechen von einem innerlichen mystischen Christus-Erleben; aber man muß die Sache so fassen, daß der Christus ein kosmischer war vor seinem Eintritt in die Erde. Hat man sich damals in das innere Seelenleben versenkt, dann hat man nicht den Christus gefunden, sondern den Dionysos. Heute findet man, wenn man in der entsprechenden Weise sich entwickelt hat, eine innere Christus-Wesenheit. Der Christus ist von einer außerseelischen Göttlichkeit zu einer innerseelischen Göttlichkeit geworden, die immer mehr die Menschenseele ergreifen wird, je mehr diese mit ihren Seelenerlebnissen diesem Christus sich nähern wird.

Hier haben Sie ein Beispiel, wie ein Umschwung geschieht mit dem, was als Prinzipien durch die Welt sich entwickelt. Wenn der heutige Mensch spricht, daß es einen mystischen Christus in seinem Innern gibt, dann sollte er nicht vergessen, daß alles in der Welt sich entwickelt hat und daß das mystische Bewußtsein kein solches ist, das gleich ist in allen Zeiten, sondern daß auch das geworden ist. Wenn die alten heiligen Rishis hinaufgeschaut haben in die geistigen Welten, dann haben sie von Karman gesprochen und haben dabei dieselbe Wesenheit, wie die späteren, als kosmische im Auge gehabt, die auch Zarathustra gemeint hat, als er von Ahura Mazdao sprach. Es war die Christus-Wesenheit. Heute ist sie als mystischer Christus auch im Innern zu finden. Daß er es ist, das ist die Tat des Christus selbst auf der Erde. So verhält sich der kosmische, der astronomische Christus zum mystischen Christus in Wahrheit. So also wurde der äußere Gott allmählich ein innerer.

Weil aber alles das, was in der äußeren physischen Welt geschieht, eine Wirkung ist des Geistigen, so stellt sich auch eine Wirkung dieser Verchristlichung der Seele für das andere Leben heraus. Zuerst wird sich diese Wirkung zeigen in den Mysterien und hat sich zum Teil schon gezeigt seit der Begründung der abendländischen Mysterienschulen des Rosenkreuzes. Wenn man durch die Schulung der alten Mysterien in die Seele hinein sich vertieft hatte und zu den unteren Göttern gestiegen ist, so hat man Dionysos gefunden, was nur ein anderer Name ist für die weite Welt der luziferischen Gottheiten. Aber auch das schauende Bewußtsein, wenn es nicht bis zu den höchsten Graden gestiegen ist, verschwand ins Dunkle, während der Christus in seiner Glorie der Erde sich näherte; es verschwand das luziferische Wesen. Nur den höchsten Eingeweihten war es noch möglich, hinunterzusteigen zu den luziferischen Göttern. Den anderen Menschen mußte man sagen: Wenn ihr ungereinigt und unreif hinuntersteigt, dann erscheinen euch diese luziferischen Wesenheiten nur als wilde Dämonen in ihren Zerrbildern, die euch in euren verwandelten Eigenschaften zu allem Schlimmen verleiten. Daher alle die schrecklichen Beschreibungen, die von diesem unterirdischen Reiche gegeben werden, daher die Furcht schon vor dem Namen des Luzifer in einer gewissen Zeit. Und weil sich alles vererbt für die Menschen, die nicht mit der Entwickelung fortschreiten, lebt diese Furcht noch heute bei denjenigen, die diese Empfindungen ererbt haben, die Furcht vor dem Namen Luzifer. Aber die Sache ist so, daß zuerst für den schauenden Menschen wieder die luziferische Welt auftaucht, nachdem eine Zeitlang das Christus-Prinzip die Seele durchchristet hat. Hat der Christus eine Weile in der Seele gewirkt, dann wird diese Seele dadurch, daß sie von der Christus-Substanz durchdrungen wird, durch ihre Christianisierung reif, wiederum hineinzudringen in das Reich der luziferischen Wesenheiten. Zuerst konnten das die Eingeweihten des Rosenkreuzes. Sie haben sich bemüht, den Christus in solcher Gestalt zu begreifen und zu schauen, daß er als mystischer Christus auch in ihre Seele eingedrungen ist, daß er in ihnen lebt, daß sie sozusagen stark sind durch diese Christus-Substanz in ihrem eigenen Innern, und daß Wehr und Waffe gegen alle Anfechtungen diese Christus-Substanz in ihnen ist. So wird diese Christus-Substanz in ihnen zu einem neuen Licht, das sie jetzt innerlich durchleuchtet, zu einem innerlichen astralischen Licht. Historisches Erleben des Christus in seiner Wahrheit durchleuchtet unsere Seelenerlebnisse so, daß wir fähig werden, nunmehr wiederum hineinzudringen in das luziferische Reich. Zuerst konnten das die Eingeweihten des Rosenkreuzes, und nach und nach werden diese Eingeweihten des Rosenkreuzes heraustragen das, was sie erleben können über das luziferische Prinzip, und werden jene große geistige Ehe über die Welt ausgießen, die darin besteht, daß der Christus, der sich als Substanz hineinergossen hat in die menschliche Seele, nunmehr begriffen wird mit denjenigen geistigen Fähigkeiten, die heranreifen durch das Einströmen des luziferischen Prinzips in einer neuen Weise in den Geist der einzelnen Menschen.

Betrachten wir zunächst einen Eingeweihten des Rosenkreuzes. Ein solcher Eingeweihter, der bereitet sich zunächst dadurch vor, daß er in seiner Seele Gefühle, Empfindungen, Gedanken hinlenkt zu der großen Zentralgestalt des Christus, daß er zunächst zum Beispiel das Johannes-Evangelium auf sich wirken läßt; jene monumentale, ungeheuer bedeutsame Gestalt, die uns von dem Christus im Johannes-Evangelium geschildert wird, auf seine Seele wirken läßt und sich dadurch veredelt und läutert. Denn es wird wirklich alles anders in unserer Seele, wenn diese hinblickt mit aller Verehrung auf die Gestalt, die das Johannes-Evangelium schildert. Wenn wir das in uns aufnehmen, was ausströmt von der Gestalt, die dieses Johannes-Evangelium schildert, dann wird unsere Seele durchchristet, dann lebt in uns der mystische Christus auf. Und wenn wir das durch andere Dokumente der christlichen Erziehung weiter beleben, so wird immer mehr und mehr unsere Seele durchströmt von der geistigen Substanz des Christus, läutert sich und reinigt sich in der Verchristianisierung hinauf in höhere Welten. Dadurch wird vorzugsweise unser Gemüt geläutert und gereinigt. Man lernt entweder in einer so universellen Weise empfinden den Christus, wie der Meister Eckart und Tauler es getan haben, oder man lernt ihn in einer so zarten Weise erleben wie Suso oder andere; man fühlt sich eins mit dem, was hereingeströmt ist aus den großen Himmelswelten durch das Christus-Ereignis auf unsere Erde. Dann macht man sich dadurch reif, als Eingeweihter des Rosenkreuzes schauend eingeführt zu werden in jene Welten, die in den alten Zeiten die dionysischen, die jetzt die luziferischen Welten genannt werden konnten. Was haben diese Einführungen in die luziferischen Welten für den heutigen Eingeweihten des Rosenkreuzes für eine Wirkung? Wird das Gemüt warm und von Enthusiasmus erfüllt für das Göttliche, wenn es verchristet wird, so werden auf der anderen Seite unsere anderen geistigen Fähigkeiten, durch welche wir die Welt verstehen und begreifen, erfassen und einsehen, durchleuchtet, durchströmt und durchkraftet von dem luziferischen Prinzip. So steigt der Eingeweihte des Rosenkreuzes zu dem luziferischen Prinzipe aufwärts. Indem er das tut, werden durch die Einweihung seine geistigen Fähigkeiten geschärft, ausgearbeitet, so daß er den Christus nicht nur mystisch in seiner Seele fühlen kann, sondern daß er ihn beschreiben kann, daß er erzählen kann, wie er ist, daß er ihn in Gedankenbilder, in geistige Bilder fassen kann, daß er in ihm nicht nur dunkel gefühlt und erlebt wird, sondern wie eine Gestalt der äußeren Welt, der äußeren Sinneswelt in konkreten Konturen vor ihm steht. Den Christus zu erleben als Seelensubstanz ist möglich dadurch, daß der Mensch den Blick hinlenkt auf die Christus-Gestalt, wie sie ihm aus den Evangelien entgegentritt. Den Christus beschreiben, verstehen, so wie man die anderen Erscheinungen und Erlebnisse der Welt versteht, und dadurch erst seine Größe, seine Bedeutung für die Welt, seine Ursächlichkeit für das Weltgeschehen einzusehen, ist nur möglich, wenn der christlich-mystische Eingeweihte weiter aufsteigt zur Erkenntnis der luziferischen Reiche. Luzifer gibt uns also innerhalb des Rosenkreuzes die Fähigkeit den Christus erst zu schildern, zu verstehen*.

Was Jahrhunderte haben tun können, das war, daß sie die Evangelien fortgepflanzt haben, daß sie das Wort, das aus den Evangelien strömt, wiedergegeben haben, daß sie die Herzen sich haben erwärmen lassen an diesen Evangelien, daß sie die Seelen durchglüht haben mit Wärme und Enthusiasmus, die von den Evangelien ausströmen. Heute stehen wir vor einer Menschheitsentwickelung, der es nimmermehr genügen kann, bloß die Evangelien in der alten Weise überliefert zu erhalten; heute verlangen die Menschen etwas anderes. Diejenigen, die dieses andere nicht wollen, die werden das Karma zu tragen haben des Sichsträubens gegen die Einführung des luziferischen Prinzips in die Evangelieninterpretation. Möge es noch zahlreiche Menschen geben unter uns, die sagen: Ach was, wir wollen die Evangelien als Christen hinnehmen, wir fühlen uns befriedigt von ihnen; aus den Evangelien spricht der Christus, aus den Evangelien spricht er auch dann, wenn wir sie so überliefert erhalten, wie es durch die Jahrhunderte herauf in der traditionellen Religion geschehen ist. Solche Menschen mögen

* Man kann sich denken, wie böser Wille oder Unverständnis nach dem gewöhnlichen Gebrauch des Wortes Luzifer (Lichtträger) das Dargestellte verleumdet; das kann nicht abhalten von dieser Darstellung. Wer unter Luzifer versteht, was hier gemeint ist, *muß* anders sehen.

glauben, daß sie Christen sind, sie mögen in ihrer Art immer wieder und wieder wiederholen: Bleibt uns mit eurer Geistes-Erkenntnis fern, wir haben den Christus in den Evangelien, wir wollen nichts wissen von eurer Arbeit, die ihr auf die Evangelien wendet. – Mögen sie es wiederholen, diese Menschen, mögen sie wähnen, daß sie gute Christen sind; sie sind in Wahrheit Feinde des Christus, sie sind diejenigen, die aus eigenem Egoismus heraus, weil sie sich noch befriedigt erklären können durch alles das, was in der traditionellen Evangelieninterpretation geboten wird, hinwegwischen das, was das volle Christentum zur Glorie in der Zukunft erst bringen wird. Diejenigen, die heute oft glauben, die besten Christen zu sein, sind die stärksten Ausrotter des wirklichen Christentums. Diejenigen verstehen heute die Entwickelung des Christentums, welche in ganz anderer Weise denken, welche aussprechen: Wir wollen nicht Egoisten sein und wollen sagen: es genügen uns die Evangelien, wir wollen nichts wissen von eurem Abstrakten! Es ist gar kein solches Abstraktes, wie es die Geisteswissenschaft bietet. – Diejenigen sind die wahren Christen, die da wissen, daß die Menschheit heute etwas anderes braucht als das Christentum der Egoisten, die da sagen: Wir wissen, daß die Welt nicht mehr bestehen kann mit der alten Überlieferung der Evangelien, wir wissen, daß in der Welt notwendig ist, daß das Licht aus Luzifers Gebiet falle auf die Evangelien. – Diese Menschen hören die Lehren, die herausdringen aus den Einweihungsstätten des Rosenkreuzes, wo man die geistigen Fähigkeiten geschärft hat durch das luziferische Prinzip, um immer tiefer in die Evangelien hineinzudringen. Und für diese Eingeweihten hat sich herausgestellt: In der Tat, die Evangelien haben eine so unendliche Tiefe, daß man durchaus nicht glauben darf, sie ausschöpfen zu können mit diesem oder jenem. – Aber heute ist schon die Zeit gekommen, wo die Rosenkreuzer ihre Lehre hinausströmen lassen müssen in die Welt, wo die Mysterien des Rosenkreuzes berufen sind, das was sie an Schärfung ihrer Geisteskräfte gewonnen haben aus der luziferischen Welt heraus, fallen zu lassen auf die Evangelien. Das ist abendländische Geistes-Erkenntnis, daß das Licht, welches hinausdringt, gewonnen werden kann aus Luzifers Gebiet, fallen gelassen werden kann auf die Evangelien. Geisteswissenschaft muß ein Instrument werden zur Interpretation der Evangelien; und das Große, das Gewaltige und Substantielle der Evangelien wird sichtbar werden, wenn das Licht aus Luzifers Reich auf dem Umwege, wie es gewonnen worden ist durch die Mysterien des Rosenkreuzes, auf diese Evangelien fällt. So gehört es zur geisteswissenschaftlichen Arbeit, einzuführen in die frohen Botschaften von der christlichen Wesenssubstanz, die durch die Welt geht; das Licht, das gewonnen wird aus Luzifers Gebiet auf dem Wege der Einweihung durch das Rosenkreuz, fallen zu lassen auf die Evangelien. So sehen wir, daß der Christus, der von einem Gott, der in der Außenwelt gelebt hat, zum mystischen Christus geworden ist, durch seine Veredlung der menschlichen Seele diese wieder hineingebracht hat in jenes Gebiet, das für eine Weile verschlossen bleiben mußte, das man genannt hat das dionysische in alten Zeiten, und welches wieder erobert wird in den Zeiten, denen die Menschheit in der Zukunft entgegengeht. Die Erklärung des Christus durch die an Luzifer gesteigerten und erleuchteten Geistesfähigkeiten, das ist das Innere, der Wesenskern der Geistesströmung, die im Abendlande erfließen muß. Und was ich gesagt habe, ist gegenüber der Zukunft die Sendung des Rosenkreuzes*.

Was also geschieht eigentlich in unserer Menschheitsentwickelung? Da geschah und geschieht dieses, daß Christus und Luzifer, der eine als kosmischer, der andere als innermenschlicher Gott, nebeneinander gingen in alten Zeiten, daß man den einen sozusagen in den oberen Regionen, den anderen in den unteren Regionen fand, daß dann die Welt weiterschritt und für eine Zeit ferne von der Erde den Dionysos, den Luzifer wußte; daß man dafür aber das Erlebnis hatte, daß der kosmische Christus immer mehr hineindringt in die Erde, immer mehr durchsetzt die Seele, daß jetzt aber Luzifer wiederum sichtbar, wiederum erkennbar wird. Die Wege, die diese beiden göttlich-geistigen Wesenheiten gegangen, sind so: Sie nähern sich von zwei verschiedenen Seiten der Erde; der Luzifer wird unsichtbar, indem er sich mit dem Christus kreuzt; er wird gleichsam als das andere Licht überstrahlt von dem Christus-Licht. Früher fand man Christus als kosmische Wesenheit,

* Man vergleiche die entsprechenden Ausführungen in meiner «Geheimwissenschaft».

den Luzifer als innermenschliche Wesenheit. Sie durchkreuzten ihren Weg. Der Christus zieht in die menschliche Seele ein, er wird zum planetarischen Erdengeiste, er wird immer mehr der mystische Christus in den Menschenseelen, er wird durch die inneren Erlebnisse vertieft und erkannt. Die Seele wird dadurch immer fähiger, wiederum zu schauen die andere Wesenheit, die den umgekehrten Weg gemacht hat, von dem Inneren in das Äußere hin. Der Luzifer wird aus einer innermenschlichen Wesenheit, einer rein irdischen Wesenheit, wo er gesucht worden ist in den Mysterien, die in das Unterreich führten, ein kosmischer Gott. Immer mehr wird er aufleuchten draußen in der Welt, die wir erblicken, wenn wir hindurchsehen durch den Teppich der Sinneswelt. Umgekehrt wird das Anschauen der Menschen. Hat man Luzifer gesehen hinter dem Schleier der inneren Seelenwelt, hat man den Christus gesehen, wie der Zarathustra, hinter der äußeren sinnlichen Welt, so wird man in der Zukunft den Christus immer mehr und mehr durch Versenkung und Verinnerlichung in das eigene Wesen erkennen können. Den Luzifer wird man finden, wenn man den Blick nach außen richtet in die kosmische Region.

So haben wir eine völlige Umkehr der menschlichen Erkenntnisverhältnisse im Laufe der menschlichen Entwickelung zu verzeichnen: der Christus ist geworden von einem kosmischen Gotte zu einem irdischen Gott, der die Seele der Erde ist in der Zukunft. Der Luzifer ist geworden von einem irdischen Gotte zu einem kosmischen Gott. Und will der Mensch in der Zukunft wiederum aufsteigen zu der äußeren geistigen Welt, die hinter dem Schleier der Sinneswelt verborgen ist, will er nicht bei dem stehenbleiben, was äußerlich, nur grobstofflich ist, dann muß er durch die Dinge der Sinneswelt hindurchdringen in die geistige Welt; er muß sich in das Licht tragen lassen durch den «Licht-Träger». Und keine Fähigkeiten, da einzudringen, werden dem Menschen erstehen, wenn er diese Fähigkeiten nicht schafft aus den Kräften, die uns zufließen von Luzifers Reich. Die Menschheit würde in Materialismus versinken, immerfort in dem Glauben verharren, daß alles nur äußere materielle Welt ist, wenn sie nicht aufstiege zur Inspiration durch das luziferische Prinzip. Ist das Christus-Prinzip dazu berufen, unser Inneres stärker und stärker zu machen, so ist das luziferische Prinzip dazu berufen, unsere Fähigkeiten, die eindringen sollten in die Welt in vollem Umfange, zu schärfen, auszubilden. Immer stärker und stärker für das Begreifen und Erkennen der Welt wird uns Luzifer machen, immer stärker und stärker im Innern wird uns Christus machen.

SIEBENTER VORTRAG

München, 29. August 1909

Aus dem, was in den beiden letzten Vorträgen hier gesagt worden ist, werden Sie entnehmen, daß es gewisse Tatsachen in der Entwickelung der Menschheit gibt, die im äußeren Leben kaum beachtet werden, durch deren Nichtbeachtung aber vieles mißverstanden wird, was in den geistigen Grundlagen dieser Entwickelung sich vollzieht. Sie können ja aus dem Schlusse des gestrigen Vortrages sehen, daß das, was man das mystische Christus-Erlebnis nennen kann, das Erlebnis, das der Mensch haben kann, wenn er durch Versenkung in sein Inneres seine Seelenerlebnisse durchdringt mit dem, was wir die Christus-Substanz genannt haben, nicht immer da war, sondern daß es sich entwickelt hat im Laufe der Zeit. Ja, man kann sehen, daß das historische Ereignis des Abstieges des Christus notwendig war als eine Voraussetzung für die Anwesenheit des mystischen Christus in der Seele, so daß man also nicht sagen darf, daß das mystische Christus-Erlebnis auch in der vorchristlichen Zeit für menschliche Seelen immer möglich gewesen wäre; ein Meister Eckart oder ähnliche Persönlichkeiten mit ihren inneren mystischen Erlebnissen sind nur in der christlichen Zeitrechnung möglich, vorher nicht. Ein abstraktes Denken wird von vornherein das gar nicht einsehen, nur ein konkretes, geistig-realistisches Denken, das auf die Tatsachen geht. Auch das, was über die Bezeichnungen der luziferischen Wesenheiten und der Christus-Wesenheit gesagt worden ist, ist nur verständlich, wenn man voraussetzt, daß eine zwar für die äußeren Sinne und den äußeren Verstand unwahrnehmbare, aber deshalb nicht minder radikale Veränderung der ganzen menschlichen Organisation sich vollzogen hat durch die Jahrtausende vor der Erscheinung des Christus und durch die Jahrhunderte nach dieser. Die Menschen haben sich seit der atlantischen Katastrophe wesentlich gewandelt. Und wenn im gegenwärtigen Menschheitszyklus alles für die äußere Lebenserfahrung darauf ankommt, daß der Mensch, wenn er in seine Inkarnation eintritt, durch die Instrumente, die ihm zur Verfügung stehen in den drei Hüllen, im physischen, ätherischen und astralischen Leib, die Welt wahrnimmt, so hängt es von den Veränderungen ab, welche die Organisation dieser Hüllen durchmacht, wie er die Welt in den aufeinanderfolgenden Zeitepochen wahrnimmt. Eine absolut wahre Anschauung für alle Zeiten gibt es nicht. Die Menschen können die Welt nur anschauen, wie es ihrer Organisation entsprechend ist.

Nun wollen wir uns einmal die radikalste Veränderung in der Menschennatur vor die Seele rücken, die sich zugetragen hat seit der atlantischen Katastrophe, durch die erste große Menschheitskultur in der nachatlantischen Zeit, durch das alte Indertum, und durch das Urpersertum hindurch, durch die chaldäisch-ägyptische, durch die griechisch-lateinische Kulturepoche bis in unsere Zeit herein. Sie wissen, daß vor der atlantischen Katastrophe der ganze Zusammenhang der einzelnen Glieder der Menschennatur ein anderer war als später. Das Zusammenwirken des Ätherleibes und des physischen Leibes war nicht so vor der großen atlantischen Katastrophe wie nachher. Der Ätherleib des Kopfes zum Beispiel war gegenüber dem physischen Kopfe mächtiger ausgebildet und loser mit diesem verbunden. Gerade darin drückt sich die Fortentwickelung aus, daß der Zusammenhang zwischen dem ätherischen Leib und dem physischen Leib immer intensiver wird und daß beide einander immer ähnlicher werden. Nun liegen alle Kräfte zur Organisation des physischen Leibes, zur Zusammenfügung und Harmonisierung der Glieder des physischen Leibes im Ätherleib. Man kann also sagen: In der atlantischen Menschheit war die Sache so, daß von einem Ätherleib, der ja außerhalb des physischen Leibes namentlich in bezug auf den Kopf gelegen hat, wie von außen hereinwirkten die Kräfte, die den physischen Leib konstruierten. Dann zogen sich diese Kräfte in den Raum des physischen Leibes hinein und wirken heute mehr im Innern belebend und erregend. Das aber hat sich erst herausgebildet. Ein langsames Hineinschlüpfen des Ätherleibes in den physischen Leib hat stattgefunden. – Und will man die alte indische Kultur verstehen, so muß man sich klar darüber sein, daß damals die Sache noch anders lag als während der chaldäisch-ägyptischen Zeit. In den Menschen aber der griechisch-lateinischen Zeit war schon eine vollständige Durchdringung des Ätherleibes und physischen Leibes erreicht, so daß für das schauende Bewußtsein auf keiner Stelle der menschlichen Organisation der Ätherleib weit hinausgereicht hätte über den physischen Leib.

Bei den Indern war das noch nicht der Fall. Da würde sich dem schauenden Blick überall gezeigt haben, wie noch der Ätherleib, namentlich in bezug auf den Kopf, herausragte über den physischen Leib. Daher kam es, daß der Angehörige des alten indischen Volkes die Welt anders sah als der Angehörige des ägyptischen. Der Angehörige des griechisch-lateinischen Volkes hat im wesentlichen schon so gesehen wie wir heute, er sah eben die Welt ausgebreitet als den Sinnenteppich der Farben, Töne, Formen und so weiter. Fein durchsetzt aber war diese ganze Welt, die da ausgebreitet ist in den heutigen sinnlichen Wahrnehmungen, für den indischen Geist der ältesten Zeit noch von dem, was man nennen könnte Nebelwolken ätherischer Natur, die sich aus allen Dingen heraus erheben, wie wenn alle Dinge brennen würden und ein feiner Nebelrauch aus jeder Form hervorströmte. Man schaute ein ätherisches Element, das über alle Dinge gelegt war wie feiner Tau oder Reif. Diese eigentümliche Art des Anschauens war damals die natürliche. Sie kann sich heute die Menschenseele nur erwerben durch geisteswissenschaftliche Übungen. Das ist der Sinn der Fortentwickelung der Menschheit durch die verschiedenen Kulturepochen, daß der ätherische Leib immer tiefer und tiefer hineinsteigt in den physischen Leib. Damit ändert sich das menschliche Anschauen, da dieses abhängt von der Art, wie der Ätherleib organisiert ist. Und dies wieder hängt damit zusammen, daß die luziferischen Wesenheiten von solcher Art, die sich innerirdisch und innerseelisch offenbart, aufsteigen zu kosmischen Daseinsstufen, und daß die Christus-Wesenheit, die vorher eine kosmische ist und heruntersteigt bis zur Inkarnation im Menschenleibe, nun eine solche wird, die sich innerirdisch und innerseelisch offenbart. Diese Durchdringung des apollinischen mit dem dionysischen Prinzipe, dieses gleichsam übereinander Hinwegschreiten der luziferischen und der Christus-Wesenheit war nur möglich geworden dadurch, daß die menschliche Organisation sich in dieser Weise geändert hat. Aber sie hat sich nicht nur geändert für die Beurteilung der Vergangenheit, sondern auch für die Vorbereitung der Zukunft. Wir leben jetzt in der Tat in dem Zeitalter, in dem die innigste Durchdringung zwischen dem Ätherleib und dem physischen Leib schon hinter uns liegt; wir leben jetzt schon wiederum in der umgekehrten Entwickelungsrichtung. Wir leben in einer Zeit, in der der Ätherleib langsam herausrückt aus dem physischen Leib. Das ist normale Menschheitsentwickelung in die Zukunft hinein, daß der Ätherleib nach und nach wiederum den physischen Leib verläßt; und Zeiten werden kommen, in denen sich die menschliche Organisation wiederum so anschauen wird, wie sie sich angesehen hat in grauer Vorzeit, so daß wir wiederum empfinden werden, wie der Ätherleib hervorragt über den physischen. Wir sind mitten drinnen in diesem Vorgange, und mancherlei von den feineren Krankheitserscheinungen der Gegenwart würde man verstehen, wenn man das wüßte. Das alles aber entspricht großen kosmischen Gesetzen. Der Mensch könnte nicht sein Entwickelungsziel erreichen, wenn er nicht in dieser Weise gleichsam eine Kreuzung seiner Organisationsglieder durchmachte. Aber alles das, was in uns ist, das ist durchdrungen von unserer ganzen Umgebung; das ist durchdrungen von den göttlich-geistigen Wesenheiten, die in der geistigen Welt sind und die ihre Ströme in uns senden, so wie die physischen Elemente der Erde in unseren physischen Organismus ihre Ströme senden. Damals, als der Ätherleib außer dem physischen war, da strömten in diesen Ätherleib fortwährend Strömungen hinein, die der Mensch bewußt empfand und die er als kosmische Offenbarungen erlebte. Der Mensch fühlte das wie etwas, was seiner Innerlichkeit sich offenbarte. Was da an Strömungen aus der geistigen Welt sich in seinen Ätherleib hineinsenkte, das war es auch, was an der Ausbildung des physischen Leibes arbeitete.

Wenn man das, was in den letzten Tagen hier gesagt worden ist, jetzt charakterisiert von der äußeren Seite, so kann man sagen: Das, was sich in den Ätherleib des Menschen hineingesenkt hatte und was der Mensch als innerstes Element erlebt hatte, das waren die Einflüsse der luziferischen Welt. Es hatte sich der Mensch seit den alten Zeiten der voratlantischen Entwickelung ein Erbstück mitgebracht: die luziferischen Einflüsse, die in seinen Ätherleib hineinströmten. Daß diese luziferischen Einflüsse sich verdunkelten, daß der Mensch gerade in der Zeit, da Christus erscheint, nichts von ihnen vernimmt, wenn er nicht in hohem Grade eingeweiht ist, das erklärt sich daraus, daß der Ätherleib immer mehr und mehr in den physischen Leib hineinrückt, eins mit ihm wird, und er immer mehr und mehr sich bedienen lernt der physischen Organe. Daher war es für ihn notwendig, daß die göttliche Wesenheit, die auf der Erde erscheinen sollte, in einer physisch wahrnehmbaren Gestalt erschien, physisch verkörpert wie andere physische Wesenheiten auf der Erde war. Es konnte die damalige Menschheit nur Verständnis haben für einen im Leibe erscheinenden Gott, weil sie gewohnt worden war, das Wahre dasjenige zu nennen, was man durch die Instrumente des physischen Leibes sieht. Es mußte in der Menschheit dies so sein, damit diejenigen, die um den Christus waren, sprechen konnten zur Bekräftigung dessen, was geschehen war: Wir haben unsere Hände in seine Wunden gelegt und unsere Finger in seine Nägelmale. – Diese sinnliche Gewißheit, die mußte wie ein Gefühl in den Menschen leben, wie ein Gefühl, das, wenn es vorhanden ist, zur Bewahrheitung der Sache beiträgt. Darauf hätte ein Mensch in der alten indischen Zeit nichts gegeben, er hätte gesagt: Das Geistige, sinnlich wahrgenommen, sagt mir nicht viel; wenn du das Geistige wahrnehmen willst, so mußt du zu irgendeinem Grade von schauender Erkenntnis aufsteigen. Das Verständnis also für Christus mußte sich erst entwickeln, wie alles in der Welt.

Das aber, was der Mensch als den luziferischen Einschlag hatte in seinem Ätherleib, was er sich mitbrachte aus uralten Zeiten, wo sein Ätherleib noch nicht ganz im physischen Leibe lebte, wo er noch draußen war und mit den äußeren Teilen die Einflüsse Luzifers empfing, das verschwand, das wurde allmählich aufgebraucht. Damit, daß der Ätherleib in den physischen Leib hineinschlüpfte, verlor der Mensch die Fähigkeit, mit seinen ätherischen Organen die höheren Welten wahrzunehmen. So kann man von einer gewissen Zeit, in die man zurückblickt, von den menschlichen Vorfahren sagen: Die haben noch in die höheren Welten hineingesehen; was sie gesehen haben, ist in den Schriftwerken aufbewahrt. – Wie auf eine uralte Weisheit kann man hinweisen. Die aber war später nicht mehr unmittelbar ergreifbar, weil in demselben Maße, in dem der Ätherleib in den physischen Leib hineinrückt, der Mensch sich nur seiner physischen Sinne und seines physischen Verstandes bedienen kann, und die schauende Kraft gelähmt wird. Die Möglichkeit des Hineinschauens in die geistige Welt, die ist dann nur möglich beim Eingeweihten, der durch systematische Schulung zu den übersinnlichen Welten hinaufsteigt.

Nun sagte ich Ihnen: Der umgekehrte Prozeß vollzieht sich jetzt. Die Menschheit tritt in ein Stadium ein, wo der Ätherleib in gewisser Weise wiederum sich aus dem physischen herausbildet; aber Sie dürfen nicht glauben, daß er das nun alles von selbst erhält, was er als ein altes Erbstück sich von früher mitgebracht hatte. Der Ätherleib des Menschen würde, wenn nichts geschehen würde, als daß er herausrückt aus dem physischen Leibe, eben herausrücken. Er würde nichts von den Kräften in sich enthalten, die er einmal gehabt hat. Er wird ja in Zukunft herausgeboren aus dem menschlichen physischen Leibe. Gibt ihm der menschliche physische Leib nichts mit, dann ist er leer, dann ist er öde. Das wird die Zukunft der Menschheitsentwickelung sein, daß die Menschen sozusagen aus ihrer physischen Leiblichkeit ihren Ätherleib entlassen und ihn eventuell leer hinaussenden können. Was würde das bedeuten? Der Ätherleib ist der Kraftträger, der Erreger alles dessen, was im physischen Leibe vorgeht. Er muß nicht nur dann, wenn er ganz in dem physischen Leibe steckt, den physischen Leib mit Kräften versehen, er muß ihn jederzeit versehen; er wird ihn auch versehen müssen, wenn er wieder einmal teilweise außerhalb des physischen Leibes ist. Lassen Sie ihn leer, den Ätherleib, geben Sie ihm nichts mit, dann kann er nicht auf den physischen Leib zurückwirken, denn dann hat er nicht die Kraft, wodurch er zurückwirken kann. Der Ätherleib muß, nachdem er durch den physischen Leib durchgegangen ist, innerhalb des physischen Leibes seine Kräfte gewinnen. Von da aus müssen sie ihm mitgegeben werden, damit er, wenn er draußen ist, auf den physischen Leib zurückwirken kann. Es ist die Aufgabe der gegenwärtigen Menschheit das aufzunehmen in sich, was nur aufgenommen werden kann innerhalb des Wirkens im physischen Leib. Was da erarbeitet wird innerhalb des physischen Leibes, das geht mit der Entwickelung mit, und wenn der Mensch in künftigen Inkarnationen in solchen Organisationen leben wird, wo der Ätherleib entlassen ist bis zu einem gewissen Grad aus dem physischen Leib, dann wird es im Bewußtsein gewissermaßen als Erinnerung durch den teilweise frei gewordenen Ätherleib leben.

Nun kann man fragen: Was ist denn das, was den physischen Leib befähigt, etwas als Erbstück mitzugeben dem Ätherleib? Was befähigt den Menschen, Kräfte hineinzusenden in seinen Ätherleib, so daß er einstmals imstande sein wird, einen solchen Ätherleib zu tragen, der nun von außen herein wiederum gewisse Kräfte sendet? Wenn der Mensch nur so gelebt hätte, sagen wir, vom Jahre dreitausend vor Christus bis zu dessen Zeit und wiederum drei Jahrtausende nach Christus, daß nichts eingetreten wäre für ihn, als was ohne das Christus-Ereignis dagewesen ist, dann würde der Mensch im physischen Körper nichts erlebt haben, was mitgehen kann als Kraft für den Ätherleib, wenn dieser sich vom physischen loslöst. Das, was der Mensch mitgeben kann, das ist, was er durch das Christus-Erlebnis innerhalb der physischen Welt gewinnen kann. Aller Zusammenhang mit dem Christus-Prinzip, mit den Erlebnissen, die man haben kann an der Christus-Erscheinung, das senkt sich so in die Erlebnisse der Seele innerhalb der physischen Welt, daß diese Seele und damit auch alles Leibliche so vorbereitet wird, daß es in den Ätherleib das hineingießen kann, was dieser in der Zukunft braucht. So mußte das Christus-Erlebnis kommen, so mußte es die Menschenseele durchdringen, damit die Menschen für die Zukunft verstehen können ihre Entwickelung. Was heute im physischen Leibe ist, das sendet die Kräfte hinaus in den Ätherleib; und dieser wird, wenn er gleichsam gespeist wird von dem, was der physische Leib an der Erscheinung des Christus erlebt, die Kräfte empfangen, um wiederum hellstrahlend zu werden und Lebenskraft zu haben, um den physischen Leib zu erhalten in der Zukunft. Was die Menschen also am Christus erlebten durch jene Umkehrung der Prinzipien, das hat seinen guten Sinn für die Zukunft der Menschheitsentwickelung.

Aber dieses Ereignis würde allein nicht genügen. Denn denken Sie doch daran, daß Sie, dadurch daß Sie das Christus-Erlebnis in der eigenen Seele durchmachen, dadurch daß der Christus Ihnen immer vertrauter wird, immer mehr und mehr zusammenwächst mit den eigenen Erlebnissen der Seele, allerdings den Ätherleib beeinflussen, Kraftströmungen in Ihren Ätherleib hineingießen. Wenn dieser Ätherleib nun aber hinausrückt und in ein falsches Element hineinkommt, wenn er draußen nicht die Kräfte trifft, die auch wiederum unterhaltend und belebend wirken können auf das, was als Christus-Prinzip in ihn hineingezogen ist, dann wird der Ätherleib, wenn er teilweise frei wird, zwar die Christus-Kraft haben, aber in ein Element dringen, wo er nicht leben kann. Er würde durch die äußeren Kräfte zerstört werden. Er würde, weil er durchchristet ist, in einem ihm ungeeigneten Elemente seiner Zerstörung entgegengehen und zerstörend zurückwirken auf den physischen Leib. Was ist das Zweite, was notwendig ist? Das ist, daß dieser Ätherleib sich geeignet macht, wiederum zu empfangen das Licht aus Luzifers Reich. So muß der Mensch, während er früher den Luzifer als ein inneres Erlebnis auftauchen sah durch den Schleier seines Seelenlebens, sich nun so vorbereiten, daß er den Luzifer als kosmische Wesenheit in seiner Umgebung erleben kann. Von einer unterirdischen Gottheit zu einer kosmischen wird Luzifer; und der Mensch muß sich vorbereiten, um seinen Ätherleib mit solchen Kräften auszustatten, daß der Luzifer ein befruchtendes, ein förderndes Element sein kann und kein zerstörendes. Es muß der Mensch durch das Christus-Erlebnis durchgehen, aber so, daß er empfänglich wird, in dieser Welt zu sehen die geistigen Grundlagen, die Grundlagen der geistigen Geschehnisse, aus denen die Welt entsprungen ist. Also der Mensch geht durch das Christus-Erlebnis durch, und es ist berechtigt in der ganzen Natur der Entwickelung, daß die geisteswissenschaftliche Schulung die Menschen vorbereitet, wiederum zu verstehen das Licht aus Luzifers Reich, weil der menschliche Ätherleib nur dadurch seine entsprechenden Lebenskräfte erhalten kann. Der Mensch ist auch schon von Christus beeinflußt gewesen, ehe dieser erschienen ist auf der Erde. Schon als Zarathustra hinaufgewiesen hat zu Ahura Mazdao, strahlte die Kraft des Christus herunter. Und von der anderen Seite strahlte ein die Kraft des Luzifer. Das kehrt sich um. In der Zukunft wird von außen einstrahlen die Kraft des Luzifer, im Innern wird der Christus leben. Die menschliche Organisation muß wieder von zwei Seiten beeinflußt werden. Der alte Inder empfand auf der einen Seite: Das bist du – und auf der anderen Seite: Ich bin das All; er empfand, daß das, was er nach außen sah, dieselbe Welt war wie die nach innen. Das empfand man in Altindien als eine abstrakte Wahrheit; das wird man als ein konkretes Erlebnis dann auf der Erde seelisch haben, wenn die Zeiten dazu erfüllt sein werden, wenn in neuer Gestalt durch die entsprechenden Vorbereitungen das wiederum auflebt, was, wie vorher verkündend, sich gezeigt hat in Altindien. So ist der Gang der Menschheitsentwickelung in der nachatlantischen Zeit.

Nunmehr sieht man daraus, daß die Entwickelung der Menschheit keine geradlinige ist, daß sie ähnlich verläuft wie alles in der Natur. Ich habe Ihnen das Beispiel gegeben an der Pflanze, die heranwächst, aber nicht die Frucht entfalten könnte, wenn die Entwickelung nicht einen neuen Einschlag bekäme. Hier haben Sie ein Bild, das Ihnen zeigt, daß andere Einflüsse von der Seite kommen müssen. Eine geradlinige Entwickelung gibt es nicht. So mußten sozusagen übereinandertreten das luziferische und das Christus-Prinzip. Wer nur die Entwickelung in gerader Linie sucht, der kann die wirkliche Weltenentwickelung niemals begreifen; nur wer die getrennten Strömungen erfaßt und dann sieht, wie sich die Ströme gegenseitig befruchten, nur der kann wirklich das sich Entwickelnde verstehen. In der Zeit, in welcher während der altindischen Kultur die Menschen in einer gewissen Weise noch anders organisiert waren als später, war dies menschliche Anschauen anders. Wie dieses menschliche Anschauen damals war, davon kann eine bestimmte Erfahrung nur derjenige heute haben, der sie sich durch die Methoden der geisteswissenschaftlichen Forschung, die den heutigen Zeiten angemessen sind, erwirbt. Man kann dies heute nur künstlich erwerben, einstmals war das eine natürliche Fähigkeit. Sogar für einen gut vorbereiteten Bekenner der Geisteswissenschaft ist es schwer verständlich, wie die Seelenerlebnisse anders waren in der altindischen Zeit als später, und man kann nur versuchen in annähernder Weise in Worte zu kleiden, wie sie anders waren.

Wenn heute der Mensch in die Welt hinausschaut, so nimmt er die Welt wahr durch seine verschiedenartigen Sinne. Wir können heute nicht eingehen auf alles, was im Sinne der modernen Wissenschaft über die Sinnesempfindungen zu sagen ist. Das braucht uns auch heute nicht zu interessieren; wir können bei den gewöhnlichen Vorstellungen stehenbleiben, daß der Mensch durch seine verschiedenen Sinne die äußere Welt wahrnimmt und die verschiedenen Eindrücke zusammenfaßt mit dem Geistesvermögen, das an das physische Gehirn gebunden ist. Sie werden, wenn Sie darüber nachdenken, allerdings sich klar darüber sein können, daß innerhalb der Sinnesempfindungen in bezug auf deren ganze Wesenheit doch ein gewaltiger Unterschied ist. Vergleichen Sie zum Beispiel das Gehör, die Empfindung des Gehörs, mit der Sinnesempfindung des Gesichtes. Nicht wahr, für das Gehör ist es ziemlich einleuchtend, daß in der Außenwelt, wenn wir suchen nach den entsprechenden Tatsachen, für das, wie wir hören, eine Bewegungsform der Materie existiert, regelmäßig bewegte Luft. Das finden wir draußen; wenn wir das Instrument unseres Gehörs dieser regelmäßig bewegten Luft entgegenhalten, so haben wir das erlebt, was wir die Gehörsempfindung nennen. Doch sind zwei ganz verschiedene Dinge das innere Gehörerlebnis und das, was man außen als bewegte Luft hat. Wenn Sie den Gesichtssinn nehmen, so werden Sie einsehen können, daß die Sache so einfach nicht liegt wie beim Gehör. Die moderne Physik hat es sich einfach gemacht. Sie hat analog sich gedacht: Nehmen wir einen feineren Stoff an, der sich ebenso bewegt wie die Luft draußen. – Der große Unterschied ist für den realistischen Denker der, daß man sich sehr leicht überzeugen kann von dem, was draußen schwingt, in bezug auf das Ohr. Man kann leicht darauf kommen, daß draußen sich wirklich etwas bewegt – wo es sich um den Gehörvorgang handelt –, wenn man auf einer Saite Papierreiterchen setzt und die Saite anstreicht. Was aber im Äther schwingt, von dessen Dasein kann sich kein Mensch überzeugen; das ist Hypothese, das ist nur für die physikalische Theorie vorhanden. Für das realistische Denken ist das nicht vorhanden. Die Sinnesempfindung des Gesichtes ist etwas wesentlich anderes als die des Gehörs. Wenn wir sprechen von der Lichtempfindung, so liegt für uns sozusagen das, was wir wahrnehmen, viel objektiver da als das, was wir wahrnehmen durch den Gehörsinn. Wir nehmen das Licht als Farbe wahr, nehmen es ausgebreitet im Raume wahr, aber wir können nicht in derselben Weise in die äußere Welt hinausgehen und objektive Vorgänge suchen, wie beim Schall. Solche

Unterschiede sind es, über die der moderne Mensch so leicht hinweggeht. Mit seinem feineren Bewußtsein von der ganzen Außenwelt konnte der alte Inder über so etwas nicht hinwegsehen. Der nahm alle diese feinen äußeren Unterschiede wahr.

Ich wollte nur hinweisen darauf, daß es zwischen den einzelnen Sinnesgebieten ihrer Wesenheit nach charakteristische Unterschiede gibt. Wenn Sie die deutsche Sprache beobachten, so kann Ihnen da auffallen, daß man bezeichnet mit demselben Worte ein inneres Seelenerlebnis und – ich gebe ja zu, es geschieht das bei ungenauem Sprechen – auch einen Eindruck, der in einer gewissen Weise von außen kommt. Das ist das Wort Gefühl. Sie wissen, wenn man von den fünf Sinnen spricht, zählt man auf Gesichts-, Gehör-, Geruch-, Geschmacks- und Gefühlssinn; im trivialen Sinne Gefühlssinn; man meint damit den Tastsinn, spricht aber von Gefühl und zählt das, was dieser Sinn erlebt, zu den äußeren Sinneserlebnissen – nennt es Gefühl. Man bezeichnet aber auch, und zwar in einer viel, viel geistvolleren Weise, als man gewöhnlich denkt, aus dem Sprachgenius heraus ein innerliches Seelenerlebnis als Gefühl. Wenn Sie Freude haben, Schmerz empfinden, bezeichnen Sie das als Gefühl. Dieses Gefühl, von dem jetzt die Rede ist, ist ein intimes Seelenerlebnis; bei dem anderen, das durch den Tastsinn vermittelt wird, ist immer ein äußerer Gegenstand vorhanden, der die Veranlassung ist. Das andere Gefühl knüpft sich vielleicht an den äußeren Gegenstand, aber schon daraus können Sie sehen, daß der nicht die einzige Veranlassung ist, weil es bei dem einen Menschen anders auftreten kann als bei dem anderen. Der Sprachgenius, sagte ich, wirkt hier wirklich genial. Wir haben zwei Erlebnisse; eines als etwas, was an den äußeren Sinn gebunden ist, und eines, was an das Innere gebunden ist. Die zwei stehen sich scheinbar recht entfernt für das heutige Erleben. Das war nun nicht immer so. Und hier kommen wir zu einer anderen Ansicht dessen, was wir vorhin von außen charakterisiert haben. Wir haben das Hineinschlüpfen des Ätherleibes charakterisiert und das Herausgehen. Das ist verknüpft damit, daß auch im Inneren des Menschen etwas vor sich geht. Heute sind diese beiden Erlebnisse, das Gefühlserlebnis im Innern und das Gefühlserlebnis, das wir eben auch mit dem Worte Gefühl bezeichnen, und das durch den äußeren

Gegenstand mit Hilfe des Tastsinnes veranlaßt ist, zwei Dinge, die voneinander abliegen. Je weiter wir in der Entwickelung der Menschheit zurückgehen, das heißt, je weiter der Ätherleib aus dem physischen Leibe draußen ist, desto näher rücken sich diese beiden Erlebnisse. Heute nur sind sie für den Menschen weit auseinander liegend. In der indischen Zeit noch war dieser Unterschied nicht in derselben Weise berechtigt wie heute. Da standen sich das innere Gefühlserlebnis und das äußere noch unendlich viel näher. Ja, wie das?

Wenn Sie heute einem Menschen entgegentreten, und er hegt gegen Sie einen schlimmen Gedanken, sagen wir, Sie seien ihm unsympathisch, und er bringt Ihnen demgemäß seine Empfindungen entgegen, ja, Sie werden, wenn Sie zunächst nur ausgerüstet sind mit äußeren Sinnen und dem physischen Gehirne, in der Regel nicht viel merken von seinen Gefühlen, Sympathien und Antipathien. Wenn er Sie schlägt, dann werden Sie es merken, dann merkt es Ihr Gefühlssinn. Das war eben in der altindischen Zeit noch anders. Da war der Mensch noch so organisiert, daß er nicht nur das, was für den heutigen groben Tastsinn wirkt, empfand, sondern auch das, was heute sich schon in das Innere zurückgezogen hat; daß er das noch empfinden konnte, was ihm ein anderer innerlich entgegenbrachte. In seiner Seele entstand ebenso ein Erlebnis, wie Sie es heute durch den Tastsinn haben, durch das, was an Sympathie im anderen lebte. Er fühlte, was physisch-seelisch vorging. Dafür war aber auch in jenen Zeiten noch nicht in einer solch inneren Weise ausgebildet, was wir unser inneres Gefühlsleben nennen; das war auch noch mehr mit der Außenwelt verbunden. Noch nicht zog sich der Mensch so in sein Inneres zurück wie heute. Er hatte Schmerzen und Freuden, die in vieler Beziehung mehr den Geschehnissen der Außenwelt entsprachen als unsere heutigen; er konnte sich gar nicht so zurückziehen in sein Inneres wie wir heute. Heute ist das innere Seelenerlebnis viel mehr herausgerissen aus der ganzen Umgebung als ehedem. Heute kann der Mensch sogar dahin kommen, daß er außen umgeben ist von Umständen, die gar nicht besser sein könnten; weil aber sein inneres Seelenleben herausgerissen ist aus der Umgebung, fühlt er vielleicht innerlich Schmerz durch die Art, wie er sich zur Welt stellt, ohne daß er recht Veranlassung dazu hat. Unmöglich wäre das gewesen zur Zeit der altindischen Kulturepoche. Da war das, was im Innern vorging, so, daß es ein viel treueres Spiegelbild dessen war, was sich in der äußeren Umgebung abspielte. Der Mensch lebte viel mehr mit seinem Gefühle in der Umgebung. Wodurch kam das? Dadurch, daß der Mensch in jenen alten Zeiten in einem ganz anderen Verhältnisse zum Beispiel zum Lichte stand durch seine Organisation. Das Licht, das uns umflutet, hat nicht nur seine physische Außenseite, sondern alles, was physisch ist, hat auch Seelisches und Geistiges in sich. Nun ging die menschliche Entwickelung dahin, daß das Seelische und Geistige der Außenwelt sich immer mehr und mehr von dem Menschen in diesen Erlebnissen zurückzog, es wurde immer mehr und mehr nur das Physische wahrnehmbar. Der Mensch nahm nun das Licht wahr in seiner Wirkung auf das Auge. Er nahm es wahr in älteren Zeiten, wie wenn es von allen Seiten in seine Organisation wie ein Fluidum sich einsenkte, und in das ihn durchströmende Licht fühlte er die Seele hinein. Heute macht die Seele des Lichtes Halt vor der menschlichen Haut. Durchflutet von dem, was als Seele im Lichte lebt, war noch die indische Organisation; und der Mensch nahm wahr, was als Lichtseele das Licht durchflutete. Das war der Träger dessen, was man wahrnehmen konnte als Sympathien und Antipathien in anderen Wesen, die sich heute mit der Seele des Lichtes von dem Menschen zurückziehen. Das war mit anderen Erlebnissen verbunden. Heute atmen Sie Ihren Atem aus und ein. Sie lernen Ihren Atem höchstens an seinen mechanischen Wirkungen kennen. Wenn er irgend so wirkt, daß er sich abkühlt, da sehen Sie ihn an dem Wässerigwerden. Das ist eine mechanische Art, den Atem zu sehen. So unwahrscheinlich es für den heutigen Menschen klingt, so ist es doch Wahrheit, daß man zum Beispiel bei den meisten Menschen des alten Indiens durch die geisteswissenschaftliche Forschung heute konstatieren kann, daß sie ihren Atem noch ganz anders wahrgenommen haben. Es hatte sich noch nicht aus dem, was um die damaligen Menschen vorging, die Seele des Lichtes zurückgezogen; so nahmen sie wahr die ein- und ausgeatmete Luft in verschieden hellen und dunkeln Farbennuancen. Sie sahen wie in Feuerstrahlen einströmen die Luft und wiederum hinausgehen. So können Sie also sagen: Im Grunde genommen ist auch die Luft sogar durch das, was sich alles geändert hat für die menschliche Anschauung etwas ganz anderes geworden. – Die Luft ist heute etwas, was der Mensch im Grunde genommen wahrnimmt nur mechanisch durch den Widerstand, den sie ihm bietet, weil er die Seele des Lichtes, die die Luft durchdringt, nicht unmittelbar wahrnimmt. Auch aus diesem letzten Rest des instinktiven Schauens ist der Mensch herausgegangen. Der alte Inder würde daher nicht einfach Luft genannt haben, was aus- und eingeatmet wird, sondern Feuerluft, weil er es in verschiedenen Graden des feurigen Erstrahlens wahrgenommen hat. Damit aber haben Sie zugleich die Möglichkeit gegeben, zu begreifen, daß überhaupt die ganze Umgebung des Luftkreises für den alten Inder etwas anderes war als für den heutigen Menschen. Der heutige Mensch sieht die Luft durchsichtig, sieht nicht die umgebende Inhaltlichkeit der Luft. Wenn ein Luftzug durch den Raum geht, so nimmt er ihn nur wahr am Widerstand, den er ihm bietet. Das altindische Bewußtsein sah feurige Massen durch die Luft dahinziehen.

Da haben Sie wiederum ein Beispiel, wie selbst in den äußeren Erlebnissen sich die Umwandlung der menschlichen Organisation im Entwicklungslaufe zeigt. Das sind die intimen Vorgänge der Menschheitsentwickelung, und wir können niemals das begreifen, was in den Veden steht, wenn wir nicht wissen, wie die Worte gebraucht werden. Wenn wir die Worte da lesen und wissen nicht, daß die Worte das bezeichnet haben, was man damals gesehen hat, so verlieren die Worte allen Sinn, und wir interpretieren ganz falsch. Man muß immer die Realitäten in Betracht ziehen, wenn man an alte Urkunden herangeht.

Es ändert sich eben das, was in der Menschenseele lebt, im Laufe der Zeiten. Und jetzt werden Sie eine Tatsache verstehen, die, wenn man diese Voraussetzungen nicht hat, welche ganz unabhängig sind von den durch die physische Forschung festzustellenden Belegen, Sie auf der bloßen Grundlage dieser Belege nicht verstehen können. Sehen Sie sich um in den morgenländischen Schriften, wie da die Elemente aufgezählt werden. Es wird aufgezählt: Erde, Wasser, Feuer, Luft, Äther. Erst von der griechischen Zeit an finden wir die andere Aufzählung, die uns heute selbstverständlich ist und die wir zugrunde legen müssen allem Begreifen, nämlich: Erde, Wasser, Luft, Feuer und die anderen Ätherarten. Warum ist das so? Das altindische Bewußtsein sah geradeso wie der heutige Mensch draußen die Dinge, die sich manifestieren durch das Feste, was man das Erdige nennt, sah durch das Flüssige, was man geistig gesprochen das Wasser nennt. Was wir aber heute Luft nennen, das war ihm schon Feuer, denn da sah man schon das Feuer in der Luft, und bezeichnete das, was man sah, als Feuer. Wir *sehen* dies Feuer nicht mehr, wir fühlen es als Wärme. Und erst, wenn sie etwas höher hinaufrückten in der Elementenreihe, rückten die Inder in ein Element ein, wo sich für die Menschheit, weil sich alles gewandelt hat seit dem vierten Zeitraum der nachatlantischen Zeit, das herausstellte, was wir heute die vom Lichte durchdrungene, aber nicht das Licht zeigende Luft nennen. In Feuer und Luft hat sich die ganze Anschauung der Menschen umgedreht. Das, was wir für Christus und Luzifer gesagt haben, daß sie übereinandergeschritten sind, daß Christus von einer kosmischen zu einer innermenschlichen Wesenheit, Luzifer von einer innermenschlichen zu einer kosmischen Wesenheit geworden ist, das hat sich vollzogen für alle Gebiete des Lebens, so daß das, was noch in der ersten nachatlantischen Zeit das war, was wir Feuer nennen, von uns heute als Luft wahrgenommen wird, und daß das, was von uns als Feuer wahrgenommen wird, damals als Luft wahrgenommen wurde. Nicht nur im großen, sondern auch im kleinen drückt sich aus, was der Menschheitsentwickelung zugrunde liegt. Man darf diese Dinge nicht auf Zufälligkeiten zurückführen. Sie sehen, wie tief man hineinschauen kann in das, was geschieht im Laufe der Menschheitsentwickelung, wenn man die Dinge betrachtet vom einzig realen Gesichtspunkte, vom geisteswissenschaftlichen aus. Ein solches Bewußtsein, wie es der alte Inder hatte, das ist also ein Bewußtsein, welches etwas, was im Innern der Seele liegt und was außerhalb der Seele liegt, noch mehr wie eine Einheit empfand; daher lebte der Inder noch mehr in seiner ganzen Umgebung. Letzte Nachklänge davon, von seinem noch vorhanden gewesenen gewissermaßen instinktiv schauenden Zustande sind vorhanden im rudimentären heutigen Hellsehen derjenigen Menschen, die das haben, was wir namentlich als zweites Gesicht bezeichnen. Wenn Sie irgendwo auf der Straße gehen, und es taucht Ihnen der Gedanke an einen Menschen auf, den Sie physisch in diesem Augenblick nicht sehen können, und Sie gehen weiter und nach einiger Zeit tritt er Ihnen entgegen; warum haben Sie im Bewußtsein den Gedanken an ihn, bevor Sie ihn gesehen haben? Weil eben die Wirkung von ihm in Ihr Unterbewußtsein eingetreten ist, dann ins Bewußtsein gestiegen als fertiger Gedanke. Heute hat der Mensch nur noch so etwas Rudimentäres von einem früheren Bedeutsameren. Früher war eine intimere Verbindung des inneren und des äußeren Gefühls vorhanden. Das sind nur weitere Ausführungen dessen, was oftmals vor Sie hingestellt worden ist so, daß gesagt werden konnte: Die Menschheit hat sich vom alten, dumpfen Hellsehen zum heutigen Sinnesbewußtsein entwickelt und wird hineinwachsen in einen vollbewußten schauenden Zustand. Dieser wird erreicht werden so, daß der Mensch bewußt ihn erleben wird, so daß er weiß, sein Ätherleib geht heraus, und er kann sich der Organe des Ätherleibes so bedienen wie der physischen.

Die Menschen haben aber in den früheren, noch spirituelleren Zeiten, in denen sie weiser waren als die heutige abstrakt materialistische Wissenschaft ist, immer ein Bewußtsein davon gehabt, daß ein altes Schauen, ein Durchschauen der Welt vorhanden war, daß die Menschen herausgetreten sind aus diesem alten Schauen und in die gegenwärtigen Zustände hineingetreten sind. Die Menschen haben früher nicht in abstrakten Formeln und Theorien das ausgedrückt, was sie gewußt haben, sondern durch mächtige farbenreiche Bilder; und die Mythen sind ja nicht ausgedachte Dinge, ausgeklügelte, phantastische Bilder, wie eine phantastische Gelehrsamkeit vom grünen Tisch heute meint, sondern Ausdrücke tiefer, ursprünglicher, durch geistige Anschauung erworbener Weisheit. Es war das Bewußtsein vorhanden in alten Zeiten und hat sich in Mythen zum Ausdruck gebracht, daß die Menschen einstmals die Welt umfänglicher durchfühlt haben. Das Hellfühlen der alten Inder war ein letzter Rest eines ursprünglichen, dämmerhaften Hellsehens. Das hat man ehemals gewußt; man hat aber auch gewußt, daß dieses Hellsehen – nennen wir es summarisch so – immer mehr und mehr zurückgeht, immer mehr und mehr dem äußeren Leben, das auf die Sinneswelt beschränkt ist, Platz machen muß. Gerade diese Tatsache brachte man in den maßgebenden Mythen zum Ausdruck. Man wußte zum Beispiel folgendes: Es gibt Mysterienstätten – wir haben gestern davon gesprochen –, in denen der Weg zu den unterirdischen Geistern führte, und es gab andere Mysterien, in denen der Weg hinaufführte zu den kosmischen Geistern. Das alles war scharf voneinander unterschieden worden. Davon wußte nichts derjenige, der nicht eingeweiht war, wie heute der nichts ahnt, daß es eine Mysterienweisheit gibt, der nicht die rechten Wege dazu sucht. Aber es war sozusagen mehr oder weniger Kunde davon in die äußere Welt hinausgedrungen. Auch von den Mysterien ist zu sagen, daß ihre Glanzzeit um so bedeutungsvoller uns entgegentritt, je weiter wir in die alte Zeit zurückgehen. Die griechischen Mysterien sind schon nicht mehr die glanzvollsten. Auch das Mysterienwesen war einem Verfall unterworfen. Dennoch aber wußten die Leute, daß das, was von den Orten kommt, wo schauendes Bewußtsein noch wirkt, zusammenhängt mit der geistigen Substanz, die die Welt durchflutet und durchlebt; und sie wußten, daß man da, wo schauendes Bewußtsein waltet, noch etwas erfahren kann über Weltzusammenhänge, von denen man sonst nichts wissen kann. Und wenn auch schon in der Verfallsperiode, so waren doch die Orakelstätten solche Orte, in denen schauendes Bewußtsein gepflegt, und für die Menschen das verkündet wurde, was man durch gewöhnliche Sinnesanschauung und durch die menschliche Anschauung, die an die Sinne gebunden ist, nicht erfahren kann. Aber man wußte da auch, daß der Mensch sich entwickelt, daß das, was man durch das alte Schauen hat erlangen können, nur etwas taugt und anwendbar ist für alte Urzeiten, nicht aber für die neuen Zeiten.

So hat man bei den Griechen ein tiefes Bewußtsein davon, daß das, was von den Orakeln kommt, zwar die Neugierde der Menschen anregt, daß die Menschen gerne etwas wissen möchten über geheimnisvolle Zusammenhänge der Welt, daß man aber auch schon herausgewachsen war aus der richtigen Handhabung solcher hellseherischer Ergebnisse; daß man jetzt in einer anderen Weise darinnensteht in der Welt wie früher und daher nicht das Richtige anfangen kann, wenn man sich an die Ergebnisse des alten Hellsehens hält. Für die alten Menschen hat es gepaßt, für die neueren paßt es nicht mehr. Das wollte man sagen, und man sagte es in grandiosen Bildern. Ein Bild ist zum Beispiel das, welches uns gegeben wird in der Ödipus-Sage. Es wird durch ein Orakel, das heißt von einer Stätte her, wo man geheimnisvolle Zusammenhänge hellseherisch erschaut, die sich dem menschlichen Blicke schon entziehen, dem Vater gesagt, daß, wenn er einen Sohn bekommt, dieser Sohn Unheil bringen werde; er werde den Vater morden und die Mutter heiraten. Er bekommt diesen Sohn. Er versucht sogar das zu tun, was dazu führen konnte, daß das, was hellseherisch erschaut ist, sich nicht vollziehen solle. Der Sohn wird ausgesetzt, in eine ganz andere Gegend gebracht. Der Sohn erfährt das Orakel, das heißt in seine Seele zieht etwas ein, was nur durch hellseherisches Schauen erkundet werden kann. Das griechische Bewußtsein wollte sagen: Zwar ragt so etwas aus alten Zeiten herein, aber die menschliche Organisation ist schon so weit gekommen, daß sie nicht mehr taugt für diese Art des Hellsehens, daß diese ihr nichts mehr nutzt. Ödipus legt das Orakel wegen des gewandelten Bewußtseins so aus, daß es sich erst recht erfüllt, das heißt der Mensch kann nicht mehr das, was das hellseherische Bewußtsein ist, in der richtigen Weise handhaben; es hat sich eben die geistige, spirituelle Welt von ihm zurückgezogen; es nutzt ihm das alte Hellsehen nichts mehr. Aber auch davon ist immer ein Bewußtsein vorhanden gewesen, daß diese Dinge sich wieder umkehren werden, daß wieder das, was aus solchen Welten kommt, etwas werden wird für die Menschheit, daß nur für eine Weile sozusagen eine Schicht des Erlebens hinüber sich breiten soll über das, was aus solchen Welten kommt. Auch davon war ein Bewußtsein vorhanden, auch das haben die mythebildenden Kräfte der Menschheitsentwickelung zum Ausdruck gebracht. Die Christus-Tatsache war in der Menschheitsentwickelung das Maßgebende dafür, daß die beiden Kräfte, das Luzifer-Prinzip und das Christus-Prinzip, übereinandergetreten sind. Da war also der entscheidende Wendepunkt, wo von einer anderen Seite, dem Kosmos her, das was aus den geistigen Quellen kommt, wie ein Ferment sich hineinergießen sollte in die Menschheitsentwickelung. Verlorengegangen war es, aber es soll wiederum wie ein Ferment hineingegossen werden. Was der Menschheit schädlich geworden war, was ihr selbst zu einem Bösen ausgeschlagen hat, soll wie ein Ferment hineingegossen und umgewandelt werden in das Gute. Das Böse soll hineinfallen in die fruchtbringende geistige Kraft der Menschheitsentwickelung und mitwirken am Guten. Auch das ist in der Mythologie zum Ausdruck gekommen.

Es gibt eine andere Sage, die etwa folgendermaßen lautet: Es wurde einem Elternpaar von einem Orakel geweissagt, daß es einen Sohn bekommen werde, daß der Sohn werde Unheil bringen über sein ganzes Volk. Dieser Sohn wird seinen Vater ermorden und seine Mutter heiraten. Die Mutter bekam diesen Sohn. Da dieser Spruch vorlag, setzte man auch diesen Sohn aus, man setzte ihn auf die Insel Kariot, und es fand ihn die Königin der Insel Kariot. Und weil dieses Elternpaar keinen Sohn hatte, nahmen sie ihn auf. Später aber bekamen sie einen Sohn. Da glaubte sich der Findling schlecht behandelt und tötete den wirklichen Sohn. Da mußte er fliehen von der Insel Kariot. Er floh und kam an den Hof des Pilatus in Palästina, wo er ein Amt bekam als Aufseher im Hauswesen des Pilatus. Er bekam Streit mit seinem Nachbar, von dem er nichts weiter wußte, als daß es eben sein Nachbar war. Im Streite erschlug er ihn und heiratete später dessen Gattin. Dann erst erfuhr er, daß das sein wirklicher Vater war, den er erschlagen hatte, und daß er also seine Mutter geheiratet hatte. Die Sage sagt uns, daß es dem, der jetzt alles das hat über sich hereinbrechen sehen, nicht ähnlich erging wie dem Ödipus, sondern daß ihn Reue überkam, und daß er hinging zu dem Christus, und der Christus nahm ihn auf; denn das war der Judas aus Kariot. Und das, was hier in dem Judas lebte, dieses Böse, das verleibt sich ein wie ein Ferment der ganzen Menschheitsentwickelung. Denn die Tat von Palästina hat etwas zu tun mit dem Verrate des Judas; er gehört zum Ganzen, er gehört zu den Zwölfen, die sind gar nicht ohne ihn zu denken. Hier zeigte sich, daß der Orakelspruch sich zwar erfüllte, und daß sein Inhalt sich einverleibt der Menschheitsentwickelung wie das Böse, das umgewandelt wird und weiter lebt im guten Sinne. In bedeutungsvoller Weise weist die Sage, die wahrhaftig weiser ist als die äußere Wissenschaft, darauf hin, daß es eine solche Umwandlung in der Menschennatur im Laufe der Zeit gibt, daß man selbst über das gleiche Ding in verschiedenen Zeiten in der verschiedensten Weise denken muß. Wie sich ein Orakelspruch erfüllt, darf man nicht in derselben Weise erzählen, wenn man von der Ödipus-Zeit spricht und von der Christus-Zeit. Dieselbe Tatsache wird einmal zur Ödipus-Sage, das andere Mal in der christlichen Zeit zur Judas-Sage. Erst dann, wenn man die geistigen, der Welt- und Menschheitsentwickelung zugrunde liegenden Tatsachen kennt, versteht man das, was sich als eine Folge davon dem äußeren Auge, der äußeren geschichtlichen Anschauung zeigt. Was in der Sinneswelt da ist, äußere Sinneseindrücke oder Hervorbringungen der menschlichen Seele, alles das verstehen wir, wenn wir die geistigen Grundlagen, die darunter liegen, verstehen. Das, was der Erforscher der geistigen Welten findet, das übergibt er gerne als Anregung denen, die es von ihm entgegennehmen, und die untersuchen die äußeren bestätigenden Tatsachen. Ich habe auf diesen Zusammenhang geistiger und materieller Forschung oft hingewiesen. Wenn das, was in der geistigen Welt gefunden wird, wahr ist, dann bestätigt es sich in der physischen Welt. Das aber wird Ihnen jeder wahre Erforscher des Geisteslebens sagen: er gibt hin das, was er weiß aus der höheren Welt, und er fordert dann auf, alle äußeren Tatsachen zu prüfen an der Hand dieser Angaben. Man versuche, was von mir über die Wiederverkörperung des Zarathustra zum Beispiel gesagt worden ist, mit der äußeren Geschichte zu vergleichen. Man wird sehen, daß das über diese Tatsachen Gesagte jede Probe aushält, wenn man nur genau genug nach Vorgängen in der äußeren Geschichte sucht. Das Äußere wird nur verständlich dadurch, daß man das Innere, das Geistige kennt.

ACHTER VORTRAG

München, 30. August 1909

Wir haben bisher bei der Besprechung derjenigen Wesenheiten, die wir zu dem Reich des Christus oder zu dem Reich des Luzifer zählen, vorzugsweise Rücksicht darauf genommen, wie der Mensch im Verlauf seiner Entwickelung durch seine eigene Seele an diese Wesenheiten herandringt, wie er sie erlebt. Wir haben also zum Beispiel hervorgehoben, wie der Weg des Menschen zu jenen kosmischen Wesenheiten, in deren Mitte der Christus in der vorchristlichen Zeit war, von dem Menschen aus erkennend nach außen ging, wie aber der Weg in Luzifers Reich nach der anderen Seite in die Seele hineinging, um den Schleier, der die eigene Seele verhüllt, selbst zu durchdringen. Und wir haben hervorgehoben, wie sich das durch die Erscheinung des Christus auf der Erde so geändert hat, daß die beiden Reiche übereinander getreten sind und die Menschheit einer Zeit zueilt, in der der Christus im Innern, Luzifer außen zu suchen sein wird. Wir müssen heute, um mit mancherlei von demjenigen, was ja die meisten von Ihnen schon gehört haben über die luziferischen Wesenheiten, einen Einklang zu schaffen, noch einmal mit ein paar Worten auf das Wesen des luziferischen Prinzips zurückkommen. Die Dinge der Welt sind ja kompliziert, und man kann alles von den verschiedensten Gesichtspunkten aus betrachten. Dadurch wird es manchmal scheinen, weil man eine Sache einmal von der einen, das andere Mal von der anderen Seite beleuchten muß, daß die Dinge nicht ganz im Einklang stehen. Sie stehen aber doch miteinander im Einklang. Wie derjenige ein Blatt richtig beschreibt, der es einmal von der vorderen und einmal von der hinteren Seite beschreibt, und es ist doch ganz dasselbe Blatt, so beschreibt derjenige das luziferische Prinzip richtig, der, wie wir es in den verflossenen Stunden getan haben, es beschreibt, indem er die Wege verfolgt, welche die Seele einzuschlagen hat zu diesem luziferischen Prinzip. Aber man kann natürlich auch sozusagen mehr von einem außerirdischen Standpunkt aus die Entwickelung unserer Erde und der Welt überhaupt betrachten und dann die Stellung der luziferischen Wesenheiten im Weltfortgang von einem anderen Gesichtspunkt aus charakterisieren. Das wollen wir mit ein paar Worten tun.

Wenn Sie sich noch einmal erinnern, daß unsere Erde mit Sonne und Mond einstmals eine Wesenheit war, daß die Sonne sich aus der Erde herausgetrennt hat, um eine Wohnstätte zu sein für höher entwickelte Wesenheiten, die dann von außen auf unsere Erde hereinwirken sollten, und daß noch höhere Wesenheiten nach der Sonnentrennung mit der Erde vereinigt geblieben sind, um den Mond herauszuführen, und wenn Sie daran denken, daß diese Wesenheiten, die den Mond herausgetrennt haben, dieselben waren, welche von innen heraus ein neues Leben, ein seelisches Leben in dem Menschen nun angeregt und ihn bewahrt haben vor der Mumifizierung, dann werden Sie bald einen Einklang finden können zwischen dem, was Sie da und dort in den Vorträgen und dem, was Sie in den verflossenen Stunden gehört haben. Sie werden sich dann sagen: Von denjenigen Wesenheiten, welche sich mit der Sonne von der Erde getrennt haben, ist es natürlich, daß der Mensch sie auch bei seiner weiteren Entwickelung zunächst finden mußte, indem er den Blick dahin richtete, wo diese Wesenheiten mit der Sonne hingegangen sind. Die Sonnenwesen in ihrer Tätigkeit und in ihrem Reich mit all ihren Unterwesenheiten wird also der Mensch zu suchen gehabt haben auf dem Wege von sich aus hinaus in die Welt hinter dem Teppich der Sinnenwelt. Diejenigen Wesenheiten aber, welche in einer gewissen Beziehung höhere Wohltäter der Menschheit noch waren, die durch die Mondentrennung sein inneres Seelenleben angeregt haben, die wird er zu suchen gehabt haben, indem er zunächst in sein eigenes Inneres hineinstieg, indem er sich vertiefte in eine unterirdische Seelenregion, um dasjenige zu finden, was sich vor dem äußeren Blick verborgen hat, die unterirdischen Götter, die diejenigen sind, welche den Mond von der Erde getrennt und das Seelenleben angeregt haben. Innerhalb des Seelenlebens waren die Wege zu suchen zu denjenigen Göttern, die mit diesem wohltätigen Vorgang der Mondentrennung verknüpft waren. Wenn wir zunächst bloß auf diese zwei Reiche sehen, sozusagen auf die Reiche der Sonnengötter und Mondengötter, so haben wir einen Unterschied, den wir bezeichnen können als:

draußen in den Himmeln befindliche Götter und unterhalb der Seele befindliche Götter; und wir bezeichnen den Weg hinaus als den Sonnenweg und den Weg hinein in die Seele – zunächst um einen Namen zu haben – als den luziferischen Weg. Und Luzifers Wesenheiten sind uns dann diejenigen, welche nicht mitgemacht haben die Sonnentrennung von der Erde dazumal, als die Sonne sich von der Erde trennte. Und gewisse andere Wesenheiten, die höchste Wohltäter der Menschheit sind, aber zunächst verborgen bleiben mußten und diese Sonnentrennung nicht mitgemacht haben, gehörten zu keinem dieser Reiche so recht hinzu. Das waren jene Wesenheiten, welche während der alten Mondenentwickelung zurückgeblieben waren und nicht diejenige Stufe erreicht hatten, die sie als geistige Wesenheiten, die damals viel höher standen als die Menschen auf dem Monde, hätten erreichen können. Was haben diese Wesenheiten damals versäumt? Sie haben die Möglichkeit versäumt, während der folgenden Erdenentwickelung die Sonnentrennung mitzumachen. Sie wären in gewisser Weise berufen gewesen, wie die Sonnengeister von der Erde hinauszugehen und von der Sonne herunterzuwirken. Das haben sie versäumt. Das kam für diese Wesenheiten so, daß sie wohl in einer gewissen Weise den Versuch machten, mit der Sonne sich zu trennen von der Erde, aber dann die Entwickelungsbedingungen der Sonne nicht aushalten konnten und auf die Erde wieder zurückfielen. Diese Wesenheiten waren also solche, welche nicht von Anfang an zurückgeblieben waren mit der Erde zusammen, als die Sonne sich getrennt hat, welche dann aber nicht mitkommen konnten mit der Sonnenentwickelung und zurückgefallen waren; sie waren nun mit der Erdenentwickelung weiterhin verbunden. Was taten nun diese Wesenheiten weiter im Laufe der Erdenentwickelung? Sie, die also in einer ganz besonderen Lage waren, versuchten nun, mit Hilfe der Menschheitsentwickelung auf der Erde ihre eigene Entwickelung fortzusetzen. Sie konnten an das menschliche Ich nicht heran; dazu hatten sie sich nicht aufgeschwungen während der alten Mondenentwickelung. An das menschliche Ich konnten diejenigen Wesenheiten heran, die aus der Erde herausgezogen waren mit der Sonne. Und es konnten auch diejenigen Wesenheiten heran, welche den Mond abgetrennt hatten, von innen her. Die Wesenheiten, die von der Sonne zurückgefallen waren, die waren es, welche an die menschliche Seele herantraten, als diese noch nicht reif war die Offenbarung jener höheren Wohltäter zu empfangen, welche den Mond herausgetrennt hatten. Zu früh traten diese Wesenheiten an die menschliche Seele heran. Hätte sozusagen der Mensch völlig abgewartet die wohltätige Wirkung derjenigen geistigen Wesenheiten, die vom Monde, das heißt in das Innere seiner Seele hereinwirkten, so würde später eingetreten sein, was so früher eingetreten ist. Diese Mondengötter hätten die Seele des Menschen langsam herangereift, bis eine entsprechende Ich-Entwickelung möglich geworden wäre. So aber traten die anderen Wesenheiten an den Menschen heran und ergossen ihre Wirkungen, statt in das Ich, in den menschlichen Astralleib, von innen hinein, gerade so wie es die Mondengötter machen, so daß diese Wesenheiten denselben Weg suchten durch das Innere der Seele, auf dem die eigentlichen Mondengötter später auch wirkten; das heißt diese Wesenheiten gesellten sich hinein in das luziferische Reich. Und sie sind es, die in der biblischen Urkunde durch die Schlange symbolisiert werden. Es sind diejenigen Wesen, welche an den menschlichen Astralleib zu früh herangetreten sind, und die ganz so wirkten wie alle anderen Wesenheiten, die von innen wirken. Und wenn wir die von innen wirkenden Wesenheiten als luziferische Wesenheiten bezeichnen, müssen wir auch diese so zurückgebliebenen Wesenheiten so bezeichnen. Sie sind aber diejenigen, die an den Menschen herangetreten sind, als er noch unreif für solche Einflüsse war, diejenigen, die seine Verführer wurden auf der einen Seite, allerdings ihm aber auch die Freiheit verschafften, die Möglichkeit, im astralischen Leibe unabhängig zu werden von jenen göttlichen Wesenheiten, die seine Ichheit in ihren Schutz genommen hätten, die von vornherein in ihn hineingegossen hätten, was von göttlichen Sphären in die Ichheit hineingegossen werden kann. So aber machten sich diese luziferischen Wesenheiten heran an den astralischen Leib des Menschen, durchsetzten diesen mit alledem, was ihn für alles Höhere, Spirituelle enthusiasmieren kann, wirkten also auf seine Seele und wurden als höherstehende Wesenheiten in gewisser Weise des Menschen Verführer. Und wir müssen diese Art der luziferischen Wesenheiten als des Menschen Verführer ansprechen, müssen also sagen: Dasjenige, was im Laufe der Erdenentwickelung an den Menschen herangetreten ist und ihm auf der einen Seite die Freiheit gebracht hat, auf der anderen Seite die Möglichkeit des Bösen, das kam von innen heraus, das kam aus Luzifers Reich. Denn diese Wesenheiten konnten sich nicht von außen ankündigen, sie mußten sich ins Innere der Seele hereinschleichen; von außen kann an den Menschen herankommen, was an sein Ich herankommt, nicht bloß an seinen astralischen Leib. So sehen Sie, daß es im weiten Reiche der Lichtträger, der luziferischen Wesenheiten, Untergattungen gibt, von denen wir sehr wohl verstehen können, daß sie die Verführer des Menschen werden konnten. Wir können aber auch sehr wohl verstehen, daß gerade wegen dieser Wesenheiten strenge Maßregeln ergriffen wurden da, wo die Menschen eingeführt werden konnten in die Reiche jenseits des Schleiers der Seelenwelt; denn diejenigen Menschen, die diesen Weg geführt wurden in das Innere der Seele, trafen dort nicht nur die guten luziferischen Wesenheiten, die von innen heraus den Menschen erleuchtet haben, sondern sie trafen zunächst diese luziferischen Wesenheiten, die dann als seine Verführer wirkten, die namentlich den Hochmut, den Ehrgeiz, die Eitelkeit in der Seele aufstachelten.

Ja, wir müssen uns durchaus bekannt machen damit, daß wir niemals versuchen sollen, die Welten, die hinter der sinnlichen Welt und hinter der Seelenwelt liegen, umspannen zu können mit den durch unsere heutige Kultur zubereiteten Verstandesbegriffen.

Wenn wir von luziferischen Wesenheiten sprechen, so müßten wir den ganzen Umfang des Reiches dieser Wesenheiten kennenlernen, alle ihre Gattungen, Sorten und Arten. Dann würden wir sehen, daß nicht überall da, wo von der Gefährlichkeit einer gewissen Art von luziferischen Wesenheiten gesprochen wird, ein Bewußtsein vorhanden ist von dem ganzen Umfang des entsprechenden Reiches; daß man recht haben kann, wenn man von gewissen Gattungen des luziferischen Reiches so spricht, wie diese oder jene Urkunde spricht; daß man aber zugleich in Betracht ziehen muß, daß die Realität weiter ist, unendlich viel weiter, als die Menschen gewöhnlich wissen können. In einer Zeit, in welcher der Blick nach außen und der Blick nach innen für die Angehörigen einer gewissen Kulturepoche noch sehr scharf war, empfand der Mensch dann, wenn er den Weg nach außen ging zu dem: Das bist du, und nach innen zu dem: Ich bin das All, daß der Weg nach außen und der Weg nach innen zu demselben, zu dem einheitlichen Ich führten. In dieser ersten Kulturepoche der nachatlantischen Zeit hat man allerdings über dasjenige vielfach anders denken, anders fühlen können, was den geistigen Reichen zugrunde lag, als später. Daher ist es ungeheuer schwierig für das gewöhnliche Bewußtsein, in jene wunderbare erste nachatlantische Kulturepoche sich hineinzuversetzen und sich zu identifizieren mit einer Seele, die dazumal lebte.

Wir haben gestern gesehen, wie das Gefühl dazumal ganz anders geartet war, wie die Menschen die Seele des Lichtes wie durch ihre Haut von allen Seiten einströmen gefühlt haben, und damit haben Erfahrung sammeln können aus der Umgebung, die heute dem Menschen verschlossen ist. Aber mit alledem ist noch etwas anderes verknüpft gewesen.

Es ist aus meiner «Geheimwissenschaft» bekannt, daß in dem Gang der Menschheitsentwickelung in der nachatlantischen Zeit die folgenden Epochen unterschieden werden können: die altindische Kultur, die urpersische Kultur, die chaldäisch-ägyptische Kultur, die griechisch-lateinische Kultur, in welche das Christus-Ereignis hineinfiel; dann unsere Kultur. Auf sie wird eine weitere und auf diese wird dann die letzte folgen, und dann wird die Erde wiederum von einer solchen Umwandlung getroffen werden, wie sie getroffen wurde zur Zeit der atlantischen Katastrophe. So haben wir also sieben Kulturepochen. In diesen sieben Kulturepochen haben wir eine mittlere Kulturepoche, die steht für sich, die griechisch-lateinische mit dem Christus-Ereignis. Die anderen Kulturepochen stehen aber in einem gewissen Verhältnisse zueinander. Die chaldäisch-ägyptische Kulturepoche wiederholt sich in gewissen Erscheinungen der fünften Epoche, das heißt in unserer eigenen, so daß in unserer Zeit gewisse Erscheinungen, gewisse Tatsachen, gewisse Anschauungen wiederum aufleben müssen, die in der alten chaldäisch-ägyptischen Kultur gelebt haben. Nur leben sie auf in einer anderen Form, nämlich so, daß sie durchtränkt sind von demjenigen, was geschehen ist durch den Christus-Impuls. Nicht etwa eine einfache Wiederholung der chaldäisch-ägyptischen Kultur haben wir, sondern wir haben in unserer Zeit eine solche Wiederholung dieser Kulturepoche, daß alles getaucht ist in das, was der Christus auf die Erde gebracht hat. Das ist eine Wiederholung und doch wieder nicht eine solche. Diejenigen Menschen, welche sich tiefer eingefühlt haben in den Gang der Menschheitsentwickelung und teilgenommen haben an diesem mit ihrer Seele, die haben immer so etwas gefühlt. Bei solchen Menschen ist, wenn sie auch noch nicht zu einem okkulten Wissen vorgerückt waren, doch etwas aufgetaucht wie eine Erinnerung an alte ägyptische Erlebnisse. Dasjenige, was die ägyptischen Weisen in ihrer wunderbaren Erkenntnis der Himmelsvorgänge auf ihre Art in ihrer Hermes-Wissenschaft durchdrungen haben, das lebt in unserer fünften Kulturepoche, in unserer eigenen Zeit in einer materialistischeren Form wieder auf. So gefühlt haben das Aufleben dieser Erscheinungen besonders diejenigen, die an ihm beteiligt waren. Nur ein Beispiel sei angeführt.

Als diejenige Individualität im fünften Zeitraum wieder erschien, die einstmals in den Geheimstätten Ägyptens den Seelenblick hinaufgerichtet hatte zu den Sternen und ihre Geheimnisse im Weltenraume in der damaligen Art zu ergründen suchte unter der Herrschaft der ägyptischen Weisen, und dann *Kepler* wurde, da trat dasjenige, was in der ägyptischen Seele in anderer Form da war, wiederum in einer neuen, in den großen Keplerschen Gesetzen auf, die heute ein so wichtiger Bestandteil unserer Astrophysik sind. So kam es auch, daß in der Seele dieser Individualität auftauchte etwas, was aus ihr dann herauspreßte die Worte – Sie können sie in den Keplerschen Schriften lesen –: Ich bin hingegangen und habe die heiligen Gefäße aus den heiligen Stätten Ägyptens geholt und sie hereingestellt in die Gegenwart, damit die Leute jetzt etwas verstehen können, was noch in ferne Zukünfte hinein wirken kann. – Das ist ein Beispiel; wir könnten viele von solchen Beispielen anführen, an denen es Ihnen klar werden könnte, wie in einer neuen Form wieder auflebt, was da war in der chaldäisch-ägyptischen Kulturepoche.

Wir sind in der fünften Kulturperiode der nachatlantischen Zeit. Sie wird abgelöst werden von der sechsten, die eine wichtige sein wird. Diese sechste Kulturperiode wird eine Wiederholung sein und zu gleicher Zeit eine Erhöhung der urpersischen Zarathustrakultur. Zarathustra hat hinaufgeschaut zur Sonne, um hinter dem physischen Sonnenlichte den Christus-Geist, den er Ahura Mazdao genannt hat, zu sehen und die Menschen aufmerksam zu machen auf ihn. Dieser Christus ist mittlerweile auf die Erde niedergestiegen; dieser Christus muß in denjenigen Seelen, die sich dafür reif machen im Laufe der sechsten Kulturepoche, so weit in das Innere eindringen, daß dann durch den Blick in das eigene Innere der Seele einer Anzahl von Menschen jene gewaltigen Empfindungen entstehen können, die Zarathustra erregen konnte, als er auf den Ahura Mazdao hinwies. Denn in der sechsten Periode soll bei einer großen Anzahl von Menschen durch den Blick in das eigene Innere, durch die Wiedererkennung der Sonnenweisheit, dessen, was im Urpersischen sich offenbarte, etwas wie eine Wiederholung auf viel höherer, verinnerlichter, vergeistigter Stufe entstehen. Ich habe Ihnen schon erwähnt, daß die Griechen, wenn sie in ihrer Art und in ihrem Sinne von dem Ahura Mazdao gesprochen haben, ihn Apollo genannt haben. In ihren Mysterien haben sie den Menschen erkennen lassen die tiefere Wesenheit dieses Apollo. Vor allen Dingen haben sie in Apollo denjenigen Geist gesehen, welcher nicht nur die physischen Sonnenkräfte dirigierte, sondern auch die geistigen Sonnenkräfte lenkte und sie auf die Erde leitete. Und wenn die Lehrer in den apollinischen Mysterien ihren Schülern haben reden wollen von den geistig-moralischen Einflüssen Apollons, dann haben sie davon gesprochen, daß Apollon die ganze Erde durchklingt mit der heiligen Sphärenmusik, das heißt aus der geistigen Welt herunter die Strahlen schickt. Und eine Wesenheit haben sie in Apollon gesehen, die begleitet ist von den Musen, von seinen Helferinnen. Eine wunderbar tiefe Weisheit liegt in diesem Apollon, der begleitet ist von den neun Musen. Wenn Sie sich daran erinnern, daß der Mensch aus verschiedenen Gliedern seiner Wesenheit besteht, aus physischem Leib, Ätherleib, Empfindungsleib, Empfindungsseele, Verstandesseele, Bewußtseinsseele und so weiter, so können Sie sagen: Der Mensch ist ein Ich-Mittelpunkt und dieser vereinigt um sich sieben oder neun Glieder, die seine Wesensteile sind. Steigen wir von der menschlichen Wesenheit zu einer göttlichen Wesenheit hinauf, dann müssen wir uns dasjenige, was das Ich ist, als diese geistige Wesenheit denken, und was die Glieder sind, ist für die göttliche Wesenheit das, was ihre Helfer sind: einzelne Individualitäten. Wie den Menschen seine einzelnen Glieder, der physische Leib, der Ätherleib, der astralische Leib und so weiter zusammensetzen, sich um sein Ich gruppieren, so gruppierten die Musen sich um Apollo. Und auch dasjenige, was im Zusammenhange mit einer solchen Sache den Einzuweihenden des apollinischen Mysterienkreises gesagt wurde, das ist von einer tiefen Bedeutung. Ihnen wurde ein Geheimnis anvertraut, wie man sagt, daß der Gott wiederum auf eine besondere Weise im sechsten Zeitraume zu den Menschen sprechen soll, der im zweiten Zeitraume zu Zarathustra in so besonderer Weise gesprochen hat. Das suchte man zum Verständnis zu bringen, indem man sagte: Im sechsten Zeitraume wird Apollos Lied auf der Erde an seinem Ziele angekommen sein. – In diesem Satze, der gang und gäbe war bei den apollinischen Mysterienschülern, daß im sechsten Zeitraume Apollons Lied an seinem Ziele angekommen sein werde, war ausgedrückt die Wiederholung des zweiten Zeitraumes der Erdenentwickelung im sechsten auf einer höheren Stufe.

Der erste Zeitraum wird auf einer höheren Stufe wiedererscheinen im siebenten.

Das durchchristete Erkennen des ersten nachatlantischen Zeitraumes, das steht den gegenwärtigen Menschen als ein hohes Ideal vor; zu einer solchen Empfindungsweise, zu einer solchen Anschauungsweise wieder zu kommen, wie sie vorhanden war auf einer niedrigeren Stufe in der ersten nachatlantischen Zeit. Wiederum soll am Schlusse unserer nachatlantischen Zeit in einer gewissen Weise der Mensch, wenn er den Weg hinausgeht in die äußere Sinnenwelt und das Geoffenbarte hineinarbeitet in die eigene Seelenwelt, erkennen, daß ihn diese beiden Wege zu einer Einheit führen. Deshalb ist es gut, wenn man sich ein wenig hineinversetzt in dieses für heutige – wir stehen ja in der Zwischenepoche – Gefühle ziemlich fernliegende altindische Fühlen und Denken. Selbst wenn man nur einige Züge herausgreift, so merkt man etwas von dem ganz anders gearteten Fühlen und Denken, von der ganz andersartigen Stellung zur Weisheit und zum Leben, die dazumal bei einem nicht so zum Ich-Bewußtsein geweckten Menschenwesen vorhanden waren. Dasjenige, was dann in den Veden niedergeschrieben worden ist, das ist die Lehre der ersten großen Lehrer des alten Indien, der heiligen Rishis. Es muß hier auf die Tatsache hingewiesen werden, daß die heiligen Rishis ihre Anregung empfingen von jener hohen Individualität, welche die Völker der alten Atlantis hinübergeführt hat durch das heutige Europa nach Asien hinein. In gewisser Beziehung waren die heiligen Rishis die Schüler dieser hohen Individualität, des Manu. Und was hat ihnen der Manu vermittelt? Vermittelt hat er ihnen die Art und Weise, wie sie dazumal zu der ersten nachatlantischen Weisheit und Erkenntnis gekommen sind. Zur Erkenntnis kommen, wie das heute der Fall ist, dadurch, daß man die äußere Natur beobachtet, daß man sich in das Innere seiner Seele versenkt, wie sie heute erst möglich geworden ist, das alles hätte dazumal keinen Sinn gehabt.

In der ersten Kulturepoche der nachatlantischen Zeit, im altindischen Volk, war der Ätherleib noch weit mehr außerhalb des physischen Leibes als heute. Der alte Inder konnte sich dieses Ätherleibes und der damaligen Organe dieses Ätherleibes noch bedienen, wenn er nicht aufging im Leben des physischen Leibes, sondern sich hingab dem Ätherleib, wenn er sozusagen vergaß, daß er im physischen Leibe steckte. Wenn er dies tat, dann spürte er, wie wenn er herausgehoben wäre aus sich selbst; wie wenn er sozusagen wie das Schwert aus der Scheide herausgehoben wäre. Indem er das verspürte, empfand er auch etwas von dem, was man so schildern kann: man sieht nicht durch Augen, man hört nicht durch Ohren, man denkt nicht durch den physischen Verstandesapparat, man bedient sich der Organe des Ätherleibes. Das tat er. Dann aber trat vor ihm die lebendige Weisheit auf; nicht Gedanken, die Menschen denken können oder gedacht haben, sondern die Gedanken, nach denen die Götter draußen die Welt geformt haben. Dasjenige, was wir heute Gedanken nennen, was wir fabrizieren mit dem Instrument des Gehirns als Gedanken, das kannte überhaupt der wirklich im geistigen Leben stehende Inder nicht. Spintisiert, ausgedacht, verstandesmäßig überlegt hat der eben gar nicht, sondern bei ihm war es so, daß er herausstieg aus dem physischen Leib und in dem Ätherleib schaute. Um ihn herum war, wie eine momentane Gabe der göttlichen Welt, die ganze kosmische Summe der Gottesgedanken, aus denen hervorgesprossen ist die Welt. Wie die Götter gedacht haben in den Musterbildern für alle Dinge, das stand vor seinem Äthersinnesorgan, das schaute er. Er brauchte nicht logisch zu denken. Warum müssen wir logisch denken? Wir müssen das aus dem Grunde, weil wir durch das logische Denken die Wahrheit erst finden sollen, weil wir uns irren können, wenn wir unsere Gedanken in Verbindung bringen. Wären wir so organisiert, daß sich der richtige Gedanke an den richtigen Gedanken im unmittelbaren Erfühlen reihte, dann brauchten wir keine Logik. Der alte Inder brauchte keine Logik, er schaute die Gedanken der Götter, und die waren schon von selbst richtig. So hatte er um sich gewoben ein ätherisch-kosmisches Netz, gewoben aus den Gedanken der Götter. Er schaute zu gleicher Zeit in diesem Gedankengewebe, das ihm wie ein die Welt durchwebendes Seelenlicht schien, die urewige Weisheit. So, in dieser höchsten Vollendung, wie ich es Ihnen eben geschildert habe, konnten es allerdings nur die heiligen Rishis, und sie konnten aus diesem Schauen heraus verkünden die großen Weltenwesenheiten. Was hatten sie dann also für eine Empfindung? Sie hatten die Empfindung, daß mit diesem Weltengewebe von Weisheit, in dem alles eingeschrieben war in lebendigen Vorbildern, das Ganze durchwoben und durchströmt von der Seele des Lichtes, in sie einströmte die Wahrheit, die Erkenntnis. So wie der spätere Mensch das Gefühl hat, daß etwas in ihn einströmt, wenn er die Atemluft einsaugt, so hatte der alte Inder das Gefühl, daß ihm die Götter entgegenschickten die Weisheit, und er sie einsaugt, so wie uns die Atemluft entgegengeschickt wird, die wir dann einsaugen. Seelenlicht, und dieses Seelenlicht durchgeistigt von Weisheit, sogen die alten heiligen Rishis ein, und sie konnten das, was sie so einsogen, lehren denjenigen, die ihre Bekenner wurden. Dafür konnten sie aber auch sagen: alles dasjenige, was sie verkünden, ist ausgehaucht von Brahman selber. Das ist sogar der tiefe, wörtlich richtige Ausdruck: «Ausgehaucht ist es von Brahman und eingeatmet von den Menschen.» Dies war die Stellung der heiligen Rishis zu der Weisheit der Welt, zu dem, was sie verkündeten, was dann in den verschiedenen Partien der Veden, man könnte sagen, nur in schwachen Bildern niedergeschrieben ist. Denn dasjenige, was die heiligen Rishis lehrten, ist eben nur in schwachen Nachbildern in den Veden niedergeschrieben. Und wenn die Veden heute gelesen werden, so sollten sich die Menschen bewußt sein, daß das schwache Nachbilder sind der ursprünglichen heiligen Weisheit der Rishis. Dennoch aber müssen wir in den Veden etwas anderes sehen, als was wir sonst in Schriftwerken finden. Wir können in der Welt die mannigfaltigsten Schriftwerke finden, wir können auf diesem oder jenem Standpunkte stehen, wir können sagen: Ein inneres, seelisches, durchchristetes Leben tritt uns zum Beispiel im Johannes-Evangelium entgegen; wenn wir aber den Ausdruck nehmen, der uns darinnen gegeben ist, den äußeren Ausdruck des Johannes-Evangeliums, so steht er seinem Inhalte ferner als das, was in den Veden steht, zu seinem Inhalte. Es ist ein innigerer Zusammenhang zwischen dem Ausdrucke und dem Inhalte der Veden, weil unmittelbar sozusagen eingeflossen und wiedergegeben worden ist im Vedenworte das, was eingeatmet worden ist; während der Schreiber des Johannes-Evangeliums die tiefen Weistümer so geschrieben hat, daß er sie empfangen und sie hinterher niedergeschrieben hat, und der Ausdruck weiter absteht von dem, was der Inhalt ist.

Diese Dinge müssen uns klar sein, wenn wir die Weltenentwickelung wirklich verstehen wollen. Daher müssen wir empfinden, daß es ein natürliches Gefühl ist, wenn der Christ sagt: «Ich schätze das Johannes-Evangelium über alles», wenn der Christ aber auch das Bedürfnis hat, nicht bei dem Worte dieses Evangeliums stehenzubleiben, sondern durchzudringen, wie es die Geist-Erkenntnis tut, zu dem spirituellen Gehalt dieses Johannes-Evangeliums, wenn er sagt: «Mir wird es erst dadurch, was es sein soll, daß ich durchdringe zu demjenigen, was da im äußeren Ausdrucke gegeben ist.» Derjenige aber, der sich in der richtigen Weise zu den Veden stellen will, der muß sich wie der alte Inder dazu stellen, das heißt er muß sagen: «Dasjenige, was in den Veden selbst steht, hat kein Mensch hinterher bloß nachgeschrieben als Ausdruck der göttlichen Weisheit, sondern das ist *unmittelbar* eine Nachbildung dessen, was eingeatmete Weisheit ist.» Daher ist das Vedawort, daher sind die Teile der Veden, namentlich der Rig-Veda, nicht nur Urkunden über Heiliges, sondern selbst ein Heiliges für diejenigen, die empfanden, wie der Zusammenhang ist. Und dadurch die unendliche Verehrung des Veda selber wie eines göttlichen Wesens in alten Zeiten. Das müssen wir nur verstehen. Und wir müssen es verstehen aus der Seele des alten Inders heraus. Und wir müssen mancherlei lernen, weil wir ja einem Ideale entgegengehen, dem Ideale, die erste Kulturepoche in Erhöhung wiederzufinden, das heißt wieder zu begründen. Wir müssen etwas von dem lernen, was zum Beispiel gesagt wird in bezug auf das Vedawort, daß Baravadscha durch drei Jahrhunderte hindurch den Veda studiert hat. Der heutige Mensch wird glauben, wenn er drei Jahrhunderte den Veda studierte, daß er ungeheuer vieles wüßte; er wird verhältnismäßig schon, wenn er viel kürzere Zeit ihn studiert hat, glauben, daß er vieles weiß. Da kam, so wird uns erzählt, eines Tages zu Baravadscha der Gott Indra und sagte zu ihm: «Du hast jetzt durch drei Jahrhunderte den Veda studiert; siehe einmal, drei hohe Berge sind da, mächtig hohe Berge! Der eine bedeutet den ersten Teil des Veda, den Rig-Veda, der zweite Berg bedeutet den zweiten Teil des Veda, den Sama-Veda, und der dritte Berg bedeutet den dritten Teil des Veda, den Yagur-Veda. Du hast sie studiert, diese drei Vedenteile, durch drei Jahrhunderte.» Dann nahm der Indra drei kleine Klumpen von Erde, gerade so viel als man in einer Hand halten kann, aus diesen Bergen heraus und sagte: «Sieh dir diese Klumpen an! Soviel weißt du jetzt von den Veden, wie sich diese Klumpen verhalten zu den großen, mächtigen Bergen.» Verwandeln Sie einmal dies, was da ausgesprochen wurde, in ein Gefühl, dann heißt es: treten Sie an die höchste Weisheit heran, sei es in dieser oder jener Form, auch in der Form, wie sie uns heute entgegentritt, wo wir berufen sind, nicht aus Büchern, sondern aus dem, was in der Welt steht, durch die Botschaft des Rosenkreuzes wiederum die Weisheit zu suchen, und wenden Sie das an auf dasjenige, was uns als Geistes-Erkenntnis gegeben wird, und fühlen Sie so und stellen Sie sich in der richtigen Weise dazu, so werden Sie kaum sagen können von sich, daß Sie soviel von Geist-Erkenntnis gehört haben wie Baravadscha damals von den Veden; aber es sollte sich dieses Gleichnis von Baravadscha ein jeder gesagt sein lassen, dann wird er gefühlsmäßig in das richtige Verhältnis sich setzen zur umfassenden Weisheit der Welt. Und von solcher Art wird dieses Gefühl sein, daß ein Unendliches empfunden wird, von dem wir immer nur einen kleinen Klumpen haben können. Dadurch bekommen wir auch die richtige Sehnsucht, in der richtigen Weise vorzuschreiten und Geduld zu haben, bis sich wieder ein kleines Klümpchen ansetzt. Die Ahnung gehört zu den allerwohltätigsten Gefühlen der Menschenseele. Vieles kann gelernt werden aus der uralten Weisheit des Orients; zu dem Wertvollsten, was gelernt werden kann aus diesem Lichte, gehören solche Dinge, die sich auf unser Gefühl und unsere Empfindung beziehen; und das ist etwas von demjenigen, was der Gott Indra dem Baravadscha als eine Art von Anleitung gab, sich in der richtigen Weise zu den Veden zu stellen. Solche Gefühle von heiliger Scheu, von Ehrfurcht müssen wir uns wieder erringen, wenn wir entgegengehen wollen einem Zeitraume, wo wir hineinschauen dürfen in das, was die Verkündigung der neueren Mysterien ist, wo wir wiederum hineinschauen in jenen Weisheitsteppich, der aus den göttlichen Gedanken gewoben ist und nicht aus den Menschengedanken. Das ist auch das allerbeste, was wir an Gefühlen lernen. Aber wir wollen nicht glauben, daß wir diese Gefühle im gewöhnlichen Bewußtsein schon haben, sondern wir müssen uns klar sein, daß zu den höchsten Gefühlen der Weg eben durch das Wissen geht. Und wenn man den Gedanken umgehen will, wenn man zu bequem ist, so durch die Ätherhöhe der Gedanken die Gefühle zu suchen, so wird man bei den gewöhnlichen trivialen Gefühlen bleiben und sie nur verwechseln mit dem, was innere Versenkung der Seele in die Göttlichkeit ist. Solche Gefühle, wie sie im alten Indien zu finden waren, gehörten als ein Grundzug der ganzen Weisheit im ersten nachatlantischen Zeitraume dazu, um in der richtigen Weise sich damals zur Welt zu stellen und eine Einheit zu empfinden in den geistigen Welten, die man findet, wenn man den Weg nach auswärts oder einwärts sucht. Bei allen folgenden Kulturen muß sich ein anderes zeigen.

Während in dem alten Indien eine Vereinigung ist der beiden Wege, gehen die folgenden Zeiträume, der urpersische Zeitraum, der chaldäisch-ägyptische Zeitraum, der griechisch-lateinische Zeitraum in bezug auf die beiden Offenbarungen von innen und außen die Wege, die wir als eine Gabelung bezeichnen können. Auf der einen Seite haben wir die Offenbarung von außen, auf der anderen Seite die

Offenbarung von innen. So ist es schon in dem zweiten Zeitraum der nachatlantischen Kulturen. Da haben wir auf der einen Seite nicht nur den Weg des Volkes, sondern auch den Weg der Mysterien, sowohl nach außen in das Reich des Ahura Mazdao, als nach innen. Was man innerhalb der altindischen Denkweise noch lebendig erschaut hat, das einheitlich hinter den beiden Geisteswelten Dahinterstehende, das war für den zweiten nachatlantischen Zeitraum etwas, was gleichsam schon dem Blicke entschwunden war, was schon in einem undurchdringlichen Untergrunde des Daseins war, wovon man noch eine Ahnung hatte, was aber nicht mehr in der Seele leben konnte. Der alte Inder fühlte: «Da gehe ich hinaus, auf der anderen Seite gehe ich hinein und komme zur Einheit.» Der Perser ging den Weg nach außen und sagte, wenn er sich an die Lehre des Zarathustra hielt: «Ich komme zu Ormuzd!» und wenn er den Weg nach innen ging: «Ich komme zu der Wesenheit des Mithras!» Aber es schlossen sich ihm diese zwei Wege nicht mehr zusammen. Er ahnte nur noch, daß sie sich zusammenfinden müssen irgendwo. Daher sprach er von dem Wesen als dem Unbekannten im Dunkel, das man nur ahnen kann, dem unbekannten Urgotte. Das war nur noch ein urgeistiges Wesen, von dem man wußte, daß es dasein muß, das man aber nicht mehr finden konnte. Zaruana akarana, das war der Name für diesen im Dunkel wesenden, aber nicht mehr auf den beiden Wegen erreichbaren persischen Gott. Was man erreichen konnte, war das, was hinter dem Teppich der äußeren Sinneswelt lag. Da war zunächst dasjenige, auf was Zarathustra hinwies. Also etwas, was schon ein Abkömmling war des Zaruana akarana. Es war der Gott Ahura Mazdao, der Herrscher im Reiche der Sonnengeister, in dem Reiche, aus dem die wohltätigen Wirkungen herunterkamen, die im Gegensatz zu den physischen Sonnenwirkungen als die geistigen zu bezeichnen sind, der Geist, von dem zum Beispiel der alte Perser das ableitete, was an Sittenregeln und an Gesetzen vorhanden war, was der Eingeweihte – der war es, der sich durch die Einweihung zu den Sittenregeln und Gesetzen hinaufschwang – herunterholte als Sittengesetze, als Gesetze des menschlichen Handelns, der menschlichen Verrichtungen und so weiter. Das also war der eine Weg; und man sah sozusagen in höchster Region diesen Geist, der der Geist der Sonne ist, walten; da sah man seine Diener, die Amshaspands, diejenigen, die sich gleichsam um seinen Thron herumstellten, die seine Boten waren. Während er das gesamte Reich regierte, lenkten diese die einzelnen Teile. Untergeordnetere Wesenheiten, welche wiederum unter den Amshaspands stehen, sind diejenigen, die man gewöhnlich die Izets oder Izarats nennt. So daß der alte Perser hinausblickte in das Reich hinter den Teppich der Sinnenwelt, und eine höchste geistige Wesenheit sah: Ahura Mazdao und unter ihm ein Korps von Amshaspands; dann wiederum untergeordnetere Wesenheiten, die Izets oder Izarats; und es gab noch Wesenheiten, von denen wir sagen können, daß sie dasjenige sind in der geistigen Welt, was die Gedanken der Menschen in der Seele sind. Diese Gedanken in der menschlichen Seele sind ja nur Schattenbilder ihrer Wirklichkeiten; draußen in der spirituellen Welt entsprechen unseren Gedanken gewisse geistige Wesenheiten. Für die altpersische Auffassung waren diese Wesenheiten, die man Fravashis nannte, diejenigen, die sozusagen unmittelbar über dem Menschen standen. So also dachte man sich innerhalb der persischen Entwickelung das Reich hinter dem Teppich der Sinnenwelt mit einer Stufenfolge von geistigen Wesenheiten bis hinauf zu Ormuzd. In dem Augenblick aber, wo man nicht den völligen Einklang sieht zwischen dem geistigen Reiche, das man findet auf dem Wege nach außen, und dem geistigen Reiche, das man findet auf dem Wege nach innen, da hängt es schon im hohen Grade von dem Menschen ab, wie er namentlich das Reich im Innern sieht. Nun war aber auch die ganze Natur den persischen Menschen eine andere geworden, als es die Natur den altindischen war. Diese Eigentümlichkeit, den Ätherleib noch so weit draußen zu haben, die hatte der Angehörige der altpersischen Menschheit nicht mehr; da war schon der Ätherleib viel weiter in den physischen Leib hineingeschlüpft. Daher konnten sich die Angehörigen des altpersischen Volkes nicht mehr der Organe des Ätherleibes bedienen, wie die Angehörigen des altindischen Volkes das konnten. Die Organe, deren sich die Angehörigen des altpersischen Volkes bedienten, waren diejenigen Organe, die ursprünglich dem Menschen eingegliedert waren in dasjenige, was wir heute den Empfindungsleib nennen. Sie wissen ja, daß wir am vollständigen Menschen zu unterscheiden haben den physischen Leib, den Ätherleib, den Empfindungsleib, die Empfindungsseele, die Verstandesseele, die Bewußtseinsseele, dann dasjenige, was man Geistselbst nennt, dann den Lebensgeist, und schließlich den eigentlichen Geistmenschen.

Geistmensch
Lebensgeist
Geistselbst

Bewußtseinsseele
Verstandesseele
Empfindungsseele

Empfindungsleib
Ätherleib
Physischer Leib

Der altindische Mensch bediente sich also sozusagen in der Weise, wie sie charakterisiert worden ist, seines Ätherleibes, wenn er sich zu den höchsten Erkenntnissen emporschwingen wollte. Der Perser konnte das nicht mehr; er konnte sich aber des Empfindungsleibes bedienen. Er also erhob sich zu seinen höchsten Erkenntnissen durch den Empfindungsleib. Weil er nicht mehr mit dem Ätherleib schauen konnte, so verhüllte sich die höchste Einheit vor ihm. Mit dem Empfindungsleib konnte er noch hinausblicken und in gewisser Weise astralisch sehen. Das war bei vielen Mitgliedern des persischen Volkes noch der Fall: astralisch zu sehen den Ahura Mazdao und seine Diener, weil man sich des Empfindungsleibes noch bedienen konnte. Nun wissen Sie aus der Darstellung in meiner «Theosophie», daß der Empfindungsleib gebunden ist an die Empfindungsseele. In dem Augenblick, wo also der Angehörige des altpersischen Volkes sich des Empfindungsleibes bediente, war sozusagen die Empfindungsseele dabei; aber er war noch nicht dahin gelangt, sich dieser zu bedienen, denn sie war noch nicht ausgebildet, sie mußte erst ausgebildet werden. Daher war der Angehörige des altpersischen Volkes in einer ganz besonderen Lage. Er bediente sich seines Empfindungsleibes. Da spielt immer die Empfindungsseele hinein. Die mußte er aber erst hinnehmen so, wie sie damals war. Daher mußte er empfinden: Wenn der Empfindungsleib, der jetzt schon ausgebildet ist, sich erhebt zu Ahura Mazdao, dann ist die Empfindungsseele dabei. Die ist aber in einer gewissen Gefahr, und sie wird, wenn sie ihre Empfindungen offenbart, sie geradeso in den Empfindungsleib hineinschicken; sie wird dasjenige, was von alten luziferischen Verführungen da ist, zwar nicht als solche äußern, denn dazu hat sie noch keine Fähigkeiten, aber sie wird ihre Wirkungen in den Empfindungsleib hineinschicken. – So nahm man im alten Persien Hereinwirkungen der Empfindungsseele auf den Empfindungsleib wahr, die gleichsam ein von der Außenwelt hereinleuchtendes Spiegelbild dessen darstellten, was in der Empfindungsseele von alten Zeiten her wirkte. Das ist, von innen gesehen dasjenige, was man die Wirkungen Ahrimans, die Wirkungen des Mephistopheles nennt. Daher fühlte man, man steht zwei Mächten gegenüber. Blickt man auf dasjenige, was der Mensch erlangen kann, wenn er den Blick nach außen richtet, so schaut man zu den Mysterien des Ahura Mazdao, läßt man den Blick in das Innere fallen, dann steht man mit Hilfe des Empfindungsleibes durch dasjenige, was Luzifer bewirkt hatte, vor dem Gegner des Ahura Mazdao, vor Ahriman. Es gab nur eines, welches schützte vor den Anfechtungen der Ahrimangestalt, und das trat zu Tage: wenn man durch die Einweihung der Menschheit voraneilte, wenn man die Empfindungsseele ausbildete. Wenn man diese ausbildete und reinigte, und so der Menschheit vorausschritt, dann ging man den Weg nach innen, einen Weg, der zu etwas anderem führte als zu Ahura Mazdao; dann ging man den Weg zu den lichtvollen Luziferreichen. Und dasjenige, was da die Menschenseele durchdrang auf dem Wege nach innen, das nannte man später den Gott Mithras. Daher sind die persischen Mysterien, die das Innenleben pflegten, die Mithrasmysterien. So haben wir auf der einen Seite den Gott Mithras, wenn der Mensch den Weg nach innen ging; und dasjenige, was er auf dem Wege nach außen traf, waren die Reiche des Ahura Mazdao.

Und jetzt schreiten wir heraus in die nächste nachatlantische Kulturepoche, in die chaldäisch-ägyptische Zeit. Da haben wir eine merkwürdige Erscheinung in dieser chaldäisch-ägyptischen Zeit. Nicht umsonst benennen wir sie mit zwei Namen. Wir haben nämlich auf der einen Seite während dieser Kulturepoche drüben in Asien Angehörige der nördlichen Völkerströmung, das ist das chaldäische Element; und der anderen Strömung gehört das ägyptische Element an, der Völkerströmung, die auf dem südlichen Wege gezogen ist. Da haben wir eine Epoche, wo zwei Völkerströmungen zusammenstoßen. Und wenn Sie sich erinnern, daß die nördliche Strömung vorzugsweise den Blick nach außen entwickelte, das Suchen nach jenen Wesenheiten, die hinter dem Teppich der Sinnenwelt standen, und daß das ägyptische Volk diejenigen Geister suchte, die man auf dem Weg nach innen findet, so werden Sie begreifen, wie hier zwei Strömungen zusammenwirkten. Also da stoßen der Weg nach außen bei den Chaldäern und der Weg nach innen bei den Ägyptern zusammen. Das empfanden die Griechen auch in einer ganz richtigen Weise, wenn sie die chaldäischen Götter verglichen mit ihrem apollinischen Reiche. Sie suchten dasjenige, was ihnen von den Chaldäern zukam, in ihren apollinischen Mysterien auf ihre Art. Wenn sie aber von Osiris sprachen und von demjenigen, was dazu gehörte, dann suchten sie das in entsprechender Weise bei sich in ihren dionysischen Mysterien. Man hatte dazumal ein ahnendes Bewußtsein davon, wie die geistigen Zusammenhänge wirklich sind.

Nun schreitet die Menschheit aber vor in der Zeit; sie kommt immer weiter, bildet neue Glieder aus. In der altindischen Periode hat man den Ätherleib und seine Organe ausgebildet; in der urpersischen Periode bediente man sich des Empfindungsleibes und bildete diesen aus, und in der chaldäisch-ägyptischen Periode bildete man nun die Empfindungsseele, das heißt ein vorzugsweise inneres Glied aus. Während der Empfindungsleib noch nach außen gerichtet ist, ist die Empfindungsseele schon nach innen gerichtet. Man entfernt sich also von demjenigen noch mehr als früher, was göttlich-geistige Welten sind. Man lebt ein inneres Leben in der Seele und muß dies Leben gegenüber dem, was nicht im Menschen ist, beschränken auf das, was die Sinne wahrnehmen. So ist auf der einen Seite immer mehr und mehr das Reich der Sinnenwelt dagewesen, und auf der anderen Seite hat sich das Seelenleben immer mehr und mehr verselbständigt. Die Kultur der Empfindungsseele ist die Kultur des dritten Zeitraums. Dasjenige aber, was die Empfindungsseele ausbildet, das sind jetzt nicht mehr geschaute Weisheiten, die wie aus einem Teppich der Umwelt abgelesen werden. Das ähnelt schon dem, was der heutige Mensch ausdenkt, obwohl es, weil der heutige Mensch schon bis zur Bewußtseinsseele vorgedrungen ist, damals noch viel lebendiger ist. Es sind sozusagen die Gedanken noch vollsaftiger; sie sind lebendigere Gedanken als heute, Gedanken die so lebendig sind, wie heute für uns die Empfindung «rot» ist. Der Mensch empfindet heute seine Gedanken nicht mehr mit derselben Intensität, wie er einen Geschmack oder Geruch empfindet. Damals, als in der ägyptischen Zeit die Empfindungsseele vorzugsweise ausgebildet wurde, waren die Gedanken so, daß sie so lebendig in der Seele lebten wie heute die Empfindung der roten Farbe, eines Geruchs oder eines Geschmacks. Heute sind die Gedanken abgeblaßt, abstrakt geworden. Konkret waren sie damals. Sie waren noch mehr geschaute Gedanken, wenn auch nicht solche Gedanken, die man draußen ausgespannt erblickte in der physischen Welt, so doch Gedanken, von denen man fühlte: man hat sie nicht ausgeklügelt, sondern es sind Gedanken, die aufsteigen in der Seele wie Eingebungen, die auffluteten und da waren. Man sagte nicht mehr: man atmet die Weisheit ein – aber man ist von den Gedanken lebendig durchdrungen, sie sprießen herauf in der Seele, sie sind von der spirituellen Welt in unsere Seele heraufgetrieben.

So ändert sich im Laufe der Zeit alles. Daher hatte der Angehörige der chaldäisch-ägyptischen Epoche nicht mehr das Bewußtsein von der Weisheit der Welt als wie einer ausgebreiteten Lichtwelt, die er einatmet, sondern er hatte das Bewußtsein, daß er Gedanken hatte, allerdings solche Gedanken, die als Inspiration aufstiegen. Und der Inhalt einer solchen in ihm aufsteigenden Wissenschaft, das ist die chaldäische Astrotheologie und das ist die ägyptische hermetische Weisheit. Auf diesem Wege sind sie zustandegekommen. Dasjenige, was in den Sternen lebte und sie bewegte, was in den Dingen pulste, das konnte der Mensch nicht mehr ablesen, aber es kündigte sich in seinem Innern als die alte Weisheit der chaldäisch-ägyptischen Periode an. Dabei ist es bei den Chaldäern so, daß die Menschen das Bewußtsein hatten: Dasjenige, was wir da wissen, ist nicht bloß unser Inneres; das ist ein Spiegelbild dessen, was draußen vorgeht. Bei den Ägyptern war es so, daß sie das Bewußtsein hatten: Was da aufsteigt, ist ein Spiegelbild der verborgenen Götter, die der Mensch trifft nicht zwischen Geburt und Tod, sondern zwischen dem Tode und einer neuen Geburt. – So waren die Ägypter und Chaldäer voneinander unterschieden, daß in ihrer Weisheit die einen wahrnehmen dasjenige, was hinter der Welt ist, in der wir leben zwischen Geburt und Tod, und die anderen, die Ägypter, in ihrer inspirierten Weisheit dasjenige, was lebt zwischen dem Tode und einer neuen Geburt. Notwendigerweise waren aber, wie Sie aus dem ganzen Sinne dieser Entwickelung sehen können, diese Eingebungen des Innern, diese aufsteigenden inspirierten Gedankenmassen fern dem eigentlichen Urwesen in seiner Einheit. Man drang sozusagen nicht mehr so weit, als man noch im Empfindungsleib hat dringen können in der urpersischen Zeit. Es war schon alles mehr abgeblaßt, es war nicht mehr so viel von der Außenwelt darinnen; die hatte sich schon mehr zurückgezogen. Man hatte also eine Weisheit der Außenwelt in *sich* erlebt, nicht mehr die Weisheit in der Außenwelt selber. Dennoch hatten diejenigen, die sie kennenlernten mit den rechten Gefühlen, vor den Weisheiten der urpersischen Periode den denkbar größten Respekt. Wenn man in einem Wort die paradigmatischen Weisheiten ausdrücken will, welche die Chaldäer geschaut haben über die der physischen Welt zugrunde liegende geistige Welt, so kann man sagen: das sind die chaldäischen Wahrsprüche; und die Sammlung der chaldäischen Wahrsprüche, sie hat einen hochgeachteten Weisheitsschatz gebildet in den alten Zeiten. Unendlich Wichtiges von den Geheimnissen der Welt steckt in diesen Wahrsprüchen. Man schätzte sie ebenso, wie man die Offenbarungen, die man erlebte zwischen dem Tode und einer neuen Geburt schätzte; als ägyptische Weisheitsquellen schätzte man diese.

Aber noch dunkler und schattenhafter war dasjenige Wesen geworden, das noch in voller Gegenwart des Erkennens in der altindischen Kulturepoche war und sich nun seiner tieferen Wesenheit nach zurückgezogen hatte vor dem Blicke. Noch schattenhafter als Zaruana akarana ist dieses höchste einheitliche Wesen der chaldäisch-ägyptischen Weisheit. Die Chaldäer nennen es Anu, und es bezeichnet etwas, was die Einheit ist der beiden Welten, was aber weit,weit über demjenigen, was man erkennen kann, erhaben liegt. Und auch in diejenigen Regionen, in die noch der Zarathustramensch hinaufgeschaut hat, wagen die Chaldäer nicht mehr hinaufzuschauen, sondern sie schauen hinauf in diejenigen Regionen, die schon sehr nahe stehen dem menschlichen Gedanken. Da, sagen sie, findet sich zwar alles, denn das Höchste findet sich im Niedrigsten auch, aber da finden sie etwas, was sie als ein Wesen bezeichnen, das eine Abschattierung ist von dem Höchsten. Sie nannten das Apason. Dann sahen sie etwas, was ihnen erschien wie eine Abschattung dessen, was wir etwa heute substantiell unter dem Geistesmenschen stehend denken würden, was wir aus dem Lebensgeist geformt denken würden. Das nannten sie etwa so, daß wir ihr Wort nachbilden können, wenn wir sprechen Tauthe. Dann hatten sie ein Wesen, das nannten sie Moymis. Moymis war ungefähr dasjenige, was die Geist-Erkenntnis heute gewohnt ist einen Weltgeist zu nennen, was ein Wesen ist, bei dem das unterste Glied das Geistselbst ist. So erblickten sie eine Dreiheit, die über ihnen stand. Sie waren sich aber bewußt, daß diese Dreiheit nur in bezug auf ihre untersten Glieder ihnen ihre wahre Gestalt zeigte, daß die höheren Glieder Abschattungen des Höheren sind, das sich zurückgezogen hatte vor ihnen. Und wie ein Abkömmling dieser Wesenheit, die etwa Moymis zu nennen ist, in der Region der Ichheit oder des Feuerwesens, muß dann Bel, derjenige Gott, der als der Weltenbildner auch der Volksgott war, angesehen werden.

So sehen wir, wie auch in der Benennung der Götter sich ausdrückt das, was sich herangebildet hat im ganzen Volkswesen. Wenn der Angehörige dieser chaldäischen Welt dann den Weg nach innen antrat, so sagte er, er komme durch den Schleier des Seelenlebens in eine Welt untermenschlicher oder unterirdischer Götter. Adonis ist etwa ein späterer Name für diejenigen Wesenheiten, die sie gefunden haben auf dem Wege nach innen. Nur für die Eingeweihten war dieser Weg der gangbare, denn mit großen Gefahren war er verbunden für die Uneingeweihten. Aber der Eingeweihte erlebte dafür auch, wenn er diesen Weg ging, wenn er sich so entwickelte, daß er hinausgelangte in die Welt, die unter dem Schleier des Seelenlebens liegt – er erkannte etwas, was sich vergleichen läßt mit Erlebnissen der Einweihung von heute. Denn wir nähern uns schon den Eigentümlichkeiten, die immer mehr und mehr zu den Eigentümlichkeiten unserer Zeit sich herausbilden. Derjenige, der im alten Chaldäertume eingeweiht wurde, der machte zwei Erlebnisse durch, und man sorgte dafür, daß er diese zwei Erlebnisse möglichst so machte, daß sie zusammenfielen, daß er also den Weg betrat nach außen in die geistige Welt hinein und nach innen in die geistige Welt hinein, so daß er wenigstens ein Gefühl erhielt von einem gemeinschaftlichen Weben und Leben des Geistigen draußen und drinnen. Und dann erlebte er auf dem Wege nach innen die Begegnung mit jenem geistigen Wesen, das man innerhalb des Chaldäertums Istar nannte und von dem man wußte, daß es zu den wohltätigen Mondgottheiten gehörte. Istar stand da an der Schwelle, die sonst den Menschen verschließt, was hinter dem Seelenleben an Geistigkeit steht. Und auf der anderen Seite, wo man das Tor findet in die geistige Welt durch den Teppich der äußeren Sinneswelt, da stand der andere Hüter: Merodach oder Marduk. Merodach, er stand mit Istar da. Merodach, den wir mit dem Hüter der Schwelle, mit dem Michael vergleichen können, Merodach und Istar waren es, welche das Innere der Seele hellsehend machten und den Menschen nach den beiden Seiten hin in die geistige Welt einführten. Daher erlebte der Mensch durch diese Begegnung das, was man symbolisch auch heute noch so empfindet: Es wird dem Menschen der leuchtende Kelch gereicht, das heißt der Mensch lernt den allerersten Gebrauch seiner Lotusblumen noch tastend kennen. – Dann schreitet er allmählich weiter. So sehen Sie, wie schon das Überschreiten einer gewissen Schwelle in dieser Epoche notwendig ist. In Ägypten ist es etwas anders, aber doch ähnlich.

So schritt die Menschheit weiter auf ihrem Wege zur Entwickelung in unsere Zeit hinein. Dann aber rückte der Zeitpunkt heran, der vorbereiten sollte das Herabkommen des kosmischen Sonnengeistes auf die Erde. Der Geist, der vorher äußerlich war, sollte nun hineintreten in die menschliche Seele, daß er im Innern zu finden ist; wie früher die luziferischen Gottheiten zu finden waren, wie Osiris im Innern zu finden war. Die beiden Wege, die sich deutlich im Gegensatze bei den Chaldäern und Ägyptern zeigten, sollten sich gegenseitig befruchten. Das mußte geschehen. Wie konnte das geschehen? Es konnte dadurch geschehen, daß ein Bindeglied geschaffen wurde. Dieses Bindeglied geht aus von Ur in Chaldäa, wie richtig die Bibel vom hebräischen Volk erzählt. Da nimmt es jene Offenbarungen mit, die von außen kommen.

Dann geht es nach Ägypten, nimmt auf, was von innen kommt, und vereinigt beides, so daß zum erstenmal in Jahve eine Wesenheit voranleuchtend auftritt für Christus, welche die beiden Wege vereinigt. Was frühere Götter waren, das wird jetzt von zwei Seiten her dem Menschen kund. Wie später der Christus innerlich beleuchtet wird, so wird wenigstens von außen *beleuchtet* dasjenige, was früher als gewisse Götter in der Dunkelheit erscheint. So sehen wir, daß in Jahve oder Jehova eine Gottheit auftritt, die auf dem Wege nach innen gefunden wird, aber noch nicht durch sich selbst sichtbar wird, die nur sichtbar wird, wenn sie von außen beleuchtet wird. Das zurückgeworfene Christus-Licht ist bei Jehova. Da sehen wir deutlich nebeneinandertreten und sich gegenseitig befruchten diese beiden Richtungen, die uns jetzt so viel beschäftigt haben. Damit aber beginnt überhaupt etwas ganz besonders Neues im Entwickelungsgange der Menschheit. Jetzt beginnt, daß sich Äußeres und Inneres befruchten; jetzt beginnt das, wo das Innere zum Äußeren wird, wo in den Raum hinausdringt, um nebeneinander zu sein, dasjenige, was früher nur innerlich in der Zeit gelebt hat. Durchsuchen Sie Ihr Seelenleben einmal. Dieses ist nicht im Raume ausgebreitet, das verläuft in der Zeit. Die einzelnen Gedanken und Empfindungen sind hintereinander. Was draußen ist, das ist im Raume ausgebreitet, das ist nebeneinander. Daher muß jetzt das eintreten, was man nennt: das Hinausfließen von etwas, was bisher nur in der Zeit gelebt hat, in den Raum zum Nebeneinander. Das geschieht auch, daß etwas, was nur in der Zeit gelebt hat, im Raume nunmehr nebeneinanderlebt. Damit geschieht ein Wichtiges, und dieses drückt sich in ganz besonders tiefer Weise aus.

Alles dasjenige, was früher menschliche Geistesentwickelung war, was hinausführte über die äußere Raumeswelt, führte auch äußerlich in die Zeit hinein. Nun – alles, was zeitlich angeordnet ist, das ist nach dem Maße und nach der Natur der Siebenzahl angeordnet. Wir beherrschen den Weltenwerdegang, wenn wir die Zahl Sieben zugrunde legen, indem wir sagen: Saturn, Sonne, Mond, Erde – Mars, Merkur – Jupiter, Venus und Vulkan, indem wir zum Beispiel hier sieben Zeiträume haben. In allem, was der Zeit unterliegt, finden wir uns zurecht, wenn wir die Zahl Sieben anwenden. Daher werden wir überall da, wo wir in die Zeit hineingeführt werden, zur Siebenzahl geführt werden. Alle die Kollegien und Logen, welche aus dem Raume hinaus in das Zeitliche hineinführen, wenn sie zum Überweltlichen führen, unterliegen eben der Siebenzahl. Der Siebenzahl unterliegen die heiligen Rishis, der Siebenzahl unterliegen die anderen heiligen Lehrer der Völker bis herein zu den sieben Weisen Griechenlands. Die Grundzahl des Raumes ist die Zwölf. Und indem die Zeit herausfließt in den Raum, wird sie zur Offenbarung durch Zwölf. Daher herrscht die Zwölf da, wo die Zeit ausfließt in den Raum. Zwölf Stämme haben wir in Israel, zwölf Apostel in dem Augenblick, wo der Christus, der sich vorher in der Zeit geoffenbart hatte, herausfließt in den Raum. Was in der Zeit ist, ist hintereinander. Was daher von dem Raume in die Zeit hinführt zu den Göttern des luziferischen Reiches, führt in die Siebenzahl hinein. Wollen wir etwas charakterisieren seiner Wesenheit nach in diesem Reiche, so finden wir *diese* Wesenheit, wenn wir das zu Erforschende auf seine Vaterschaft zurückführen. Wir erkennen dasjenige, was in der Zeit sich entwickelt, wenn wir von dem Späteren zu dem Früheren wie vom Kind zum Vater aufsteigen. Indem wir in die Zeitenwelt, die von der Siebenzahl beherrscht ist, hineingehen, sprechen wir von den Kindern und ihrem Ursprunge, von den Kindern der geistigen Wesenheiten, von den Kindern des Luzifer. Wenn wir die Zeit herausführen in den Raum, sprechen wir von denjenigen Wesenheiten, die nebeneinanderstehen, bei denen das Stehen nebeneinander und damit auch das Fließen der Seelenimpulse von dem einen zum anderen im Raume in Betracht kommt. Wo die Siebenzahl sich dadurch, daß die Zeit in den Raum herausfließt, in die Zwölf verwandelt, hört auf der Begriff des Kindes denselben übersinnlichen Sinn zu haben; da tritt der Begriff der Bruderschaft auf; die nebeneinander leben, das sind Brüder. So steigen wir auf in der Menschheitsentwickelung, indem wir den wichtigen Begriff der Göttersöhne verwandeln in den Begriff der Brüder, die nebeneinander leben. Brüder, Geschwister leben nebeneinander. Was voneinander abstammt, lebt nacheinander. Wir sehen hier in einem wichtigen Zeitpunkt den Übergang von den Söhnen oder Kindern des luziferischen Reiches und seiner Wesenheit zu den Brüdern Christi, einen Übergang, von dem wir morgen noch weiter sprechen werden.

NEUNTER VORTRAG

München, 31. August 1909

Die Tatsache, mit der wir gestern unsere Betrachtungen geschlossen haben, muß notwendigerweise, wenn sie zum erstenmal an den Menschen herantritt, etwas unverständlich bleiben. Sie gehört zu den Geheimnissen der Zahl. Und die Geheimnisse der Zahl sind diejenigen, zu denen verhältnismäßig am schwierigsten hin zu gelangen ist.

Es ist gesagt worden, daß zwischen den Zahlen Sieben und Zwölf ein gewisses Verhältnis besteht, und daß dieses Verhältnis etwas zu tun hat mit Zeit und Raum. Nun ist es zwar möglich, daß das Geheimnis, das damit ausgesprochen ist, nach und nach von allen Menschen verstanden werden kann, aber im Sinne der gegenwärtig allein anerkannten Erkenntnis ist die Sache eine bloße Behauptung. Sie soll zunächst erläutert werden. Man findet sich im Weltengetriebe, darauf konnte schon hingewiesen werden, zurecht, wenn man unterscheidet zwischen denjenigen Verhältnissen, die vorzugsweise räumlich sind, und denjenigen die vorzugsweise zeitlich sind. Man begreift die Welt, wie sie uns umgibt, zunächst in Raum und Zeit. Wenn man sich aber nicht darauf beschränkt, abstrakt von Raum und Zeit zu sprechen, sondern verstehen will, wie sich die Verhältnisse in der Zeit ordnen, und wie sich die einzelnen Wesenheiten im Raum zueinander stellen, dann gibt es einen Faden, der hindurchführt auf der einen Seite durch die Verhältnisse der Zeit und auf der anderen Seite durch die Verhältnisse des Raumes. Wir betrachten geisteswissenschaftlich zunächst den Werdegang der Welterscheinungen. Wir blicken zurück auf frühere Verkörperungen des Menschen, auf frühere Verkörperungen der Rassen, der Kulturen, auf frühere Verkörperungen der Erde selbst. Wir verschaffen uns eine Ahnung von demjenigen, was in der Zukunft, also auch zeitlich geschehen soll. Aber wir finden uns immer zurecht, wenn wir uns sagen: Wir werden die *zeitliche* Entwickelung von einem Gerüste aus beurteilen, das wir uns bauen durch die Zahl Sieben. – Man darf da nicht konstruieren oder spekulieren und mit der Zahl Sieben allerlei Deutungen vornehmen, sondern man soll zunächst einmal die Tatsachen unter dem Gesichtspunkt der Siebenzahl verfolgen. Es ist dies zunächst nur eine Erleichterung des Betrachtens. Nehmen Sie zum Beispiel den Menschen an, dessen Geistesauge geöffnet ist, so weit, daß er die Tatsachen der Akasha-Chronik in der Vergangenheit prüfen kann, so wird ihn die Siebenzahl dadurch leiten können, daß er sich sagt: Was in der Zeit verläuft, baut sich nach dem Gerüste der Siebenzahl auf; was sich wiederholt in verschiedenen Formen, das betrachtet man gut dadurch, daß man die Sieben zugrunde legt und die entsprechenden Gestaltungen dann aufsucht. – So ist es gut, sich zu sagen: Weil die Erde verschiedene Verkörperungen durchmacht, suchen wir ihre sieben Verkörperungen: Saturn, Sonne, Mond, Erde, Jupiter, Venus und Vulkan. Weil die menschlichen Kulturen sieben Verkörperungen durchmachen, suchen wir ihren Zusammenhang, indem wir wiederum die Siebenzahl zugrunde legen. – Wir gehen zum Beispiel zur ersten Kultur in der nachatlantischen Zeit. Die altindische Kulturperiode ist die erste, die zweite ist die urpersische, die dritte die chaldäisch-ägyptische, die vierte die griechisch-lateinische, die fünfte unsere eigene, und wir erwarten die zwei folgenden, welche als die sechste und siebente die unsere ablösen werden. Da haben wir wiederum die Siebenzahl in aufeinanderfolgenden Kulturverkörperungen zugrunde gelegt. Wir können aber auch in dem Karma eines Menschen uns zurecht finden, wenn wir zurückzublicken suchen auf seine drei vorhergehenden Inkarnationen. Wenn man die Inkarnation eines Menschen der Gegenwart nimmt und überblickt von dieser Gegenwart ausgehend die drei vorhergehenden Inkarnationen, dann ist es möglich, gewisse Schlüsse zu ziehen für die drei nächstfolgenden Inkarnationen. Die drei vorhergehenden Inkarnationen und die jetzige mit den drei folgenden geben wiederum sieben. So ist die Siebenzahl ein Leitfaden für alles zeitliche Geschehen.

Dagegen ist die Zahl Zwölf ein Leitfaden für alles, was im *Raume* nebeneinander besteht. Das hat eine Wissenschaft, die zu gleicher Zeit Weisheit war, immer gefühlt. Daher hat sie bei Welterscheinungen, die unserer Erde angehören, gesagt: Wir finden uns zurecht, wenn wir die räumlichen Beziehungen von irgend etwas, was auf der Erde geschieht, auf zwölf Dauerpunkte, die im Raume verteilt sind, beziehen. – Diese zwölf Dauerpunkte sind durch die zwölf Tierkreis-Zeichen im Weltenraum angegeben. Das sollten zwölf Grundpunkte sein, auf die alles im Raume bezogen wird. Das liegt aber nicht bloß in einer Willkür der menschlichen Denkweise, sondern diese hat an der Wirklichkeit gelernt und sich dieses Verhältnis, daß man im Raum sich am besten zurechtfindet, wenn man sich auf zwölf Glieder bezieht, als orientierend ausgebildet. Wo es sich um Veränderungen handelt, das heißt um Zeitliches, da werden die sieben Planeten von einer älteren Wissenschaft zugrunde gelegt. Da ist die Siebenzahl der Leitfaden.

Nun fragen wir uns: Wie wendet sich das auf dieses menschliche Leben in seiner Entwickelung an? – Wir haben gesagt, daß bis zu dem Zeitpunkt in der Menschheitsentwickelung, der durch den Eintritt des Christus-Prinzipes bezeichnet wird, es sich darum handelt, daß der Mensch, wenn er in sein Inneres hineinblickte, den Weg zu der Götterwelt durch den Schleier seines Inneren suchte, in die luziferische Welt hineinkam. Und wir haben alles dasjenige, was da der Mensch findet, mit einem Sammelnamen als die luziferische Welt bezeichnen können. Das war auch in diesen älteren Zeiten der Weg, auf dem der Mensch seine Weisheit gesucht hat, auf dem er eine höhere Erkenntnis über die Welt gesucht hat, als man hinter dem Teppich der äußeren Sinneswelt finden kann. Der Mensch hat gesucht, indem er sich in seine innere Welt versenkt hat; aus dieser heraus mußten weitere Intuitionen und Inspirationen des moralischen und ethischen Lebens geradeso aufsteigen, wie die Intuitionen des Gewissens aus dieser inneren Welt aufgestiegen sind. Es sind auch alle anderen Intuitionen und Inspirationen, die sich auf das Moralische, auf das Seelische überhaupt bezogen, selbstverständlich aus dem Seelischen aufgestiegen. Daher mußten sich diejenigen hohen Individualitäten, welche Führer waren der Menschheit in diesen alten Zeiten, zunächst, wenn sie über das Höchste die Menschen aufklären wollten, an das menschliche Innere wenden. An das menschliche Seelenleben, an das menschliche Innere mußten sich wenden die heiligen Rishis, mußten sich wenden bei allen älteren Kulturen die großen Lehrer der Menschheit. Das menschliche Innere aber ist kein Räumliches, es ist ein Zeitliches. Das Seelenleben verläuft in der

Zeit. Dasjenige, was uns außen umgibt, gruppiert sich im Raum; was innerlich verläuft, gruppiert sich in der Zeit. Daher wird alles dasjenige, was zum menschlichen Innern sprechen will, geprüft an dem Leitfaden der Zahl Sieben. Wie kann man daher ein Wesen am besten verstehen, das zum menschlichen Innern sprechen will? Wie könnte man jene Wesen in ihren Grundeigentümlichkeiten am besten verstehen, die wir zum Beispiel die heiligen Rishis nennen? Dann könnte man sie am besten verstehen, wenn man sie erfaßt in demjenigen Verhältnis, das verwandt ist mit dem zeitlichen Seelenleben. Daher erstand in diesen älteren Zeiten, wo die großen Weisen gesprochen haben, vor allen Dingen diese Frage: Woher stammen sie? – wie wir fragen bei einem Sohne: Wer ist Vater und Mutter? Nach dem Zeitlichen, nach dem Abstammungsverhältnis frug man. Wenn man einen Weisen vor sich hatte, da interessierte man sich vor allen Dingen für die Frage: Woher kommt er? Welches war die Wesenheit, die früher da war? Woher stammt er? Wessen Sohn ist er? Indem man also über die luziferische Welt spricht, muß man die Siebenzahl zugrunde legen und muß sich interessieren, wessen Kind der ist, der da spricht zu der menschlichen Seele. Von den Kindern des Luzifer sprechen wir in diesem Sinne, wenn wir von den älteren Verkündigern der spirituellen Welt sprechen, die hinter dem Schleier des Seelenlebens, die hinter dem Zeitlichen verborgen liegt.

Anders aber liegt die Frage bei dem Christus. Der Christus ist nicht zur Erde heruntergekommen auf einem zeitlichen Wege, der Christus ist, indem er zeitlich erschienen ist, auch dem Raume nach, von außen in die irdische Welt gekommen. Der Zarathustra hat ihn gesehen, indem er den Blick nach der Sonne hinaus gerichtet hat, und hat ihn angesprochen als Ahura Mazdao. Immer mehr und mehr hat sich für das menschliche Schauen im Raum dieser Ahura Mazdao genähert, bis er heruntergestiegen und Mensch geworden ist. Da interessiert also auch das räumliche Herankommen, nicht nur die zeitliche Folge. Das räumliche Herankommen, dieses Herankommen des Christus aus der Unendlichkeit des Raumes auf unsere Erde zu, das hat einen Ewigkeitswert, nicht bloß einen zeitlichen Wert. Damit hängt es dann auch zusammen, daß der Christus nicht auf der Erde so zu wirken hat, wie es dem Zeitenverhältnis allein entspricht, daß der Christus nicht auf die Erde so etwas bringt, wie es dem Verhältnis von Vater und Kind, von Mutter und Kind entspricht, was in der Zeit sich abspielt, sondern er bringt etwas in die Welt, was im Nebeneinander sich abspielt. Nebeneinander leben Brüder. Vater und Mutter und Enkel leben nacheinander in der Zeit, und das zeitliche Verhältnis drückt ihr eigentliches Verhältnis aus. Der Christus bringt aber als der Geist des Raumes etwas Räumliches auch in die Erdenkultur hinein. Was er hineinbringt, ist die Nebeneinanderstellung der Menschen im Raum, und das Verhältnis, das nun von einer Seele zur anderen immer mehr und mehr hinüberziehen soll im Nebeneinanderleben, gleichgültig wie sich das zeitliche Verhältnis regelt. Unsere Erde ist der Planet in unserem kosmischen System, der die Mission hat, in die Welt die Liebe einzuführen. Es war in alten Zeiten die Aufgabe der Erde, die Liebe einzuführen mit Hilfe der Zeit. Indem sich durch die Abstammungsverhältnisse das Blut von Generation zu Generation, vom Vater auf Kind und Enkel herunter ergoß, war dasjenige, was durch die Zeit verwandt war, zugleich dasjenige, was sich liebte. Der Familienzusammenhang, der Blutzusammenhang, das Herabströmen des Blutes durch die in der Zeit aufeinanderfolgenden Generationen, das war dasjenige, was die Liebe begründete in den älteren Zeiten. Und auch da, wo die Liebe einen mehr moralischen Charakter annahm, da begründete sie sich auf ein zeitliches Verhältnis. Man liebte die Ahnherren, diejenigen, die in der Zeit vorangegangen sind. Durch Christus kam die Liebe von Seele zu Seele, so daß dasjenige, was räumlich nebeneinander steht, in ein Verhältnis kommt, wie es die gleichzeitig nebeneinander stehenden Geschwister zunächst vorgebildet haben als die Bruderliebe, die die Menschen im Raume von Seele zu Seele einander entgegenbringen sollen. Hier beginnt das räumliche Nebeneinanderleben seine besondere Bedeutung zu gewinnen.

Daher redet man in älteren Zeiten, wenn es sich um die großen Angelegenheiten der Menschheit handelt, von demjenigen, was nach der Regel der Siebenzahl zusammenhängt: Sieben Rishis, sieben Weise! Daher ist der Christus umgeben von zwölf Aposteln als den Vorbildern der im Raume nebeneinander lebenden Menschen. Und diese

Liebe, die alles dasjenige, was im Raume nebeneinander ist, unabhängig von der Zeitenfolge umspannen wird, soll durch das Christus-Prinzip in das soziale Leben der Erde hineinkommen. Derjenige ist ein Nachfolger des Christus, der das, was um ihn herum ist, liebt in Brüderlichkeit. Sprechen wir daher in älteren Zeiten von den Kindern des Luzifer, so ist das Christus-Prinzip die Veranlassung, daß wir sagen: Christus ist der Erstgeborene unter vielen Brüdern. – Und das Bruderschaftsverhältnis zu dem Christus, das Sich-hingezogen-Fühlen nicht wie zu einem Vater, sondern wie zu einem Bruder, den man als den ersten der Brüder, aber doch als einen Bruder liebt, das ist das Grundverhältnis zu Christus.

Das sind wiederum natürlich nur Anführungen, welche belegen, nicht beweisen, aber belegen und verdeutlichen dasjenige, was das Verhältnis der Zahlen Sieben und Zwölf ausmacht. Je mehr also das Christus-Verhältnis in die Welt herunterleuchtet, desto mehr spricht man von Gruppierungen im Sinne der zwölf Stämme Israels, der zwölf Apostel und so weiter. Die Zwölfzahl gewinnt also von da aus ihre mystische, geheimnisvolle Bedeutung für die Erdenentwickelung.

Damit ist sozusagen der äußere Aspekt, der äußere Anblick dieser großen Veränderung angedeutet, die sich durch das Christus-Prinzip in bezug auf die Erdenentwickelung abgespielt hat. Wir könnten nun lange reden über das Verhältnis der Zahl Sieben zu der Zahl Zwölf und würden mancherlei noch unverständlich lassen müssen in diesem tiefen Geheimnis unseres Weltendaseins. Wenn Sie sich das Gesagte wie eine Verdeutlichung der Zahl Sieben und der Zahl Zwölf als Leitfaden für Zeit- und Raumverhältnisse gesagt sein lassen, so können Sie tiefer hineindringen in die Geheimnisse des Universums. Für uns soll aber zunächst dieses Verhältnis der Zahlen Sieben und Zwölf dasjenige sein, welches zu allem anderen dazu uns noch darauf hinweist, wie tief einschneidend das Christus-Ereignis für die Welt war, wie man selbst sozusagen einen anderen Zahlenleitfaden suchen muß, wenn man sich da zurechtfinden will.

Aber es ist auch ein inneres Verhältnis in bezug auf Raum und Zeit; dieses kann ich Ihnen nur ganz skizzenhaft andeuten. Und das will ich so machen, wie man es in der Regel in den Mysterien gemacht hat, um anzudeuten das Kosmische in dem Verhältnis von Zwölf und Sieben. Man hat gesagt: Wenn man den Weltenraum nicht betrachtet als etwas Abstraktes, sondern so, daß man die irdischen Verhältnisse wirklich auf diesen Weltenraum bezieht, so muß man diese Verhältnisse auf jenen Umkreis beziehen, indem man sich die zwölf Grundpunkte des Tierkreises denkt als Widder, Stier, Zwillinge, Krebs, Löwe, Jungfrau, Waage, Skorpion, Schütze, Steinbock, Wassermann, Fische. Diese zwölf Grundpunkte des Tierkreises, sie waren zu gleicher Zeit das wirkliche, reale Weltensymbolum für die urältesten göttlich-geistigen Wesenheiten, in dem man sich in einer gewissen Weise die Wirklichkeit entsprechend gedacht hat. Schon als die Erde verkörpert war im alten Saturn, wirkten diejenigen Kräfte, die aus diesen zwölf Richtungen herkommen, auf diesen alten Saturn ein; sie wirkten wiederum ein während der alten Sonnenzeit, während der alten Mondenzeit und werden weiter wirken. Sie sind also gewissermaßen ein Dauerndes und sind über dasjenige weit erhaben, was innerhalb unseres Erdenwerdens entsteht und vergeht. Erhaben ist dasjenige, was symbolisiert wird durch die zwölf Zeichen des Tierkreises, über dasjenige, was übergeht im Laufe des Werdens unseres Planeten vom alten Saturn auf die Sonne, von der alten Sonne zum alten Mond und so weiter. Während dasjenige, was da vorgeht, entsteht und vergeht, hat das vom Tierkreis Bedingte die Planetengeschehnisse überdauert, also überdauert die Verhältnisse auf dem alten Saturn, auf der alten Sonne, auf dem alten Mond. Es ist auch dasjenige, was durch die Grundpunkte des Tierkreises symbolisiert wird, erhaben über dasjenige, was sich auf unserer Erde abspielt als der Gegensatz von Gut und Böse. Erinnern Sie sich, daß ich in der ersten Stunde dieses Zyklus aufmerksam gemacht habe darauf, wie, wenn man in das astralische Gebiet eindringt, man es zu tun hat mit einer Welt der Verwandlung, wie das, was von einem Gesichtspunkt aus als ein Gutes wirken kann, von dem anderen als böse erscheinen kann. Diese Unterschiede zwischen Gut und Böse, sie haben ihre Bedeutung innerhalb des Werdens. Und für diese Bedeutung ist die Siebenzahl ein orientierender Leitfaden. Dasjenige, was an Göttern symbolisiert wird in den zwölf Raumpunkten, in den zwölf Dauerpunkten, das ist erhaben über Gut und Böse. Und daher haben wir im

Umkreis innerhalb der zwölf Dauerpunkte das über Gutes und Böses Erhabene. Da draußen haben wir gleichsam die Symbole für jene göttlich-geistigen Wesenheiten zu suchen, die, wenn sie an sich betrachtet werden, ohne daß sie hereingreifen in unsere irdische Sphäre, erhaben sind über die Unterschiede von Gut und Böse.

Nun aber beginnt sich einmal in der Zeit zu regen dasjenige, das zu unserer Erde wird. Das kann nur dadurch geschehen, daß gleichsam eine Zweiteilung innerhalb dieser Dauergöttlichkeiten eintritt und dasjenige, was vorgeht, in ein verschiedenes Verhältnis tritt zu diesen Dauergöttern, daß sich diese in zwei Sphären gliedern, in eine Sphäre des Guten und in eine Sphäre des Bösen. An sich ist weder das eine noch das andere gut oder böse, aber indem es wirkt auf die Erde in ihrem Werden, wirkt es einmal als gut, einmal als böse, so daß also alles dasjenige, was an dem einen teilnimmt, als die Sphäre des Guten, und was am anderen teilnimmt, als die Sphäre des Bösen bezeichnet werden darf. Nur liegt die Vorstellung zugrunde, daß dasjenige, was nur ein wenig teilnimmt an der Sphäre des Guten, auch gut genannt werden muß. Sobald dasjenige, was in der geistigen Welt, wie ich gesagt habe, Dauer hat, was mit der Zeit nichts zu tun hat, sobald das in die Zeit eingreift, gliedert es sich in ein Gutes und in ein Böses. Für das Gute bleiben von den zwölf Dauerpunkten übrig die fünf rein in der Sphäre des Guten befindlichen und die zwei an der Grenze; das sind sieben. Daher sprechen wir von demjenigen, was als Sieben übrig bleibt von den Zwölf. Wenn wir das Gute, das Vortreffliche, das Führende in der Zeit suchen wollen, müssen wir sprechen von sieben Weisen, von sieben Rishis; und dem entspricht dann auch die Wirklichkeit. Daher auch die Vorstellung, daß der lichten Welt, der oberen Welt sieben Zeichen des Tierkreises angehören; daß die unteren fünf, vom Skorpion angefangen, der finsteren Welt angehören.

Das soll nur ein skizzenhafter Hinweis sein darauf, daß der Raum, wenn er sozusagen seine Sphäre der Ewigkeit verläßt und Schöpfungen in sich aufnimmt, die in der Zeit verlaufen, sich gliedert in ein Gutes und ein Böses und daß, indem man das Gute heraushebt, die Sieben heraushebt aus der Zwölf, die Sieben die gute Zahl für die Zeitverhältnisse ist. Wollen wir die Wahrheiten der Zeit suchen, so müssen wir die

Siebenzahl als Leitfaden betrachten; denn was als Fünfzahl übrigbleibt, würde uns in den Irrtum führen. Da haben Sie die innere Bedeutung dieser Sache.

Sagen Sie sich nicht in diesem Augenblick, daß dies schwer verständlich ist, sondern sagen Sie sich: Die Welt ist tief, und es muß auch Dinge geben, die schwierig zu verstehen sind.

Der Christus aber ist in die Welt gekommen, um auch zu sitzen mit den Zöllnern und Sündern. Er ist gekommen, um auch aufzunehmen dasjenige, was sonst aus dem Weltgange ausgeschieden werden müßte. In Ödipus mußte dasselbe ausgeschieden werden, was in das Christusleben aufgenommen worden ist wie ein Ferment; das wurde Ihnen erhärtet durch die Judas-Sage. Wie das neue Brot einen kleinen Teil des alten als ein Ferment aufnehmen muß, um weiter zu gedeihen, so mußte die neue Welt, um zu gedeihen, um recht gut zu werden, etwas aufnehmen als ein Ferment, das aus dem Bösen heraus ist. Daher konnte Judas, der überall ausgeschlossen war, der sich auch am Hofe des Pilatus unmöglich gemacht hatte, aufgenommen werden da, wo der Christus wirkte, der gekommen ist, die Welt wiederum so zu heilen, daß die Sieben in die Zwölf umgewandelt werden kann, daß dasjenige, was unter der Siebenzahl begriffen worden ist, nunmehr unter dem Symbolum der Zwölfzahl begriffen werden kann. Zunächst ist uns die Zwölfzahl repräsentiert durch die zwölf Brüder des Christus, durch die zwölf Apostel.

Das alles, wie gesagt, sollte nur besprochen werden als ein Hinweis darauf, wie tief die Veränderung war, die damit für unser ganzes Erdenwerden eintrat. Diese Bedeutung des Christus-Prinzipes und seines Einschlages in das Erdenwerden kann man von vielen Gesichtspunkten aus erläutern und der, den wir damit berührt haben, ist einer davon.

Nunmehr wollen wir das noch einmal so recht vor unsere Seele stellen, was uns aus alledem hervorging. Daß mit dem Christus etwas ganz Besonderes eingeschlagen hat in die Erdenentwickelung, das ist etwas, was in der Geisteswissenschaft da, wo sie ihre wahren Pflegestätten hat, gefühlt und erkannt wird. Gefühlt und erkannt wird in den Stätten wahrer Geisteswissenschaft, daß es eines gibt, was zunächst geht durch alle Kulturen der nachatlantischen Zeit; was schon gegangen ist durch die uraltindische, die urpersische, die chaldäisch-ägyptische Kultur und so weiter, was gehen wird auch durch diejenigen Kulturen, die auf diese folgen bis zur nächsten großen Katastrophe und darüber hinaus. Wenn wir uns fragen: Wo können wir eine wahrere Gestalt dessen finden, was durch die ganze Menschheitsentwickelung durchgeht, als wir sie finden können durch die Sinnesanschauung oder den menschlichen Verstand? – so müssen wir bei der Geisteswissenschaft anfragen und sagen: Wie nennt man das, was in der spirituellen Welt zu entdecken ist, und was sich gewissermaßen wie eine fortlaufende Geistesströmung durch alle diese sieben Kulturen durchbewegt? – Man hat gerade in der orientalischen Weisheit ein Wort geprägt für dasjenige, was sich durch alle diese Kulturen durchzieht; es ist, wenn man es in Wirklichkeit betrachtet, nicht etwas Abstraktes, sondern etwas Konkretes, ein Wesen. Und will man dieses Wesen näher bezeichnen, von dem im Grunde genommen alle anderen Wesen, seien es die sieben heiligen Rishis oder selbst höhere Wesenheiten, die gar nicht heruntersteigen bis zur physischen Verkörperung, Sendboten sind, so können wir es bezeichnen mit einem Namen, den der Orient richtig geprägt hat. Alle Verkündigung, jegliche Weisheit in der Welt führt zunächst auf diese eine Quelle zurück, auf die Quelle der Urweisheit, welche ein Wesen besitzt, das durch alle Kulturen der nachatlantischen Zeit sich hindurchentwickelt, das in jeder Epoche in dieser oder jener Form erscheint, das aber immer ein Wesen ist, ein Grundträger der Weisheit, die in den verschiedensten Gestalten erschienen ist. Wenn ich Ihnen gestern beschrieben habe, wie – gleichsam einatmend – die heiligen Rishis diese Weisheit konkret erfaßt haben, so war dasjenige, was da draußen wie die Seele des Lichtes ausgebreitet war und als Lichtweisheit eingeatmet wurde von den heiligen Rishis, der Ausfluß jener erhabenen Wesenheit, von der hier die Rede ist. Und für die anderen Zeitalter ist dasjenige, was wir gestern erwähnen konnten als ihre Weisheit – zum Beispiel in jener ganz anderen Anschauung, wie sie in der urpersischen Kulturepoche zum Ausdruck kam –, wiederum herabgeströmt von dieser einen Wesenheit, die der große Lehrer aller Kulturen ist. Jene Wesenheit, die der Lehrer der heiligen Rishis, die der Lehrer des

Zarathustra, der Lehrer des Hermes war, die man als den großen Lehrer bezeichnen kann und die in den verschiedensten Epochen in der verschiedensten Weise sich manifestierte, die natürlich für den äußeren Blick zunächst tief verborgen bleibt, bezeichnet man mit einem aus dem Orientalischen heraus geprägten Ausdrucke als *Gesamtheit der Bodhisattvas.* Die christliche Anschauung würde sie als *Heiligen Geist* bezeichnen. Wenn man vom Bodhisattva spricht, spricht man von einer über alle Kulturen hin sich ziehenden Wesenheit, die sich auf die eine oder andere Weise kundgeben und manifestieren kann für die Menschen. Das ist der Geist der Bodhisattvas. Zu den Bodhisattvas haben sie alle aufgeblickt, haben die heiligen Rishis, hat der Zarathustra, der Hermes, der Moses aufgeblickt, gleichgültig wie sie die betreffende Wesenheit empfunden und genannt haben. Man kann sie mit diesem einen Namen belegen, sie ist *«der große Lehrer»*, und zu ihm blicken auf diejenigen, die die Lehren der nachatlantischen Zeit empfangen wollen und können. Dieser Bodhisattva-Geist unserer nachatlantischen Zeit hat mehrmals Menschengestalt angenommen, eine derselben interessiert uns aber vor allen Dingen. Ein Bodhisattva hat die weithin leuchtende Menschengestalt angenommen, gleichgültig wie er sich sonst manifestiert hat, in jener Wesenheit, die man als Gautama Buddha bezeichnet. Und es war ein Fortschritt des entsprechenden Bodhisattva, als er nicht mehr bloß zu bleiben brauchte in den oberen geistigen Regionen, sondern es so weit gebracht hatte durch seine Ausbildung innerhalb der geistigen Regionen, daß er die physische Leiblichkeit so weit bezwingen konnte, um in Buddha Mensch zu werden. So also haben wir in dem Buddha eine der Menschwerdungen eines Bodhisattva zu sehen, eine der Menschwerdungen der allumfassenden Weisheitsgestalten, wie sie dem Erdenwerden zugrunde liegen. In dem Buddha haben wir sozusagen die Verkörperung jenes großen Lehrers, der einfach die wesenhafte Weisheit selber genannt werden kann. So sehen wir den Buddha in der richtigen Weise an: Er ist die Erdenwerdung des Bodhisattva. Und es braucht dann nicht geglaubt zu werden, daß ein Bodhisattva nur in dem Buddha sich verkörpert hat, sondern es hat sich ganz oder teilweise ein solcher auch in anderen menschlichen Persönlichkeiten verkörpert. Aber solche Verkörperungen müssen wir nicht alle nach der Schablone auffassen, sondern wir müssen uns klar sein darüber, daß so, wie ein Bodhisattva lebte im Ätherleib des Gautama Buddha, ein solcher auch in Leibesgliedern anderer menschlicher Individuen lebte. Und weil die Wesenheit desjenigen Bodhisattva, welcher den Astralleib des Zarathustra geerbt hatte, einströmte in die Glieder anderer Individualitäten, zum Beispiel des Hermes, so kann man – aber nur wenn man die Sache so versteht – auch andere Individualitäten, die wiederum große Lehrer sind, eine Verkörperung eines Bodhisattva nennen. Man kann von einer immer und immer wiederkehrenden Verkörperung des Bodhisattva sprechen, muß aber wissen, daß der Bodhisattva hinter all den Menschen, in denen er sich verkörpert, gestanden hat als Teil derjenigen Wesenheit, die selber die personifizierte Allweisheit *unserer* Welt ist.

So also blicken wir auf das Weisheitselement, das in älteren Zeiten aus den luziferischen Welten heraus der Menschheit sich mitteilte. Wenn wir auf dieses schauen, schauen wir auf die Bodhisattvas. Nun gibt es aber in bezug auf die nachatlantische Entwicklung eine Wesenheit, die grundverschieden ist von den Bodhisattvas, die etwas prinzipiell anderes ist als ein Bodhisattva, und die man nicht mit dem Bodhisattva verwechseln darf, deshalb, weil sie einmal in einer menschlichen Individualität verkörpert war, die auch zu gleicher Zeit die Einströmungen des Bodhisattva als Buddha hatte. Weil einmal ein Mensch lebte, in dem der Christus sich verkörperte und zu gleicher Zeit in diese Menschenindividualität die Strahlen des Bodhisattva hineingingen, darf man es bei dieser Verkörperung nicht als Hauptsache betrachten, daß der Bodhisattva sich bei jener Persönlichkeit verkörpert hat. Das ist Jesus von Nazareth. Da überwiegt gerade während der drei letzten Jahre das grundsätzlich vom Bodhisattva verschiedene Christus-Prinzip. Wodurch können wir den Unterschied nun angeben von Christus-Prinzip und Bodhisattva-Prinzip? Das ist außerordentlich wichtig, daß man weiß, wodurch der Christus, der einmal in einem menschlichen Leib verkörpert war, nur einmal, nicht vorher und nicht nachher als Christus in einem Menschenleib verkörpert sein kann. Er ist seit jener Zeit zu erreichen auf dem Wege in das Innere der menschlichen Seele; er war vorher zu erreichen, wenn der Blick hinausgerichtet wurde in die Welt, wie ihn Zarathustra hinausgerichtet hat. Wodurch unterscheidet sich der Christus, dieses Prinzip, dieses Wesen, dem wir eine solche Mittelpunktstellung zuschreiben müssen, von einem Bodhisattva? Der grundsätzliche Unterschied des Christus von dem Bodhisattva ist der, daß wir den Bodhisattva nennen müssen den großen Lehrer, die Verkörperung der Weisheit, die durch alle Kulturen durchgeht, die in der verschiedensten Weise sich verkörpert. Der Christus aber ist nicht bloß Lehrer, das ist das Wesentliche! Der Christus lehrt nicht bloß die Menschen, der Christus ist eine Wesenheit, die wir am besten verstehen, wenn wir sie aufsuchen da, wo wir in schwindelnder Geisteshöhe sie finden können als ein *Objekt* der Initiation, und wo wir sie vergleichen können mit anderen geistigen Wesenheiten.

Wir können sie am besten in folgender Weise charakterisieren: Es gibt Regionen des Geisteslebens, wo man sozusagen, entledigt alles Erdenstaubes, diese hohe Wesenheit, den Bodhisattva, in seiner spirituellen Eigentümlichkeit finden kann, und wo man finden kann den Christus, entkleidet von alledem, was er geworden ist auf der Erde und in deren Nähe. Da findet man dann das Folgende: Man findet sozusagen die Grundlage der Menschheit, dasjenige, wovon alles Leben ausgeht: den spirituellen Urquell. Man findet nicht nur einen Bodhisattva, sondern eine Reihe von Bodhisattvas. Wie wir hingewiesen haben auf denjenigen Bodhisattva, der unseren aufeinanderfolgenden sieben Kulturen zugrunde liegt, so gibt es einen Bodhisattva, der den atlantischen Kulturen zugrunde liegt und so weiter. Sie finden in spirituellen Höhen eine Reihe von Bodhisattvas, die für ihre Zeiten die großen Lehrer, die Unterweiser sind nicht nur der Menschen, sondern die Unterweiser auch derjenigen Wesenheiten, die nicht heruntersteigen in die Region des physischen Lebens. Sie finden wir da alle sitzen, wenn wir vergleichsweise sprechen dürfen, als die großen Lehrer; sie sammeln sich dasjenige, was sie lehren sollen, und in ihrer Mitte finden wir eine Wesenheit, die nicht nur dadurch etwas ist, daß sie lehrt: und das ist der *Christus*. Er ist nicht nur dadurch etwas, daß er lehrt, sondern er ist in der Mitte der Bodhisattvas als eine Wesenheit, die auf die umgebenden Bodhisattvas dadurch wirkt, daß diese ihren Anblick haben; angeschaut wird sie von den Bodhisattvas, denen sie ihre eigene Herrlichkeit offenbart. Sind die anderen dasjenige, was sie sind, dadurch, daß sie große Lehrer sind, so ist der Christus dasjenige, was er der Welt ist, durch das, was er *in sich selbst ist,* durch sein Wesen. Ihn braucht man nur anzuschauen; und die Offenbarung seines eigenen Wesens, die ist etwas, was sich bloß zu spiegeln braucht in seiner Umgebung; dann entsteht daraus die Lehre. Er ist nicht bloß Lehrer, er ist Leben, ein Leben, das sich eingießt in die anderen Wesenheiten, die dann die Lehrer werden. So sind die Bodhisattvas diejenigen, die ihre Lehre davon herhaben, daß sie die Seligkeit genießen, die Anschauung des Christus zu haben in ihrer spirituellen Höhe. Und finden wir im Verlaufe unserer Erdenentwickelung Verkörperungen der Bodhisattvas, so nennen wir solche, weil in ihnen der Bodhisattva das Wesentliche ist, große Lehrer der Menschheit. Der Christus lehrt nicht bloß. Über den Christus *lernt* man, um ihn zu verstehen, um das zu erkennen, was in ihm ist. Der Christus ist mehr Objekt als Subjekt des Lernens. Er ist daher eine Wesenheit von ganz grundsätzlich anderer Bedeutung als die Bodhisattvas, die durch die Welt gehen. Das ist der Unterschied des Christus von den Bodhisattvas, daß er dasjenige ist, was er der Welt ist, dadurch, daß die Welt seinen Anblick genießt. Die Bodhisattvas sind dasjenige, was sie der Welt sind, dadurch, daß sie die großen Lehrer sind.

Wollen wir daher zu der lebendigen Wesenheit, zu dem Lebensquell auf unserer Erde hinblicken, so müssen wir zu derjenigen Verkörperung hinblicken, wo nicht bloß ein Bodhisattva sich verkörpert hat, so daß dies das Wesentliche ist, sondern wo dasjenige sich verkörpert hat, was selber kein Schriftwerk zu hinterlassen brauchte, was nicht selber eine Lehre von sich hinterlassen hat, sondern um sich diejenigen gesammelt hat, die über es Botschaften und Lehren in die Welt verbreitet haben. Das ist wesentlich, daß von dem Christus selber nicht ein Schriftstück vorhanden ist, sondern daß die Lehrer um ihn herum sind und über ihn reden, so daß er das Objekt der Lehre ist, nicht nur das Subjekt. Das drückt sich aus in dem eigentümlichen Umstande, der hier eine Notwendigkeit bedeutet bei dem Christus-Ereignis, daß von ihm selber nichts erhalten ist, sondern daß die anderen seine Wesenheit aufgeschrieben haben. Es ist daher gar kein Wunder, wenn gesagt wird, daß wir alles, was wir als *Lehren* des Christus finden, auch in anderen

Bekenntnissen finden können, weil Christus gar nicht bloß Lehrer ist, weil er eine Wesenheit ist, die als Wesenheit begriffen werden will, weil er nicht bloß durch seine Lehren in uns etwas hineinversenken will, sondern durch sein Leben. Daher können wir aber auch alle Lehren der Welt, die uns zugänglich sind, zusammenbringen, und wir werden noch nicht alles haben, was den Christus begreifen kann. Wenn die gegenwärtige Menschheit sich nicht direkt hinaufwenden kann zu den Bodhisattvas, um mit den geistigen Augen der Bodhisattvas den Christus anzuschauen, so muß die Menschheit eben noch bei diesen Bodhisattvas in die Schule gehen, um dasjenige zu lernen, was dann den Christus zuletzt begreiflich machen kann. Wollen wir also nicht nur des Christus teilhaftig werden, sondern wollen wir den Christus verstehen, dann müssen wir nicht nur bequem hinblicken darauf, was der Christus für uns getan hat, sondern dann müssen wir bei allen Lehrern des Westens und des Ostens in die Schule gehen, und es muß uns ein Heiliges sein, die Lehren des ganzen Blickkreises uns anzueignen; und das andere Heilige muß uns sein, diese Lehren so zu verwenden, daß wir durch die höchsten Lehren den Christus vollständig begreifen.

Das aber, was die Menschen tun sollen, das wird in den Mysterien entsprechend vorbereitet. Eine jede Zeit hat ihre besondere Aufgabe; einer jeden Zeit obliegt es, die Wahrheit gerade in derjenigen Gestalt zu empfangen, die diese Wahrheit für die betreffende Menschheitsepoche annehmen muß. Dem alten Inder konnte man nicht eine solche Wahrheitsform geben, wie sie heute gegeben wird, ebensowenig dem alten Perser. Man mußte ihm die Wahrheit in der Gestalt geben, in welcher sie für seine Empfindungsfähigkeiten geeignet war. Daher mußte in der Zeit, die durch ihre sonstige Eigentümlichkeit geeignet war, den Christus auf der Erde zu empfangen – das ist im vierten Zeitraume, im griechisch-lateinischen –, die Wahrheit über den Christus und über die mit dem Christus zusammenhängende Welt auch in derjenigen Form an die Menschheit gebracht werden, wie es der damaligen Menschheit angemessen war. Zu glauben, daß in der Zeit, die unmittelbar auf die Christus-Offenbarung folgte, die ganze Wahrheit schon vorhanden war über den Christus, das heißt: überhaupt nichts wissen von dem Fortschritte des Menschengeschlechtes. Wer nur die Lehren der ersten Jahrhunderte nach dem Christus-Ereignis bewahren will, wer nur das, was da geschrieben und aufbewahrt ist, ansehen wollte als echte christliche Lehre, der weiß nichts von menschlichem Fortschritt, der weiß nicht, daß der höchste Lehrer der ersten christlichen Jahrhunderte den Menschen über den Christus nichts anderes hätte sagen können als dasjenige, was sie aufnehmen konnten. Weil aber die Menschen der ersten christlichen Jahrhunderte vor allem diejenigen waren, die sozusagen am tiefsten heruntergestiegen sind in die physische Welt, so konnten sie auch mit ihrem Verständnis verhältnismäßig sehr wenig aufnehmen an höheren Lehren über den Christus. Verhältnismäßig wenig konnte begriffen werden von der großen breiten Masse der Christen über die Christus-Wesenheit.

Wir haben gesehen, daß im alten Indien ein hohes hellseherisches Anschauen vorhanden war durch die damalige Stellung des Ätherleibes zu den anderen Gliedern des Menschen, aber es war für dieses Anschauen noch nicht die Zeit gekommen, den Christus als etwas anderes zu sehen als einen in fernen Regionen jenseits der Sinnenwelt liegenden Geist, ihn als den Vishvakarman zu begreifen. In der Zeit der urpersischen Kultur war erst die Möglichkeit, den Christus zu ahnen hinter der physischen Sonne. Und so ging es weiter. Bei Moses war es möglich, den Christus zu schauen als Jehova in Blitz und Donner, das heißt schon ganz nahe der Erde. Und im Jesus von Nazareth sah man den Christus als Menschen verkörpert. Die Menschheit ist so fortgeschritten, daß im alten Indien noch die Weisheit aufgenommen worden ist durch den Ätherleib, in der urpersischen Periode durch den Empfindungsleib, in der chaldäisch-ägyptischen Periode durch die Empfindungsseele, in der griechisch-lateinischen Periode durch dasjenige, was wir Verstandesseele nennen. Und die Verstandesseele ist schon mit ihrem Verständnisse an die Sinneswelt gebunden. Ihr ging daher verloren der Blick über dasjenige, was über die Sinneswelt hinausgeht. Daher erblickte man in den ersten nachchristlichen Jahrhunderten kaum mehr als dasjenige, was zwischen Geburt und Tod liegt und was sich unmittelbar nachher als das nächste Geistgebiet anreiht. Man wußte nichts von demjenigen, was durch viele Inkarnationen hindurchgeht. Das lag am menschlichen Verständnis. Man konnte nur das eine Stück des gesamten Lebens des

Menschen begreiflich machen: sein Erdenleben und das sich anschließende Stück Geistesleben. Das finden Sie daher für die breiten Massen beschrieben. Das durfte aber nicht konserviert werden. Es mußte vorgesorgt werden, daß der Blick der Menschen sich hinaus erweitern könne über dieses Stück des Verständnisses; es mußte vorgesorgt werden, daß die umfassende Weisheit, die man damals hat haben können in der Hermeszeit, in der Moseszeit, in der Zeit des Zarathustra, in der Zeit der alten indischen Rishis, nach und nach wieder aufleben kann, daß wieder die Möglichkeit geboten werde, den Christus in immer breiterem Verständnisse zu begreifen.

So war der Christus zwar in die Welt gekommen, aber die Mittel des Verständnisses waren gerade zu seiner Zeit die eingeschränktesten. Es mußte vorgesorgt werden für die folgenden Zeiten; es mußten wiederum alle alten Weisheiten aufleben, damit diese Weisheiten nach und nach in den Dienst des Christus-Verständnisses gestellt werden konnten. Das konnte nur geschehen auf folgende Weise. Es mußte eine Mysterienweisheit geschaffen werden. Es hatten sich große Weistümer mitgebracht die Menschen, die aus der alten Atlantis herübergezogen sind nach Europa und weiter. In der alten Atlantis waren die meisten Menschen instinktiv hellseherisch, sie konnten hineinsehen in die Gebiete des Geistigen. Diese Hellsichtigkeit konnte sich nicht fortentwickeln, sie mußte sich zurückziehen zu einzelnen Persönlichkeiten des Westens. Sie wurde da geleitet von einem Wesen, das in tiefer Verborgenheit lebte einstweilen, zurückgezogen selbst hinter denen, die auch schon zurückgezogen und Schüler waren eines großen Eingeweihten, das sozusagen zurückgeblieben war, bewahrend dasjenige, was aus der alten Atlantis herübergebracht werden konnte, bewahrend es für spätere Zeiten. Diesen hohen Initiierten, diesen Bewahrer der uralten atlantischen Weisheit, die tief hineinging sogar in alles dasjenige, was die Geheimnisse des physischen Leibes sind, kann man *Skythianos* nennen, wie es im frühen Mittelalter üblich war. Und es blickt derjenige, der das europäische Mysterienwesen kennt, zu einem der höchsten Eingeweihten der Erde hinauf, wenn der Name Skythianos genannt wird.

Dann lebte aber auch innerhalb dieser Welt lange Zeit dieselbe Wesenheit, die man, wenn man sie von ihrem spirituellen Aspekte betrachtet, als den Bodhisattva bezeichnen kann. Dieser Bodhisattva war dieselbe Wesenheit, die, nachdem sie im Westen ihre Aufgabe vollendet hatte, sechshundert Jahre ungefähr vor unserer Zeitrechnung in dem *Gautama Buddha* verkörpert worden ist. Also diejenige Wesenheit, die dann als Lehrer weiter nach dem Osten gezogen ist, war sozusagen schon auf einem vorgeschritteneren Posten. Er war ein zweiter großer Lehrer, ein zweiter großer Siegelbewahrer der Weisheit der Menschheit und wurde der Gautama Buddha.

Dann aber war eine dritte Individualität, die zu Großem vorausbestimmt war*. Und diese dritte Individualität kennen wir aus verschiedensten Vorträgen. Das ist derjenige, der der Lehrer des alten Persiens war, der große *Zarathustra.* Wir sprechen drei wichtige geistige Wesenheiten und Individualitäten an, wenn wir die Namen Zarathustra, Gautama Buddha und Skythianos aussprechen. Wir sprechen von Verkörperungen von Bodhisattvas, wenn wir die Namen Skythianos, Zarathustra und Buddha nennen. Dasjenige, was in ihnen lebte, war nicht der Christus.

Nun mußte der Menschheit Zeit gelassen werden, die Ankunft des Christus zu erleben, der sich vorher verkündigt hatte dem Moses auf dem Sinai, denn das ist dieselbe Wesenheit: Jahve und Christus, nur in anderer Form. Nun mußte Zeit gelassen werden der Menschheit, den Christus zu empfangen. Das geschah in der Zeit, als das Verständnis für solche Dinge das denkbar geringste war. Aber vorgesorgt werden mußte dafür, daß das Verständnis, daß die Weisheit immer größer und größer wieder wurde; und dafür hat auch der Christus auf der Erde vorgesorgt.

Es wird nun eine vierte Individualität in der Geschichte genannt, hinter der sich für viele etwas verbirgt, das noch höher, noch gewaltiger ist als die drei genannten Wesenheiten, als Skythianos, als Buddha und als Zarathustra. Es ist *Manes,* der wie ein hoher Sendbote des Christus genannt wird von vielen, die mehr im Manichäismus sehen, als gewöhnlich gesehen wird. Manes, so sagen viele, versammelte nun wenige

* Es wird hier von diesen Wesen so gesprochen, wie sie im Geiste älterer Weltanschauungen aufgefaßt worden sind, und wie es, in gewissem Sinne, vom geisteswissenschaftlichen Gesichtspunkte auch heute berechtigt ist.

Jahrhunderte, nachdem Christus auf der Erde gelebt hatte, in einer der größten Versammlungen, die in der zur Erde gehörigen spirituellen Welt überhaupt stattgefunden haben, drei wichtige Persönlichkeiten des vierten Jahrhunderts der nachchristlichen Zeit um sich. In dieser bildhaften Schilderung soll eine wichtige spirituelle Kulturtatsache ausgedrückt werden. Manes versammelte diese Persönlichkeiten aus dem Grunde, um mit ihnen zu beraten, wie allmählich jene Weisheit, die gelebt hat durch die Zeitwende in der nachatlantischen Zeit, wiederum aufleben kann in die Zukunft hinein immer weiter und weiter, immer glorreicher und glorreicher. Welche Persönlichkeiten versammelte Manes in jener denkwürdigen Versammlung, die nur zu erreichen ist durch spirituelles Schauen? Die eine ist jene Persönlichkeit, in welcher in der damaligen Zeit Skythianos lebte, der wiederverkörperte Skythianos der Maneszeit. Die zweite Persönlichkeit ist ein physischer Abglanz des damals wiedererschienenen Buddha, und die dritte ist der damals wiederverkörperte Zarathustra. So haben wir ein Kollegium um Manes herum, Manes in der Mitte, um ihn herum Skythianos, Buddha und Zarathustra. Damals wurde in diesem Kollegium festgestellt der Plan, wie alle Weisheit der Bodhisattvas der nachatlantischen Zeit immer stärker und stärker hineinfließen kann in die Zukunft der Menschheit. Und was damals als der Plan zukünftiger Erdenkulturentwickelung beschlossen worden ist, das wurde bewahrt und dann herübergetragen in jene europäischen Mysterien, welche die Mysterien des Rosenkreuzes sind. In den Mysterien des Rosenkreuzes verkehrten immer die Individualitäten des Skythianos, des Buddha, des Zarathustra. Sie waren in den Schulen des Rosenkreuzes die Lehrer; Lehrer, die ihre Weisheit deshalb der Erde als Gaben schickten, weil durch diese Weisheit der Christus in seiner Wesenheit begriffen werden sollte. Daher ist es in aller Geistesschulung des Rosenkreuzes so, daß man hinaufblickt mit tiefster Verehrung zu jenen alten Eingeweihten, die die uralte Weisheit der Atlantis bewahrten: zu dem wiederverkörperten Skythianos, in ihm sah man den großen verehrten Bodhisattva des Westens; zu dem jeweilig verkörperten Abglanz des Buddha, den man ebenfalls verehrte als einen der Bodhisattvas, und endlich zu Zarathas, dem wiederverkörperten Zarathustra. Zu ihnen blickte man hinauf als zu den großen Lehrern der europäischen Eingeweihten. Es dürfen solche Darstellungen nicht wie äußerlich geschichtliche genommen werden, trotzdem sie den geschichtlichen Verlauf als Tatbestand treffender charakterisieren als eine äußerliche Darstellung das könnte.

Um nur eines zu erwähnen, muß gesagt werden, daß Sie kaum finden irgendein Landgebiet im Mittelalter, wo nicht eine bestimmte Legende überall verbreitet ist. Als in Europa niemand etwas wußte von dem Gautama Buddha, als die Tradition von dem Gautama Buddha vollständig verschollen war, erzählte man folgendes. Sie finden das in vielen Büchern des Mittelalters; es gehört zu den verbreitetsten Erzählungen des Mittelalters. Es war in Indien einstmals einem König ein Sohn geboren mit Namen Josaphat. Von diesem Josaphat wurde bei seiner Geburt Wichtiges geweissagt. Daher wurde er besonders behütet von seinem Vater; er sollte nur das Allerkostbarste kennenlernen, sollte in voller Seligkeit schwelgen, sollte nicht die Schmerzen und Leiden und das Unglück des Lebens kennenlernen. Bewahrt wurde Josaphat von alledem. Da aber findet es sich doch, daß Josaphat eines Tages hinausging aus dem Palaste, und er fand einen Kranken, einen Aussätzigen, er fand einen gealterten Menschen und einen Leichnam; das erzählte man von Josaphat! Da ging er tief erschüttert in den Königspalast zurück, und es fand sich ein Mann, der ergriffen war im tiefsten Herzen von den Geheimnissen des Christentums, Barlaam, der gewann den Josaphat für das Christentum. Und es wurde Josaphat, der dies erlebt hatte, ein Christ. So erzählte die Legende des Mittelalters. Und nun brauchen Sie nicht einmal die Akasha-Chronik zu Hilfe zu nehmen, sondern der gewöhnliche Philologe genügt da schon, um den Namen Josaphat zu untersuchen. Josaphat geht zurück auf ein altes Wort Joasaph; Joasaph geht wieder zurück auf Jodasaph; Jodasaph auf Yudasaf, was identisch ist mit Budasaf – beide letzten Formen sind arabisch – und Budasaf das ist derselbe Name wie Bodhisattva. So kennt die europäische Geheimlehre nicht nur den «Bodhisattva», sondern sie kennt, wenn sie den Namen Josaphat entziffern kann, auch den Begriff dieses Wortes. Diese legendenhafte Ausbildung der Geheimlehre im Westen weiß, daß es eine Zeit gegeben hat, wo dieselbe Wesenheit, die im Gautama Buddha gelebt hat, ein Christ geworden ist. Das kann man entweder wissen oder man kann es nicht wissen; wahr bleibt es doch! Gerade so wie Traditionen hinter der Zeit zurückbleiben können, wie die Menschen heute das glauben können, was man vor Jahrtausenden geglaubt hat und was sich in Traditionen fortpflanzen kann, so kann man auch glauben, daß es den höheren Welten entspricht, daß der Gautama Buddha dasselbe geblieben ist, was er sechshundert Jahre vor unserer Zeitrechnung war. Doch ist es nicht so. Er ist aufgestiegen, er hat sich entwickelt. Und in den wahren Lehren des Rosenkreuzes ist aufbewahrt dasjenige, was sich davon legendenhaft zum Ausdruck gebracht hat, wie ich Ihnen das eben erzählt habe. Man darf nur nicht mit diesen wahren Lehren des Rosenkreuzes verwechseln all das Törichte, das durch eine bedenkliche Literatur fließt.

So finden wir innerhalb des Geisteslebens Europas denjenigen, der der Träger des Christus war, Zaratas oder Nazarathos, den Zarathustra, von Zeit zu Zeit wieder; so finden wir Skythianos wieder; so finden wir auch den dritten großen Schüler des Manes, auch Buddha wieder, wie er war, nachdem er die späteren Zeiten miterlebt hat.

So blickte der europäische Kenner der Initiation immer hinein in der Zeiten Wende, zu den wahren Gestalten der großen Lehrer aufschauend. Von Zaratas, von Buddha, von Skythianos, von ihnen wußte er, daß durch sie einströmte in die Kultur der Zukunft diejenige Weisheit, die immerdar von den Bodhisattvas gekommen ist und die verwendet werden soll, um zu begreifen das würdigste Objekt alles Verstehens, den Christus, der ein von den Bodhisattvas grundverschiedenes Wesen ist, den man nur verstehen kann, wenn man alle Weisheit der Bodhisattvas zusammennimmt. Daher ist in den Geistesweisheiten der Europäer außer allem andern auch ein synthetischer Zusammenschluß aller Lehren enthalten, die der Welt gegeben worden sind durch die drei großen Schüler des Manes und den Manes selbst. Wenn man auch nicht verstanden hat den Manes, es wird eine Zeit kommen, wo die europäische Kultur sich so gestalten wird, daß man wieder einen Sinn verbinden wird mit den Namen Skythianos, Buddha und Zarathustra. Sie werden den Menschen das Lehrmaterial geben, um den Christus zu verstehen. Immer besser und besser werden die Menschen durch sie den Christus verstehen. Angefangen hat das Mittelalter allerdings mit einer sonderbaren

Verehrung und Anbetung gegenüber dem Skythianos, gegenüber dem Buddha und gegenüber dem Zarathustra, als ihre Namen ein wenig durchgesickert waren; angefangen hat es damit, daß derjenige, der sich in gewissen christlichen Religionsgemeinschaften als ein echter Christ bekennen wollte, die Formel sprechen mußte: «Ich verfluche Skythianos, ich verfluche Buddha, ich verfluche Zaratas!» Das war eine über viele Gebiete des christlichen Zeitalters verbreitete Formel, durch die man sich als rechter Christ bekannte. Was man aber damals glaubte verfluchen zu müssen, das wird das Kollegium der Lehrer sein, die der Menschheit den Christus am allerbesten verständlich machen werden, zu denen die Menschheit emporblicken wird als zu den großen Bodhisattvas, durch die der Christus wird begriffen werden.

Heute kann kaum die Menschheit als das wenigste zweierlei entgegenbringen diesen großen Lehrern des Rosenkreuzes, zweierlei, was nur einen Anfang bedeuten kann von dem, was in der Zukunft groß und mächtig als Verständnis des Christentums dastehen soll. Das soll gemacht werden durch die heutige Geisteswissenschaft; sie soll beginnen, die Lehren des Skythianos, des Zarathustra und des Gautama Buddha in die Welt zu bringen, nicht in ihrer alten, sondern in einer durchaus neuen, heute aus sich selbst erforschbaren Form. Wir beginnen damit, daß wir zunächst das Elementare, welches wir von ihnen lernen können, der Kultur einverleiben. Von dem Buddha hat das Christentum hinzuzulernen die Lehre von der Wiederverkörperung und dem Karma, wenn auch nicht in einer alten, heute nicht mehr zeitgemäßen Art. Warum fließen heute in das Christentum die Lehren von der Wiederverkörperung und dem Karma? Sie fließen ein, weil sie die Eingeweihten verstehenlernen können im Sinne unserer Zeit, wie sie Buddha, der große Lehrer der Wiederverkörperung in seiner Art verstanden hat. So wird man auch anfangen den Skythianos zu verstehen, der nicht nur die Wiederverkörperung des Menschen zu lehren hat, sondern der das zu lehren hat, was von Ewigkeit zu Ewigkeit waltet. So wird immer mehr und mehr das Wesen der Welt, immer mehr und mehr das Wesen des Zentrums unserer Erdenwelt, das Wesen des Christus begriffen werden. So fließen immer mehr und mehr die Lehren der Initiierten in die Menschheit hinein. Heute kann der angehende Geistesforscher nur zweierlei als Elementaranfang zu demjenigen bringen, was die beiden Elemente sein müssen der zukünftigen Geistesentwickelung der Menschheit. Was sich ins Innere hineinsenkt als das Christus-Leben, wird das erste Element sein; was in umfassender Weise als die geistige Kosmologie Verständnis bringen wird für den Christus, das wird das zweite sein. Christus-Leben im Innern des Herzens, Weltverständnis, das zu Christus-Verständnis führt, das werden die beiden Elemente sein. Heute, wo wir am Anfang stehen, können wir beginnen damit, daß wir die richtige Gesinnung haben im Innern. Daher versammeln wir uns, um die richtige Gesinnung gegenüber der geistigen Welt und alles dessen, was daraus geboren ist, gegenüber dem Menschen zu pflegen. Damit, daß wir die richtige Gesinnung pflegen, machen wir unsere Geisteskräfte allmählich geeignet, den Christus im Innern aufzunehmen, denn je höher und edler sich die Gesinnung ausprägt, desto edler wird sich Christus ausleben können. Und wir machen den Anfang damit, daß wir die elementaren Zusammenhänge unserer Erdenentwickelung lehren, daß wir erneut suchen dasjenige, was von Skythianos, Zarathustra und Buddha stammt, daß wir es nehmen so, wie sie es lehren können in unserer Zeit, so wie diese Lehrer selbst es wissen, nachdem sie sich entwickelt haben bis in *unsere* Zeit herein. Wir sind so weit, daß wir anfangen, die elementaren Lehren der Einweihung zu verbreiten.

ANMERKUNGEN ZU DIESER AUSGABE

Bearbeitet durch Edwin Froböse und Caroline Wispler

Die vorliegende Vortragsreihe wurde eröffnet durch die Festaufführung des Dramas «Die Kinder des Luzifer» von Edouard Schuré, am 22. August 1909 um 10 Uhr im Münchner Schauspielhaus, worauf sich Rudolf Steiner im ersten Vortrag bezieht. – Die Nachschriften der Vorträge hat Rudolf Steiner selbst für den Druck in der Zeitschrift «Die Drei» 1921 redigiert und mit Anmerkungen versehen.

Die Taschenbuchausgabe hält sich, entsprechend der letzten Auflage innerhalb der Gesamtausgabe, an diese Bearbeitung. Die Anmerkungen Rudolf Steiners erscheinen im Text. Die in der Gesamtausgabe zusätzlich aufgenommene «Goethe-Feier» vom 28. August 1909, vormittags, wurde im Taschenbuch nicht mit abgedruckt.

Zu Seite

9 *Zum ersten Vortrag vom 23. August 1909:* Die einleitenden Worte des Zyklus, welche Rudolf Steiner nicht veröffentlichte, folgen nachstehend. Die Bezeichnungen «theosophisch» oder «Theosophen» wurden hier beibehalten:

«Wir haben die feierliche Einleitung dieser unserer Zusammenkunft hinter uns. In einer gewissen Beziehung können wir Theosophen in Deutschland die Möglichkeit, daß wir diesem Vortragszyklus vorangehen lassen konnten diese feierliche Einleitung, als ein theosophisches Geschenk betrachten, und es wird mir vielleicht aus diesem Grunde gestattet sein, vor dem Beginn des Vortragszyklus einige Worte anzufügen an unsere gestrige feierliche Eröffnung. Die Worte sollen in einer gewissen Beziehung zusammenhängen mit dem, was wir sagen dürfen über ein kleines Kapitel unserer theosophischen Bewegung überhaupt. Und daher dürfen sie um so mehr heute fallen, als sie ja wahrscheinlich nicht nur ein wenig interessant sind für diejenigen, welche mit uns in Deutschland nun seit Jahren mitgearbeitet haben, sondern vielleicht auch für die lieben Freunde der theosophischen Bewegung, die uns die große Befriedigung gewähren, während dieses Zyklus in unserer Mitte zu sein.»

9 *Vor sieben Jahren:* Im Kreise der «Kommenden» anfangs April 1902. Thema der Vortragsreihe: Von Buddha zu Christus. (Es existieren keine Nachschriften davon). – Die Gründung der «Deutschen Sektion der Theosophischen Gesellschaft» fand in Berlin am 20. Oktober 1902 statt.

9 *«Die Kinder des Luzifer»:* Siehe Rudolf Steiner/Edouard Schuré, Lucifer – Die Kinder des Lucifer. Das Schauspiel «Die Kinder des Lucifer» von E. Schuré in der Übersetzung von Marie Steiner-von Sivers, in freie Rhythmen gebracht von Rudolf Steiner, mit dem Aufsatz «Lucifer» aus dem Jahre 1903 von Rudolf Steiner (jetzt enthalten in «Luzifer-Gnosis. Gesammelte Aufsätze und Berichte aus der Zeitschrift ‹Luzifer› und ‹Lucifer-Gnosis› 1903–1908», GA 1960, Bibl.-Nr. 34, S. 19 ff.), und die zwei Vorträge «Lucifer» und «Die Kinder des Lucifer» aus dem Jahre 1906 von Rudolf Steiner (jetzt enthalten in «Die Welträtsel und die Anthroposophie», GA 1966, Bibl.-Nr. 54, S. 307 ff. und 334 ff.).

11 *im Drama selbst:* Es hat der Himmel wie die Erde / Gesetze, die befolgt sein müssen. – Heraklidos zu Phosphoros: IV. Aufzug, 2. Auftritt.

12 *die Aufführung der «Kinder des Luzifer»:* Die Festvorstellung fand am Sonntag, dem 22. August 1909, vormittags 10 Uhr im Schauspielhaus München statt; der Vortragszyklus begann am Abend des 23. im Prinzensaal des Café Luitpold.

13 *ersten Grundsatze:* Die Ziele der Gesellschaft sind: 1. «Den Kern eines allgemeinen Bruderbundes der Menschheit zu bilden, ohne Unterschied des Glaubens, der Nation, des Standes, des Geschlechtes.» Im «Entwurf der Grundsätze einer Anthroposophischen Gesellschaft» heißt es unter 1. «Es können in der Gesellschaft alle diejenigen Menschen brüderlich zusammenwirken, welche als Grundlage eines liebevollen Zusammenwirkens ein gemeinsames Geistiges in allen Menschenseelen betrachten, wie auch diese verschieden sein mögen in bezug auf Glauben, Nation, Stand, Geschlecht und so weiter.» 1923 formte Rudolf Steiner selbst die «Prinzipien der Anthroposophischen Gesellschaft». 1. «Die Anthroposophische Gesellschaft soll eine Vereinigung von Menschen sein, die das seelische Leben im einzelnen Menschen und in der menschlichen Gesellschaft auf der Grundlage einer wahren Erkenntnis der geistigen Welt pflegen wollen.» Vgl. auch die anderen Formulierungen Rudolf Steiners.

17 *unser verehrtes Mitglied:* Imma, Freiin von Eckardtstein (Lunéville 1871–1930 Dornach). Fräulein von Eckardtstein schuf auch für die Dornacher Inszenierung unter der Leitung von Marie Steiner alle Kostüme für die vier Mysteriendramen Rudolf Steiners.

auf die Bühne zu bringen: Im Goetheanum war nach dem Tode von Rudolf Steiner eine Neu-Inszenierung des Schauspiels durch Marie Steiner vorgesehen.

23 *die Zeichen zweier Welten in Liebe sich vereinend:* «Das Zeichen der neuen Zeiten – Das Kreuz Christi auf dem Stern Luzifers», Schlußworte des Heraklidos.

56 *Äschylos,* um 525–456 v. Chr., *Euripides,* 480–406 v. Chr.: Der älteste und der jüngste der drei großen Tragödiendichter Griechenlands. – Siehe das dritte Drama der «Orestie» von Äschylos: Die Eumeniden; und im «Orest» von Euripides besonders das erste Gespräch zwischen Orest und Menelaos. – Zu dem Thema Dramatik und griechische Mysterien siehe Rudolf Steiner, «Weltenwunder, Seelenprüfungen und Geistesoffenbarungen», GA 1977, Bibl.-Nr. 129.

59 *Wenn wir das verstehen wollen, müssen wir uns wiederum einiges vor die Seele führen, was Ihnen ja bekannt ist:* Zu dieser Stelle über den Aufbau der menschlichen Wesenheit, wie zu den späteren Ausführungen über die Entwicklung der Erdzustände sowie des Bewußtseins in den Kulturepochen, siehe Rudolf Steiner, «Die Geheimwissenschaft im Umriß», GA 1977, Bibl.-Nr. 13 (auch als Taschenbuch, tb 601).

68/69 *Für den geistigen Blick verwandelt sich die Erde ... in die Erdengestalt des Menschen:* Vgl. Rudolf Steiner, «Ägyptische Mythen und Mysterien», GA 1960, Bibl.-Nr. 106, besonders den zweiten und dritten Vortrag.

69 *das wunderbare Wort des Plato:* Vgl. «Timaios», 36 b; und dazu die Interpretation Vincenz Knauers: Die Hauptprobleme der Philosophie, Wien, Leipzig 1892, S. 96, 14. Vorlesung: «Der Mythus berichtet hierüber im ‹Timäos›, Gott habe diese Weltseele in Kreuzesform durch das Universum gelegt und darüber den Weltleib ausgespannt.»

Auf das Christus-Ereignis wiesen ... alle alten Zeiten hin: Siehe Rudolf Steiner, «Das Christentum als mystische Tatsache und die Mysterien des Altertums», GA 1976, Bibl.-Nr. 8 (auch als Taschenbuch, tb 619).

In grauer indischer Vorzeit haben die Weisen erzählt ...: Vgl. Otto Willmann, Geschichte des Idealismus, I. Band, Vorgeschichte und Geschichte des antiken Idealismus, Braunschweig 1894, S. 96/97. Willmann stützt sich auf einen Bericht des neuplatonischen Philosophen Porphyrios (233–304).

80 *Pherekydes von Syros:* Lebte im 6. Jh. v. Chr. – Diogenes Laertios, I, 116 ff.; Hermann Diels, Die Fragmente der Vorsokratiker, Band II, 71. – Rudolf Steiner, «Die Rätsel der Philosophie in

ihrer Geschichte als Umriß dargestellt», GA 1968, Bibl.-Nr. 18 (auch als Taschenbuch, tb 610/611), besonders S. 35–46.

80/173 *die Zeit der sieben Weisen:* Siehe Otto Willmann, Geschichte des Idealismus, Bd. I, S. 245–251. Nach Diogenes Laertios (I, 13) sind es: Thales, Solon, Periander, Kleobulos, Chilon, Bias, Pittakos. In anderen Aufzählungen wird auch Pherekydes unter sie aufgenommen. Was von ihnen und über sie überliefert ist, findet sich bei Hermann Diels, Die Fragmente der Vorsokratiker, Band II, 73 a. – Interessant ist es, daß bei der Schließung der Platonischen Akademie in Athen durch Justinian (529 n. Chr.) es wieder *sieben* namentlich überlieferte Philosophen waren, die nunmehr das Land verlassen mußten.

80 *Pythagoras,* um 580–496 v. Chr., *Heraklit,* um 535–475 v. Chr., *Plato,* 427–347 v. Chr.: Siehe Rudolf Steiner, «Die Rätsel der Philosophie», GA 1968, Bibl.-Nr. 18; sowie: «Das Christentum als mystische Tatsache und die Mysterien des Altertums», GA 1976, Bibl.-Nr. 8 (Register).

86 *die Frage, die Schopenhauer aufgestellt hat, dem der Begriff der Geschichte im eigentlichen Sinne gemangelt hat:* Arthur Schopenhauer, 1788–1860. Siehe besonders das 4. Buch von «Die Welt als Wille und Vorstellung»; Schopenhauer bezieht sich dort ausdrücklich auf die indische Philosophie; und in § 53 heißt es: «Denn wir sind der Meinung, daß jeder noch himmelweit von einer philosophischen Erkenntnis der Welt entfernt ist, der vermeint, das Wesen derselben irgendwie, und sei es noch so fein bemäntelt, *historisch* fassen zu können; welches aber der Fall ist, sobald in seiner Ansicht des Wesens an sich der Welt irgendein Werden, oder Gewordensein, oder Werdenwerden sich vorfindet, irgend ein Früher oder Später die mindeste Bedeutung hat und folglich, deutlich oder versteckt, ein Anfangs- und ein Endpunkt der Welt, nebst dem Wege zwischen beiden gesucht und gefunden wird und das philosophierende Individuum wohl noch gar seine eigene Stelle auf diesem Wege erkennt. ...» (Sämtliche Werke, hg. von Rudolf Steiner, Bd. 3, Cotta Stgt. o. J., S. 125/126.)

Veden: Siehe den Hinweis zu S. 159/160.

111 *Ich bin dieses «Tat» – Du bist es:* Übersetzung der berühmten Formel des Veda: Tat twam asi.

114 *Richard Wagner,* 1813–1883; *Friedrich Nietzsche,* 1844–1900: Die Geburt der Tragödie aus dem Geiste der Musik. Oder: Griechentum und Pessimismus (1872). – Siehe Rudolf Steiner, «Friedrich Nietzsche, ein Kämpfer gegen seine Zeit», GA 1963, Bibl.-Nr. 5 (auch als Taschenbuch, tb 621).

119/133 *Wir haben unsere Hände in seine Wunden gelegt,...:* Vgl. Joh. 20.

120 *Dionysios der Areopagit:* In der Apostelgeschichte 17, 34 als Schüler des Paulus erwähnt. Unter seinem Namen erschienen um 500 in Syrien die Schriften «Von der himmlischen Hierarchie» und «Von der kirchlichen Hierarchie»; siehe Rudolf Steiner, «Das Christentum als mystische Tatsache», GA 1976, Bibl.-Nr. 8. S. 154 ff.

jenem tief inneren Erleben eines Meister Eckart, eines Johannes Tauler usw. bis herauf zu unseren neueren Mystikern: Siehe die Darstellung dieser Geistesrichtung durch Rudolf Steiner: «Die Mystik im Aufgange des neuzeitlichen Geisteslebens und ihr Verhältnis zur modernen Weltanschauung», GA 1960, Bibl.-Nr. 7 (auch als Taschenbuch, tb 623).

123 *Heinrich Suso:* Siehe ebenda.

145 *Auch das Mysterienwesen war einem Verfall unterworfen. Dennoch aber wußten die Leute...:* Siehe Plutarch (um 45–um 125 n. Chr.), De defectu oraculorum (Über den Verfall der Orakel).

147 *Es gibt eine andere Sage [über Judas Iskariot]:* Zugänglich ist sie z. B. in der «Legenda aurea des Jacobus de Voragine», aus dem Lateinischen übersetzt von R. Benz, Heidelberg 1963, S. 231–234.

155 *Sie können sie in den Keplerschen Schriften lesen:* Johannes Kepler (1571–1630), Harmonices mundi. Weltharmonik, übersetzt und eingeleitet von Max Caspar, München, Berlin 1973, S. 280. Vorrede zu Buch V: «Jetzt, nachdem vor achtzehn Monaten das erste Morgenlicht, vor drei Monaten der helle Tag, vor ganz wenigen Tagen aber die volle Sonne einer höchst wunderbaren Schau aufgegangen ist, hält mich nichts zurück. Jawohl, ich überlasse mich heiliger Raserei. Ich trotze höhnend den Sterblichen mit dem offenen Bekenntnis: Ich habe die goldenen Gefäße der Ägypter geraubt, um meinem Gott daraus eine heilige Hütte einzurichten weitab von den Grenzen Ägyptens. Verzeiht ihr mir, so freue ich mich. Zürnt ihr mir, so ertrage ich es. Wohlan ich werfe den Würfel und schreibe ein Buch für die Gegenwart oder die Nachwelt. Mir ist es gleich. Es mag hundert Jahre seines Lesers harren, hat doch auch Gott sechstausend Jahre auf den Beschauer gewartet.»

159/160 *was dann in den verschiedenen Partien der Veden, ..., nur in schwachen Nachbildern niedergeschrieben:* Veda, d. h. heiliges «Wissen», auch «Wort», «Sprache», «Gesetz», nennt sich die Gesamtheit der ältesten in der Sanskritsprache abgefaßten religiösen Schriften der Hindus, in denen der übersinnliche Ursprung noch erlebt wurde. Es handelt sich um eine umfangreiche Literatur, die vorher lange Zeit nur mündlich weitergegeben worden war. Die verschiedenen Überlieferungen gliedern sich hauptsächlich in 1. die Sanhitas, 2. die Brahmanas und 3. die Aranyakas und Upanishads. Vereinfachend werden meist die vier Teile der Sanhitas (d. i. Sammlungen) als die vier Veden bezeichnet. Es handelt sich um Sammlungen von Liedern, Opferformeln und Zaubersprüchen, wovon die Hauptsammlung der am weitesten zurückreichenden Gesänge und Hymnen der *Rigveda* ist. – Vgl. Rudolf Steiner, «Die Bhagavad Gita und die Paulusbriefe», GA 1960, Bibl.-Nr. 142, besonders den 1. Vortrag.

161 *daß Baravadscha durch drei Jahrhunderte den Veda studiert hat:* Verkürzt wird diese Episode von O. Willmann, Geschichte des Idealismus, Bd. I, S. 149/50 zitiert, die aus dem Taittirija-brahmana stammt.

162–166 *der urpersische Zeitraum:* Siehe O. Willmann, Geschichte des Idealismus, Bd. I, S. 73–83. Zugänglich ist die persische Götterlehre durch den *Avesta* (d. i. Gesetz), auch Zendavesta genannt (*Zend* meint sowohl «Kommentar» zu dem Gesetz, als auch die Sprache des Avesta), dessen Fragmente erst im Beginn des 18. Jahrhunderts von Aquetil Duperron aus Indien nach Europa gebracht wurden; Kernstück und ältester Teil des Avesta ist die Hymnensammlung Gâthâ.

163 *die Lehre des Zarathustra:* Vgl. auch den öffentlichen Vortrag Rudolf Steiners vom 19. Januar 1911 «Zarathustra» in «Antworten der Geisteswissenschaft auf die großen Fragen des Daseins», GA 1959, Bibl.-Nr. 60 (auch enthalten im Taschenbuch «Wendepunkte des Geisteslebens», tb 609).

169–171 *Sammlung der chaldäischen Wahrsprüche:* Von den «Logia chaldaika» sind nur Bruchstücke, etwa 300 Verse, erhalten. Über die darin enthaltene Götterlehre siehe O. Willmann, Geschichte des Idealismus, Bd. I, S. 60–72.

190/191 *Skythianos, Buddha, Zarathustra:* Vgl. dazu den Vortrag Rudolf Steiners vom 14. November 1909 in Stuttgart; in «Die tieferen Geheimnisse des Menschheitswerdens im Lichte der Evangelien», GA 1966, Bibl.-Nr. 117.

191 *Manes:* Vgl. den Vortrag Rudolf Steiners vom 11. November 1904 in Berlin über Manes und den Manichäismus (in Vorbereitung für GA Bibl.-Nr. 93), sowie vom 25. 6. 1908; 8. Vortrag in «Die Apokalypse des Johannes», GA 1962, Bibl.-Nr. 104.

193 *zu den verbreitetsten Erzählungen des Mittelalters:* Siehe z. B. in der «Legenda aurea des Jacobus de Voragine», aus dem Lateinischen übersetzt von R. Benz, Heidelberg 1963, S. 1019–1035. Sie geht zurück auf: Die Legende von Barlaam und Josaphat des Heiligen Johannes von Damaskus. (Deutsche Ausgabe, übersetzt von Ludwig Burchard, München o. J.).

daß Josaphat... hinausging aus dem Palaste...: Die Parallele zur Buddha-Legende wird in der oben zitierten Übersetzung von Burchard ausführlich dargestellt; siehe S. 284–292.

den Namen Josaphat: Siehe Ernst Kuhn, Barlaam und Josaphat. Eine bibliographisch-literargeschichtliche Studie, München 1894, S. 35. So auch bei Burchard, S. 280 ff.

195 *die Formel sprechen mußte: «Ich verfluche...»:* Die kirchliche Abschwörungsformel wird behandelt in: Ferdinand Christian Baur, Das manichäische Religionssystem, Tübingen 1831, S. 458.

196 *Zum Abschluß des neunten Vortrages vom 31. August 1909:* Die abschließenden Worte des Zyklus, welche Rudolf Steiner nicht veröffentlichte, folgen nachstehend:
«Wir kommen zusammen, um Lehren entgegenzunehmen und um durch Wissen bereichert wegzugehen. Doch soll das nicht das einzige sein. Wir sollen weggehen von unseren Versammlungen, indem diese Bereicherung des Wissens ein Keim ist zur Veredlung unserer Gesinnung. Dann wird nicht nur unser Wissen bereichert werden, sondern wir werden auch etwas mitnehmen, was Kraft ist, was uns durchseelt. Das Wissen wird nicht trockene Lehre, nicht theoretisches Wissen bleiben, sondern wird in unsere Seele, in unsere Glieder einziehen. Wir werden dann in die Welt hinausgehen und dasjenige, was wir aufgenommen haben, in uns walten lassen. Wir werden hier Wissen aufgenommen haben; draußen in der Welt wird sich zu unserem Heil und zum Heile derer, die mit uns verkehren, das Wissen umwandeln in Kraft. Wir werden auf der einen Seite etwas mehr Wissen lernen und werden auf der andern Seite immer mehr und mehr, wenn wir ein solches Wissen, das Lebenskraft ist, in uns aufnehmen, hinwegziehen mit Verstärkung unserer inneren Heilkraft. Wir werden nicht nur als wissende, sondern als gesündere Menschen hinausgehen. Daß diese Versammlungen unserer Freunde in dieser zweifachen Hinsicht ein Anfang sein sollen für die Aufnahme der Christus-Substanz auf der einen Seite, der Bodhisattva-Weisheit auf der andern Seite, das ist das Ziel dieser Versammlungen. Möge es, wenn auch

nur schwache Kräfte uns zur Verfügung stehen, nach und nach sich erfüllen! Mögen wir immer mehr und mehr zunehmen an Wissen, und möge dieses Wissen immer mehr und mehr wie Feuer der Seele sich entzünden und heilsame Kraft werden für das Leben in uns und um uns! Und damit auf Wiedersehen!»

LITERATURHINWEIS

(GA = Rudolf Steiner Gesamtausgabe)

Zur Weiterführung und Vertiefung der Darstellungen des vorliegenden Bandes sei auf folgende Ausgaben von Rudolf Steiner verwiesen:

Schriften

Die Mystik im Aufgange des neuzeitlichen Geisteslebens und ihr Verhältnis zur modernen Weltanschauung. GA 1960, Bibl.-Nr. 7 (auch als Taschenbuch tb 623)

Das Christentum als mystische Tatsache und die Mysterien des Altertums. GA 1976, Bibl.-Nr. 8 (auch als Taschenbuch tb 619)

Die Geheimwissenschaft im Umriß. GA 1977, Bibl.-Nr. 13 (auch als Taschenbuch tb 601)

Die Rätsel der Philosophie in ihrer Geschichte als Umriß dargestellt. GA 1968, Bibl.-Nr. 18 (auch als Taschenbuch tb 610 u. 611)

Rudolf Steiner / Edouard Schuré: *Lucifer / Die Kinder des Lucifer.* Dornach 1955

Vorträge

Die Welträtsel und die Anthroposophie. Zweiundzwanzig öffentliche Vorträge, Berlin 1905/06. GA 1966, Bibl.-Nr. 54

Die Apokalypse des Johannes. Dreizehn Vorträge, darunter ein einleitender öffentlicher Vortrag, Nürnberg 17. bis 30. Juni 1908. GA 1962, Bibl.-Nr. 104

Ägyptische Mythen und Mysterien. Zwölf Vorträge, Leipzig 2. bis 14. September 1908. GA 1960, Bibl.-Nr. 106

Das Matthäus-Evangelium. Zwölf Vorträge, Bern 1. bis 12. September 1910. GA 1971, Bibl.-Nr. 123

Weltenwunder, Seelenprüfungen und Geistesoffenbarungen. Elf Vorträge, München 18. bis 28. August 1911. GA 1977, Bibl.-Nr. 129

Die Bhagavad Gita und die Paulusbriefe. Fünf Vorträge, Köln 28. bis 31. Dezember 1912, 1. Januar 1913. GA 1960, Bibl.-Nr. 142

Die Mysterien des Morgenlandes und des Christentums. Vier Vorträge, Berlin 3. bis 6. Februar 1913. GA 1960, Bibl.-Nr. 144

Die okkulten Grundlagen der Bhagavad Gita. Neun Vorträge, Helsingfors 26. Mai bis 5. Juni 1913. GA 1962, Bibl.-Nr. 146

Mysteriengestaltungen. Vierzehn Vorträge, Dornach 23. November bis 23. Dezember 1923. GA 1974, Bibl.-Nr. 232

RUDOLF STEINER – LEBEN UND WERK

Das Lebenswerk, welches Rudolf Steiner der Nachwelt hinterlassen hat, dürfte nach Gehalt und Umfang innerhalb der Kulturwelt wohl ohne Beispiel dastehen. Seine Schriften – die Werke und Aufsätze – bilden die Grundlage für das, was er im Laufe seines Lebens in Vorträgen und Kursen seinen Zuhörern als «anthroposophisch orientierte Geisteswissenschaft» von immer neuen Aspekten aus darstellte und ausführte. Der größte Teil dieser rund sechstausend Vorträge ist in Nachschriften erhalten geblieben. Daneben entfaltete er auch auf künstlerischem Gebiet eine große Tätigkeit, welche ihren Höhepunkt in der Errichtung des ersten Goetheanumbaues in Dornach fand. So liegen eine große Anzahl malerischer, plastischer und architektonischer Arbeiten, Entwürfe und Skizzen von seiner Hand vor. Die durch ihn gegebenen Anregungen für die Erneuerung zahlreicher Lebensgebiete beginnen in der gegenwärtigen Zeit vermehrte Beachtung zu finden.

Seit dem Jahre 1956 wird durch die «Rudolf Steiner-Nachlaßverwaltung» an der Herausgabe der *«Rudolf Steiner Gesamtausgabe»* gearbeitet, die einen Umfang von etwa 330 Bänden erhalten wird. In den beiden ersten Abteilungen erscheinen die *Schriften* und das *Vortragswerk,* während in einer dritten Abteilung das *künstlerische Werk* in geeigneter Form zur Wiedergabe gelangt.

Einen systematischen Überblick über das Gesamtwerk gibt die 1961 erschienene Bibliographie: *«Rudolf Steiner. Das literarische und künstlerische Werk. Eine bibliographische Übersicht»,* auf welche sich die im folgenden verwendete Bezeichnung «Bibl.-Nr.» bezieht. Über den jeweiligen Stand der erschienenen Bände orientiert der Katalog des «Rudolf Steiner Verlages».

Chronologischer Lebensabriß
(zugleich Übersicht über die geschriebenen Werke)

1861 Am 27. Februar wird Rudolf Steiner in Kraljevec (damals Österreich-Ungarn, heute Jugoslawien) als Sohn eines Beamten der österreichischen Südbahn geboren. Seine Eltern stammen aus Niederösterreich. Er verlebt seine Kindheit und Jugend an verschiedenen Orten Österreichs.

1872	Besuch der Realschule in Wiener-Neustadt bis zum Abitur 1879.
1879	Studium an der Wiener Technischen Hochschule: Mathematik und Naturwissenschaft, zugleich Literatur, Philosophie und Geschichte. Grundlegendes Goethe-Studium.
1882	Erste schriftstellerische Tätigkeit.
1882–1897	Herausgabe von Goethes Naturwissenschaftlichen Schriften in Kürschners «Deutsche National-Litteratur», fünf Bände (Bibl.-Nr. 1a–e). Eine selbständige Ausgabe der Einleitungen erschien 1925 unter dem Titel *Goethes Naturwissenschaftliche Schriften* (Bibl.-Nr. 1).
1884–1890	Privatlehrer bei einer Wiener Familie.
1886	Berufung zur Mitarbeit bei der Herausgabe der großen «Sophien-Ausgabe» von Goethes Werken. *Grundlinien einer Erkenntnistheorie der Goetheschen Weltanschauung mit besonderer Rücksicht auf Schiller* (Bibl.-Nr. 2).
1888	Herausgeber der «Deutschen Wochenschrift», Wien (Aufsätze daraus in Bibl.-Nr. 31). Vortrag im Wiener Goethe-Verein: *Goethe als Vater einer neuen Ästhetik* (in Bibl.-Nr. 30).
1890–1897	Weimar. Mitarbeit am Goethe- und Schiller-Archiv. Herausgeber von Goethes Naturwissenschaftlichen Schriften.
1891	Promotion zum Doktor der Philosophie an der Universität Rostock. 1892 erscheint die erweiterte Dissertation: *Wahrheit und Wissenschaft. Vorspiel einer «Philosophie der Freiheit»* (Bibl.-Nr. 3).
1894	*Die Philosophie der Freiheit. Grundzüge einer modernen Weltanschauung. Seelische Beobachtungsresultate nach naturwissenschaftlicher Methode* (Bibl.-Nr. 4).
1895	*Friedrich Nietzsche. Ein Kämpfer gegen seine Zeit* (Bibl.-Nr. 5).
1897	*Goethes Weltanschauung* (Bibl.-Nr. 6). Übersiedlung nach Berlin. Herausgabe des «Magazin für Literatur» und der «Dramaturgischen Blätter» zusammen mit O. E. Hartleben. (Aufsätze daraus in Bibl.-Nrn. 29–32.) Wirksamkeit in der «Freien literarischen Gesellschaft», der «Freien dramatischen Gesellschaft», im «Giordano Bruno-Bund», im Kreis der «Kommenden» u. a.

1899–1904 Lehrtätigkeit an der von W. Liebknecht gegründeten Berliner «Arbeiter-Bildungsschule».

1900/01 *Welt- und Lebensanschauungen im 19. Jahrhundert,* 1914 erweitert zu: *Die Rätsel der Philosophie* (Bibl.-Nr. 18). Beginn der anthroposophischen Vortragstätigkeit auf Einladung der Theosophischen Gesellschaft in Berlin. *Die Mystik im Aufgange des neuzeitlichen Geisteslebens* (Bibl.-Nr. 7).

1902–1912 Aufbau der Anthroposophie. Regelmäßige öffentliche Vortragstätigkeit in Berlin und ausgedehnte Vortragsreisen in ganz Europa. Marie von Sivers (ab 1914 Marie Steiner) wird seine ständige Mitarbeiterin.

1902 *Das Christentum als mystische Tatsache und die Mysterien des Altertums* (Bibl.-Nr. 8).

1903 Begründung und Herausgabe der Zeitschrift «Luzifer», später *«Lucifer-Gnosis»* (Aufsätze in Bibl.-Nr. 34).

1904 *Theosophie. Einführung in übersinnliche Welterkenntnis und Menschenbestimmung* (Bibl.-Nr. 9).

1904/05 *Wie erlangt man Erkenntnisse der höheren Welten?* (Bibl.-Nr. 10). *Aus der Akasha-Chronik* (Bibl.-Nr. 11). *Die Stufen der höheren Erkenntnis* (Bibl.-Nr. 12).

1910 *Die Geheimwissenschaft im Umriß* (Bibl.-Nr. 13).

1910–1913 In München werden die *Vier Mysteriendramen* (Bibl.-Nr. 14) uraufgeführt.

1911 *Die geistige Führung des Menschen und der Menschheit* (Bibl.-Nr. 15).

1912 *Anthroposophischer Seelenkalender. Wochensprüche* (in Bibl.-Nr. 40, und selbständige Ausgaben). *Ein Weg zur Selbsterkenntnis des Menschen* (Bibl.-Nr. 16).

1913 Trennung von der Theosophischen und Begründung der Anthroposophischen Gesellschaft.
Die Schwelle der geistigen Welt (Bibl.-Nr. 17).

1913–1923 Errichtung des in Holz als Doppelkuppelbau gestalteten ersten Goetheanum in Dornach/Schweiz.

1914–1923 Dornach und Berlin. In Vorträgen und Kursen in ganz Europa gibt Rudolf Steiner Anregungen für eine Erneuerung auf vielen Lebensgebieten: Kunst, Pädagogik, Naturwissenschaften, soziales Leben, Medizin, Theologie. Weiterbildung der 1912 inaugurierten neuen Bewegungskunst «Eurythmie».

1914 *Die Rätsel der Philosophie in ihrer Geschichte als Umriß dargestellt* (Bibl.-Nr. 18).

1916–1918 *Vom Menschenrätsel* (Bibl.-Nr. 20). *Von Seelenrätseln* (Bibl.-Nr. 21). *Goethes Geistesart in ihrer Offenbarung durch seinen «Faust» und durch das Märchen «Von der Schlange und der Lilie»* (Bibl.-Nr. 22).

1919 Rudolf Steiner vertritt den Gedanken einer «Dreigliederung des sozialen Organismus» in Aufsätzen und Vorträgen, vor allem im süddeutschen Raum. *Die Kernpunkte der sozialen Frage in den Lebensnotwendigkeiten der Gegenwart und Zukunft* (Bibl.-Nr. 23). *Aufsätze über die Dreigliederung des sozialen Organismus* (Bibl.-Nr. 24). Im Herbst wird in Stuttgart die «Freie Waldorfschule» begründet, die Rudolf Steiner bis zu seinem Tode leitet.

1920 Beginnend mit dem Ersten anthroposophischen Hochschulkurs finden im noch nicht vollendeten Goetheanum fortan regelmäßig künstlerische und Vortragsveranstaltungen statt.

1921 Begründung der Wochenschrift «Das Goetheanum» mit regelmäßigen Aufsätzen und Beiträgen Rudolf Steiners (in Bibl.-Nr. 36).

1922 *Kosmologie, Religion und Philosophie* (Bibl.-Nr. 25). In der Silvesternacht 1922/23 wird der Goetheanumbau durch Brand vernichtet. Für einen neuen in Beton konzipierten Bau kann Rudolf Steiner in der Folge nur noch ein erstes Außenmodell schaffen.

1923 Unausgesetzte Vortragstätigkeit, verbunden mit Reisen. Zu Weihnachten 1923 Neubegründung der «Anthroposophischen Gesellschaft» als «Allgemeine Anthroposophische Gesellschaft» unter der Leitung Rudolf Steiners.

1923–1925 Rudolf Steiner schreibt in wöchentlichen Folgen seine unvollendet gebliebene Selbstbiographie *Mein Lebensgang* (Bibl.-Nr. 28) sowie *Anthroposophische Leitsätze* (Bibl.-Nr. 26), und arbeitet mit Dr. Ita Wegman an dem Buch *Grundlegendes für eine Erweiterung der Heilkunst nach geisteswissenschaftlichen Erkenntnissen* (Bibl.-Nr. 27).

1924 Steigerung der Vortragstätigkeit. Daneben zahlreiche Fachkurse. Letzte Vortragsreisen in Europa. Am 28. September letzte Ansprache zu den Mitgliedern. Beginn des Krankenlagers.

1925 Am 30. März stirbt Rudolf Steiner in Dornach.

RUDOLF STEINER GESAMTAUSGABE

Überblick über das literarische und künstlerische Werk

Erste Abteilung: Die Schriften

I. *Werke*

Goethes Naturwissenschaftliche Schriften, eingeleitet und kommentiert von R. Steiner, 5 Bände (Bibl.-Nr. 1a–e); separate Ausgabe der Einleitungen (Bibl.-Nr. 1)
Grundlinien einer Erkenntnistheorie der Goetheschen Weltanschauung (Bibl.-Nr. 2)
Wahrheit und Wissenschaft. Vorspiel einer «Philosophie der Freiheit» (Bibl.-Nr. 3)
Die Philosophie der Freiheit (Bibl.-Nr. 4)
Friedrich Nietzsche, ein Kämpfer gegen seine Zeit (Bibl.-Nr. 5)
Goethes Weltanschauung (Bibl.-Nr. 6)
Die Mystik im Aufgange des neuzeitlichen Geisteslebens und ihr Verhältnis zur modernen Weltanschauung (Bibl.-Nr. 7)
Das Christentum als mystische Tatsache und die Mysterien des Altertums (Bibl.-Nr. 8)
Theosophie. Einführung in übersinnliche Welterkenntnis und Menschenbestimmung (Bibl.-Nr. 9)
Wie erlangt man Erkenntnisse der höheren Welten? (Bibl.-Nr. 10)
Aus der Akasha-Chronik (Bibl.-Nr. 11)
Die Stufen der höheren Erkenntnis (Bibl.-Nr. 12)
Die Geheimwissenschaft im Umriß (Bibl.-Nr. 13)
Vier Mysteriendramen: Die Pforte der Einweihung – Die Prüfung der Seele – Der Hüter der Schwelle – Der Seelen Erwachen (Bibl.-Nr. 14)
Die geistige Führung des Menschen und der Menschheit (Bibl.-Nr. 15)
Anthroposophischer Seelenkalender (in Bibl.- Nr. 40)
Ein Weg zur Selbsterkenntnis des Menschen (Bibl.-Nr. 16)
Die Schwelle der geistigen Welt (Bibl.-Nr. 17)
Die Rätsel der Philosophie in ihrer Geschichte als Umriß dargestellt (Bibl.-Nr. 18)
Vom Menschenrätsel (Bibl.-Nr. 20)
Von Seelenrätseln (Bibl.-Nr. 21)
Goethes Geistesart in ihrer Offenbarung durch seinen «Faust» und durch das «Märchen von der Schlange und der Lilie» (Bibl.-Nr. 22)
Die Kernpunkte der sozialen Frage in den Lebensnotwendigkeiten der Gegenwart und Zukunft (Bibl.-Nr. 23)
Aufsätze über die Dreigliederung des sozialen Organismus und zur Zeitlage 1915–1921 (Bibl.-Nr. 24)

Kosmologie, Religion und Philosophie (Bibl.-Nr. 25)

Anthroposophische Leitsätze (Bibl.-Nr. 26)

Grundlegendes für eine Erweiterung der Heilkunst nach geisteswissenschaftlichen Erkenntnissen. Von Dr. Rudolf Steiner und Dr. Ita Wegman (Bibl.-Nr. 27)

Mein Lebensgang (Bibl.-Nr. 28)

II. *Gesammelte Aufsätze*

Gesammelte Aufsätze zur Dramaturgie 1889–1900 (Bibl.-Nr. 29)

Methodische Grundlagen der Anthroposophie. Gesammelte Aufsätze zur Philosophie, Naturwissenschaft, Ästhetik und Seelenkunde 1884–1901 (Bibl.-Nr. 30)

Gesammelte Aufsätze zur Kultur- und Zeitgeschichte 1887–1901 (Bibl.-Nr. 31)

Gesammelte Aufsätze zur Literatur 1886–1902 (Bibl.-Nr. 32)

Biographien und biographische Skizzen 1894–1905 (Bibl.-Nr. 33)

Luzifer-Gnosis. Grundlegende Aufsätze zur Anthroposophie und Berichte aus der Zeitschrift «Luzifer» und «Lucifer-Gnosis» 1903–1908 (Bibl.-Nr. 34)

Philosophie und Anthroposophie. Gesammelte Aufsätze 1904–1918 (Bibl.-Nr. 35)

Der Goetheanumgedanke inmitten der Kulturkrisis der Gegenwart. Gesammelte Aufsätze aus der Wochenschrift «Das Goetheanum» 1921–1925 (Bibl.-Nr. 36)

III. *Veröffentlichungen aus dem Nachlaß*

Briefe – Wahrspruchworte – Bühnenbearbeitungen – Entwürfe zu den Vier Mysteriendramen 1910–1913 – Anthroposophie. Ein Fragment aus dem Jahre 1910 – Gesammelte Skizzen und Fragmente – Aus Notizbüchern und -blättern (Bibl.-Nrn. 38–47)

Zweite Abteilung: Das Vortragswerk

I. *Öffentliche Vorträge*

Die Berliner öffentlichen Vortragsreihen («Architektenhaus-Vorträge») 1903/04–1917/18 (Bibl.-Nrn. 51–67)

Öffentliche Vorträge, Vortragsreihen und Hochschulkurse an anderen Orten Europas 1906–1924 (Bibl.-Nrn. 68–84)

II. *Vorträge vor Mitgliedern der Anthroposophischen Gesellschaft*

Vorträge und Vortragszyklen allgemein-anthroposophischen Inhalts – Evangelien-Betrachtungen – Christologie – Geisteswissenschaftliche Menschenkunde – Kosmische und menschliche Geschichte – Die geistigen Hintergründe der sozialen Frage – Der Mensch in seinem Zusammenhang mit dem Kosmos – Karma-Betrachtungen (Bibl.-Nrn. 91–244)

Vorträge und Schriften zur Geschichte der anthroposophischen Bewegung und der Anthroposophischen Gesellschaft (Bibl.-Nrn. 251–263)

III. *Vorträge und Kurse zu einzelnen Lebensgebieten*

Vorträge über Kunst: Allgemein-Künstlerisches – Eurythmie – Sprachgestaltung und Dramatische Kunst – Musik – Bildende Künste – Kunstgeschichte (Bibl.-Nrn. 271–292)

Vorträge über Erziehung (Bibl.-Nrn. 293–311)

Vorträge über Medizin (Bibl.-Nrn. 312–319)

Vorträge über Naturwissenschaft (Bibl.-Nrn. 320–327)

Vorträge über das soziale Leben und die Dreigliederung des sozialen Organismus (Bibl.-Nrn. 328–341)

Vorträge für die Arbeiter am Goetheanumbau (Bibl.-Nrn. 347–354)

Dritte Abteilung: Das künstlerische Werk

Reproduktionen und Veröffentlichungen aus dem künstlerischen Nachlaß

Originalgetreue Wiedergaben von malerischen und graphischen Entwürfen und Skizzen in Kunstmappen oder als Einzelblätter

---

Die Bände der Rudolf Steiner Gesamtausgabe sind innerhalb einzelner Gruppen einheitlich ausgestattet. Jeder Band ist einzeln erhältlich. Ausführliche Verzeichnisse können beim Verlag angefordert werden.